岡本真一郎 編
Shinichiro Okamoto

The Social
Psychology of
Communication

伝える・関わる・動かす

コミュニケーションの

社会心理学

ナカニシヤ出版

はじめに

　コミュニケーションは，人が社会の中で他者と関わり合いながら生きていくためには，なくてはならないものである。このため社会心理学の創始期から現代に至るまで，その主要なテーマの一つであり，様々な視点から多くの研究が蓄積されてきた。最近は古くからあるトピックに新たな知見が加わりつつあるし，新しいトピックも生まれてきている。そして，学際的なアプローチもますます重要になってきている。

　本書ではこうした点を念頭に置き，コミュニケーションに関わる諸トピックを扱っていく。

　具体的な構成は以下の通りである。

　序章では，コミュニケーションの基本的な性質を概説する。

　第1章では，人がコミュニケーションを行うための諸手段について論じる。まず言語による伝達の諸特徴を述べた後，非言語のコミュニケーションに関して諸チャネルの特徴を説明する。そして現代社会のコミュニケーションには不可欠な存在であるインターネットを介したコミュニケーション（CMC）に関してもその性質を明らかにする。

　第2章では，対人認知と言語，説得，不快を伴うコミュニケーション（攻撃など），欺瞞という4つのトピックを取り上げる。これらは，主に対人的な相互作用のレベルでのコミュニケーションの影響を扱っている。

　そして第3章では，現代社会の広い範囲におけるコミュニケーションの役割について考えてみる。具体的には，噂，消費者行動や文化の諸問題，そしてSNSについても心理学的見地から検討する。

　なお，各トピックは関連し合う部分があるので，相互参照が可能になるようにした。

　本書の各トピックの執筆者は，それぞれの領域の研究を推し進めてきた専門家である。編者としては各執筆者に，基礎を押さえた上で新しい知見も含める

こと，実験や調査等の具体的な事例も含めて記述することをお願いした。

　社会心理学やコミュニケーション心理学の講義やゼミでのテキストとしても，また，コミュニケーションの心理学に興味のある一般の方々の参考書としても有用であると思う。

　本書の企画に当たっては，ナカニシヤ出版の宍倉由高氏，山本あかね氏にたいへんお世話になった。心から感謝の意を表する。

　2022 年 12 月

岡本真一郎

目　　次

序章

コミュニケーションと社会心理学

　最近の一年を振り返ってみよう。全く「コミュニケーション（communication）」に関わらなかった，という日はあるだろうか。一日中外出しなかったし誰にも会わなかった，だからコミュニケーションは関係なかった，と思うかもしれない。

　しかし，インターネットは？　メールや LINE の発信や受信はもちろんコミュニケーションだが，いろいろなサイト，ブログの閲覧もコミュニケーションの一部（受信）である。インターネットの通販で注文するのはもちろん，Twitter でリツイートしたり，「いいね！」を付けるだけでも立派な発信である。また，本や新聞を読んだりテレビを見たりラジオを聞いたりすれば，受け身的にではあるがコミュニケーションに関わったことになる。

　このように見ていくと，コミュニケーションと全く関係しなかった一日とは，誰にも会わない上に，テレビやラジオも視聴せず，新聞も読まず，パソコンやスマートフォンにも触れずにいた，という日ぐらいである。非常にまれなのではないだろうか。

［1］影響過程とコミュニケーション

　アメリカ心理学会（American Psychological Association: APA）によれば，社会心理学は「他の人々が実際，想像上，あるいは象徴的表現として存在することによって，個々人の思考，感情や行動がいかに影響されるかを研究する」心理学の一部門である（APA, *APA dictionary of psychology*）。

　ここで「影響」というのは，他の人々や社会の出来事について何かを知る，何かを見たり聞いたりすることで，うれしい気持ちや悲しい気持ちになる，誰かに対する印象や社会の諸事象に関する評価や考え方を変える，自分の行動のパターンを変えるなどなど，非常に幅広く考えていいだろう。もちろんあなたが誰かから影響を受けることも，誰かに影響を与えることもある。

　あなたが影響を受けるのは，親しい相手からというのがまず想定できるが，それ以外の様々な他者から影響されることも結構あるだろう。マスコミ等を通じて，これまで顔を合わせたことのない有名人からも影響されうる。また，個人ではなく集団・組織からの影響もある。それも自分が属しているものだけでなく，自分が属していないもの（例：応援している野球チーム，支持政党，賛同する NGO）からの影響も考えられる。

　一方影響を与える相手としては，あなたが特に有名人でない場合，比較的身近な他者のことが多い，というのが従来の姿であったと思う。しかし，近年はインターネットにより，一般の人々が影響を与え合う機会が大幅に増加した。例えばTwitterで発信することにより，あなた自身が見知らぬ多くの人に，いつの間にか影響を与えているかもしれない。逆に，Twitterの投稿を読むことで，見知らぬ人や匿名の人から影響を受けることもあるだろう。

　そしてこれらの様々な「影響過程（influential processes）」は，当然のことながらコミュニケーション抜きには考えられない。ということは，コミュニケーションは社会心理学全体に関わっていると言っていいことになる。ただ，本書ではその中でも，コミュニケーションの本質を論じたり，それと直接関わる諸分野を対象としている。

［2］対人コミュニケーションの特徴

　本書各トピックで扱われるコミュニケーションは，「人と人とのコミュニケーション」，すなわち「対人コミュニケーション」が多い。ここでその特徴を考えてみる[1]。

1）対人コミュニケーションを構成するもの　　コミュニケーションには「言語的（verbal）」なもの，「非言語的（nonverbal）」なものがあり，両者が関連し合って役割を果たす。対面時の音声によるコミュニケーションには，言語（文字に表せるもののほか，アクセント，疑問等を表すイントネーション[2]など

---

[1]　コミュニケーションをどう捉えるかについてはいろいろな立場がある。以下は編者の私見である。各トピックの各著者の著述と矛盾のないように努めたものの，著者によっては，以下とは多少見解が異なる部分もあるかもしれない。

[2]　アクセントは語句の中での高低や強弱であり，日本語は前者の高低アクセントである（秋永，1988）。例えば「アメ」を，一拍目を高くするか二拍目を高くするかで，雨か飴か意味が変わる（共通語の場合）。イントネーションは文の音調のうちアクセント以外の部分である（川上，1988）。例えば，声の高さの「ご飯食べる」という発話が下降調のイントネーションなら自分の意思の表明になるが，上昇調なら相手への問いかけになる。ただし，イントネーションは意味以外に，話者の感情を表すのにも関わる（杉藤（コトバンク））。この点は非言語的ともみなせるだろう。なお，「パラ言語（paralanguage）」（第1章第2節の図1-2（p. 30；大坊，1998）のように「近言語」とも訳される）は，非言語的音声を中心とするが，パラ言語，「パラ言語的（paralinguistic）」が表す範囲に何を含めるかは，研究者や時代によって一定しない（森，2012）。

意味を決定する要素も含まれる）のほか非言語的なものとして，話す速度や口調などの非言語音声，表情，身振り，姿勢，対人距離，さらには服装や装飾品などの諸チャネルがある（大坊，1998；深田，1998；第1章第1節，第2節）。

また，手紙など書き言葉によるコミュニケーションでは記号（ダッシュ（―），三点リーダー（…），強調の<u>下線</u>等），字体，フォント，文字色やレイアウトなどが非言語のチャネルと言えるだろう。

「インターネットによるコミュニケーション（Computer-Mediated Communication: CMC）」（「打ち言葉」とも呼ばれる；文化庁，2018）の場合は，書き言葉の非言語チャネルと共通する部分もあるが，これに加えて顔文字，絵文字，さらには（文字を伴わない）スタンプなどが非言語的要素として用いられることも多い（第1章第3節）。近年はLINEやZoomなどを通じた，対面を伴った遠隔コミュニケーションもかなり普及してきたが，ここではもちろん表情やジェスチャーなどを用いることができる（第1章コラム，p. 62）。

なお，コミュニケーションを補うものとして用いられる写真，絵，動画の画像なども非言語的要素だが，これらは対面のコミュニケーションで示すだけでなくCMCに添えることも可能である。

さて，対面のコミュニケーションであれば，言語のほかに音声，表情，身振りなど非言語的要素は必然的に伴う。電話のコミュニケーションでも，言語に非言語的音声情報は必ず付随する。文字によるコミュニケーションには手書きであれ打ち言葉であれ，必ず何らかの色の何らかの字体で表され，何らかのレイアウトが用いられる。つまり非言語的要素が随伴する。ということで音声によるにせよ文字によるにせよ，言語のコミュニケーションには常に非言語的要素が含まれると言っていいだろう。

これに対して，非言語的要素だけでもある程度の情報は伝えることができる。例えば表情だけで怒っていることを示したり，ジェスチャーだけで何かを指し示す，絵文字だけをLINEに送るとかいうように。もちろん，伝えられる内容は極めて限られているが。

2）コミュニケーションのモデル　　コミュニケーションの過程は，「送り手（話し手，書き手，打ち手）の伝えたいことが，言語のほか非言語の様々な

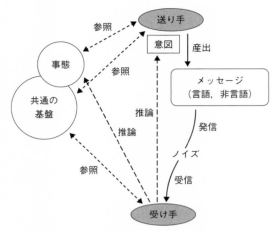

図 0 - 1　コミュニケーションのモデル（岡本, 2013; Okamoto & Kikkawa, 2014）

パターンに機械的に置き換えられる」，そして「そのパターンが受け手（聞き手，読み手）によって解読される」，という単純なものではない。コミュニケーションが行われる場面も加味した様々な「推論（inference）」が，媒介過程として重要である（Sperber & Wilson, 1995）（第 1 章第 1 節）。図 0 - 1 に，推論を含めたコミュニケーションのモデル（岡本，2013；Okamoto & Kikkawa, 2014）を示しておいた。

　ただし，このモデルもコミュニケーションの全体像を扱っているわけではない。例えば通常の会話なら，話し手と聞き手はしょっちゅう交替し，二人で会話を作り出していくこともある（Levinson, 1983）。そうした点にも注意すべきである。

　3）コミュニケーションと意図　　さて，コミュニケーションを行う以上は，話し手が意図したことがうまく伝わる必要がある。ただ，「意図」と言っても単純ではない。この点についてもう少し掘り下げてみよう。

　意図には，「相手にある内容（X）について分からせたい」という意図（情報意図，informative intention）のほかに，「X を伝えているということ自体を相手に分からせたい」という意図（伝達意図，communicative intention）を考え

ることができる（Sperber & Wilson, 1986；ただし議論を簡略化した）。

　通常の言語による伝達は，両方の意図をもっている。これをスペルベルとウィルソン（1986）は「意図明示的伝達（ostensive communication）」と呼んだ。例えばミサトさんが仕事から家へ帰ってきて弟に，「外はひどい雨降りだよ」と言うとき，ミサトさんは弟に「外はひどい雨降りだ」という事柄（R）を分からせようとしているし（情報意図），Rを伝えようとしていること自体も分からせようとしている（伝達意図）。意図明示的伝達である。多くの言語行動はこうした特徴を備える。図0‐1で「意図」としているのは，こうした場合を念頭に置いている。しかし，鍋の取っ手が熱くなっているのを知らずにそれに触れて，思わず「熱い！」と叫ぶとすれば，両方の意図をともに欠いている。時にこういう場合がある。

　一方非言語行動では意図明示的伝達もあるが（例：相手を招くために手を振る），両方の意図を欠くものも多い（例：隠そうとしても悲しみが顔に出る）。そして，情報意図はあっても伝達意図は隠す（悲しみの表情を意図的に示しているのだが，隠せなかったかのように見せかける）というような場合も結構見られると思う。

　これに対して，送り手が言語的伝達で情報意図だけを達成しようとするのはどんな場合だろうか。例えば，中山さんが「山本さんは最近仕事頑張ってるなあ」と独り言を，実際は本人がいると気づいているのに，知らずにうっかり口にしたようなふりをして，山本さんに聞かせてしまう，というのはそれに当たるだろうが，これはかなり例外的な場合と言えよう。

　なお，メール，Twitter，LINEなどCMCの打ち言葉における顔文字などは，「非言語的」とはいえ，送り手が十分に制御できる。情報意図・伝達意図ともに，通常は含まれていると考えることができる。

　このようにコミュニケーションにおいて意図の役割は重要だが，日常の言語・非言語によるコミュニケーションでは，意図明示的でなくとも送り手の内心等が伝わる場合もあるだろう。上述のように，両意図ともに欠いている場合，情報意図のみで伝達意図がない場合である。

　また，送り手が意図明示的でない場合，受け手が送り手の思惑通り解釈しない場合も十分ありうる。言語によるコミュニケーションに関して言えば，例え

ば送り手は「独り言をうっかり聞かれた」と見せかけようとしても，受け手は「独り言の内容を自分に分からせたかった」，つまり情報意図を達成しようとしたのだろうと見破ることがある。さらに，本当に送り手が独り言をうっかり聞かれた（情報意図，伝達意図がなかった）場合でも，受け手が勝手に，送り手はその内容を自分に分からせたかったのだろうと推測することもあるだろう（岡本，2016）。

　意図明示的でない伝達は，意図明示的なものと同じ内容が伝わるにしても，送り手と受け手とのその後の関係などに及ぼす効果は同じではない（Sperber & Wilson, 1995）。例えば，中山さんの「山本さんは最近仕事頑張ってるなあ」という発話を，山本さんがそれを耳にして意図明示的と受け取るか否かによって山本さんの抱く感情なども異なってくるだろう[3]。表情のような非言語コミュニケーションは，意図明示的でなく伝わる余地も大きいため，なおさらこの点が問題になる。

　以上の「発話内容に関して何を分からせるか」という意図に加えて，それが受け手にどんな効果・影響を与えようとするか，というもう一つの意図も念頭に置く必要がある。例えば，「相手を説得する」や「相手をだます」などの意図である。この意図は単独の発話ではなく，一連の発話の流れの中で達成が見込まれるのが普通であろう（岡本，2016）。これらはもちろん常に達成されるとは限らない。説得は失敗するかもしれないし，嘘がばれることもある。さらに，相手を不快にさせる，噂が流れる，といった事態が生じる場合には，意図したものとは異なった影響が生じる場合の方が普通であろう。広告や Twitter のメッセージについても，送り手が狙ったような効果が受け手にもたらされるとは限らない（第2章，第3章の各節）。

　以上意図について論じてきたが，本書の各トピックは，意図の問題と様々な意味合いで関係し合っていると考える。本書を読み進めていく中で，こんな点も心にとどめていただけたらと思う。　　　　　　　　　　　（岡本真一郎）

---

3)　この場合，中山さんの側が意図明示的な伝達を狙ったのかそうでないかと，山本さんの側が中山さんの意図をどう解釈したかの両方の要因によって，いろいろな場合が想定できる（岡本，2013）。そして，どんな場合かによってコミュニケーションの効果にも相違が生ずるだろう。

■ 引用文献

秋永一枝（1988）．日本語のアクセント　金田一春彦・林　大・柴田　武（編集責任）　日本語百科大事典
　　（pp. 257-263）　大修館書店

APA（American Psychological Association）*APA dictionary of psychology*. American Psychological
　　Association. Retrieved from https://dictionary.apa.org/（2022.9.20）

文化庁（2018）．「分かり合うための言語コミュニケーション（報告）」について　Retrieved from https://
　　www.bunka.go.jp/koho_hodo_oshirase/hodohappyo/__icsFiles/afieldfile/2018/04/09/a1401904_01.pdf
　　（2022.9.15）

大坊郁夫（1998）．しぐさのコミュニケーション―人は親しみをどう伝えあうか　サイエンス社

深田博己（1998）．インターパーソナル・コミュニケーション―対人コミュニケーションの心理学　北大路
　　書房

川上　蓁（1988）．ことばの旋律　金田一春彦・林　大・柴田　武（編集責任）　日本語百科大事典（pp.
　　281-286）　大修館書店

Levinson, S. C.（1983）．*Pragmatics*. Cambridge: Cambridge University Press.（安井　稔・奥田夏子（訳）
　　（1990）．英語語用論　研究社出版）

森　大毅（2012）．話しことばが伝えるものとは，結局何なのか？―概念の整理および課題―　第1回コー
　　パス日本語学ワークショップ予稿集，387-392. JCLWorkshop2012_web.pdf (ninjal.ac.jp)

岡本真一郎（2013）．言語の社会心理学―伝えたいことは伝わるのか　中央公論新社

岡本真一郎（2016）．悪意の心理学―悪口，嘘，ヘイトスピーチ　中央公論新社

Okamoto, S., & Kikkawa, T.（2014）. Verbal expressions of risk communication: A case study after the 3.11
　　crisis. *Journal of Disaster Research*, 9, 644-652.

Sperber, D., & Wilson, D.（1995）．*Relevance: Communication and cognition*（2nd ed.）. Oxford: Basil
　　Blackwell.（内田聖二・中逵俊明・宋　南先・田中圭子（訳）（1999）．関連性理論―伝達と認知―（第2
　　版）　研究社出版）

杉藤美代子　コトバンク　日本大百科全書（ニッポニカ）　小学館　Retrieved from https://kotobank.jp/
　　dictionary/nipponica/（2022.10.1）

第 1 章

コミュニケーションの仕組み

1 ことばが伝えること

岡本真一郎

　本節ではことばの特徴を考えていく。対面の話しことばを中心に考えるが，電話のほか，手紙，メールや LINE 等の CMC（第 1 章第 3 節，第 3 章第 4 節）にも基本的には当てはまると考える。ここで論ずる内容は，心理学のほか，言語学特に「語用論（pragmatics）」，つまり，ことばの性質を実際に用いられる状況（文脈）の中で検討する分野とも関わりが深い（岡本，2010）。

［1］ことばからの推論

　「発話（utterance）」（口にしたことば，本節では書きことばや CMC のメッセージも含む）からは，いろいろなことが推論される。あなたがユウコさんに『心のナゾに迫る』という本を借りた。後日ユウコさんが「あの本面白い？」と話しかけてきた。もちろん「あの本」とは『心のナゾに迫る』である。そしてユウコさんはあなたに「『心のナゾに迫る』が面白いか？」と聞いているとも推論できる。しかしあなたは，むしろ「返して」という要求だと推論することもあるだろう。

　1）共通の基盤　　まず，相手が口にしたあることばが「どんな対象を指すのか」を推論する場合を考えよう。その際，「共通の基盤（common ground）」，つまりコミュニケーションに携わる人たちの共通の知識や仮定が根拠になる。ただ相手の内心は不明だから，相手の知識・仮定自体も推論するしかない。そのためには次のような手がかりがある（Clark & Marshall, 1981）。

　一つは，ある社会・集団の成員なら知っていると予想できることである。日本の成人なら現在の首相の名前は知っているだろう。2022 年 12 月に「今度の首相の政策を評価しますか？」と言えば，「岸田氏の政策」のことと分かる。

突く　　穿つ　　破る

図1-1　この漢字の読みは？

「マートXQR」の同僚同士なら「中村町」というのが社員休憩室の符帳だと知っているので，「店長は中村町だよ」と言うことで，店長の行き先を客には分からない形で同僚に伝えられる。上の例の「あの本」が『心のナゾに迫る』だと推論できるのも，あなたとユウコという最小限の「社会」が有する共通の知識に基づく。さらに，現前の場面も手がかりになる。話し手が聞き手の手元のスマートフォンを指さして「それ取って」と言えば，「それ」はスマートフォンのことであろう。また，先行する会話で言及済みのことも利用される。「昨日ケンイチ君に会ったよ」「彼，元気だった？」というやりとりなら，「彼」とは「ケンイチ君」だとすぐ分かる。

　しかし話し手は，発話に先立って共通の基盤の存在をいちいち確かめるわけではない。聞き手の側も積極的に推論する（Clark et al., 1983）。図1-1の3つの漢字の配列を見せられて「この字ひょっとして読める？」と尋ねられたら，（成人なら）「『うがつ』かな？」と答えるだろう。「わざわざ読み方を尋ねるのだから，『この字』とは難しい，真ん中の字だ」と推論するわけである。

2）Grice の協調の原則　　発話から推論される内容にはさらに様々なものがある。その中には論理や意味から必然的なものもある。例えば，「太郎は次郎より年長で，次郎は三郎より年長だ」という発話を前提とすれば「太郎は三郎より年長だ」という推論は必然的に導かれる。しかし，文脈次第で導かれたり導かれなかったりする推論もある。例えば次の場合である。

　　9人います。　→　［推論として］10人以上はいない。

　こういう推論は生じやすいが論理的に必然ではない。例えば「（野球チームには）9人必要だよ。9人いる？」に対して「うん，9人いるよ。実際は11人だから」という応答には何の矛盾もない。つまり打ち消される可能性もある。

この種の推論内容が「推意（implicature）」と呼ばれる[1]。

　推意導出のための暗黙の原理を仮定する考え方がある。先駆者と言えるのがグライス（Grice, 1975）の論考である。グライスはコミュニケーションに参加する人たちが暗黙に仮定することとして，「会話の進んでいく段階ごとに，自分が携わっている話のやりとりの目的，方向として，その場の人たちが受け入れているものに従うように，会話に貢献せよ」という「協調の原則（cooperative principle）」があると論じた（Grice, 1975: pp. 45-46）。このためには，会話から推論がスムーズになされねばならない。グライスは推論のための 4 つの「格率（maxim）」を仮定した。「量（quantity）」（過不足なく会話に貢献せよ），「質（quality）」（偽と信じることや，適切な証拠を欠くことを言うな），「関係（relation）」（関連性をもたせよ），「様態（manner）」（不明瞭さや多義性を避け，不必要な冗長さを避けて順序立てよ）である。この理論は，社会心理学的なコミュニケーション研究にも影響を与えている（第 2 章第 1 節，第 4 節）。ただ，ここではその後の研究者が発展させた議論を紹介する。

　3）一般化された会話の推意　　推意の一つのタイプは，普通は生ずるが文脈によっては打ち消されるという「一般化された会話の推意」である。レビンソン（Levinson, 2000）はこのタイプに関して論じた。グライスの量や様態の格率に関連するものとみなされる。前者に関連するのは Q 推意と I 推意，後者は M 推意という。簡略化して紹介する。

　Q 推意とは「言明されたことが最大限の情報である」という点から，それを上回ることは生じていないとするもので，グライスの量の格率の一部である。［1］2）に示した推意は Q 推意の一例である。次の 2 例も Q 推意である。

　　彼がここへ来た可能性がある。　→　彼がここへ来たことは確実ではない。

　　前田君は岐阜県か三重県の出身だ。　→　前田君がどちらの県の出身かは確認できない。

　I 推意とは，「言明されたことを最も具体的なところまで増幅させる」推意である。これもグライスの量の格率の一部である。例を示そう。

1）　推意される内容を便宜上→の後に表すことにする。［1］2）〜4）の諸文例はレビンソン（Levinson, 1983, 2000）やグライス（1975）の文例を参考に作成した。

コーヒーを飲んだ。目がさえた。 → コーヒーを飲んだことが原因で目が
さえた。

また,「pならばq」から「pでなければqでない」は論理的には帰結しない。
しかし,

騒ぐと追い出すぞ。 → 騒がなければ追い出さない。

という推意が生じやすい。これもI推意である。

M推意とは,「通常ではない表現法からは,通常ではない事態であるという
推論が生じる」というものである。グライスの様態の格率に関連する。【 】に
通常の表現(通常の事態であるという推論が生じる)を示す。

ヨウコはソウタに会い,それから本を借りた。【ヨウコはソウタに会って,
本を借りた。】 → 本は別の人や図書館などから借りた。

マリは"I have a pen"という文を発音記号に合わせて発した。【マリコは
"I have a pen"と言った。】 → たどたどしい話し方をした。

4)文脈に特定的な推意 発話から推論されることの中には,会話の特定
の文脈に依存するものもある(Grice, 1975)。例えば,母が「今何時?」と尋ね
たのに対して父が「ミサトが学校へ行ったよ」と答えた。一見脈絡のない会話
だが,もし両親の間で「ミサトは毎日8時過ぎに学校へ行く」(A)という暗黙
の理解(一種の共通の基盤)があれば,父の答えは「今は8時過ぎだ」(B)を
推意として伝えるもので,不自然さはない。

兄の「ビール飲むか?」に対する弟の「今日は車で来たんだよ」という返答
から「弟は今日はビールは飲めない」(B)と推論されるのも,「飲酒運転は違
法である」(A)という了解が共有されているからである。スペルベルとウィル
ソン(Sperber & Wilson, 1986)はAを「推意前提(implicated premise)」,B
を「推意結論(implicated conclusion)」と呼んでいる[2]。

以上のように,コミュニケーションには推論過程が欠かせない(「序」の図
0-1も参照)。

---

2) グライスに即すれば関係の格率からの推論である。スペルベルとウィルソンはグライスの議
論を大幅に刷新した「関連性理論(relevance theory)」の枠組みで論じているが,この点は本
節では触れない。

［2］ことばと対人配慮

　コミュニケーションで重要なのは，当事者への配慮である。対面，電話，またメールや LINE 等にせよ，何かを伝える際には何らかの形で相手や第三者に対する配慮が含まれる。「丁寧な表現」を用いるだけではないし，言語のほか口調や表情，そして絵文字等によって表す配慮も加わる。

　1）ポライトネス理論　　諸言語の普遍的な対人配慮に関して広汎な研究を行ったのが，ブラウンとレビンソン（Brown & Levinson, 1987）（以下 B&L）である。「ポライトネス理論（politeness theory）」ではコミュニケーションに携わる者（話し手，聞き手）の「フェイス（face）」の概念が中心に置かれる。日本語の「面子」「体面」とはズレもあるので，「フェイス」と呼ぶことにする。フェイスには「積極的フェイス（positive face）」（その人の肯定的なイメージを保つ），「消極的フェイス（negative face）」（その人に負担がかからず，行動が妨げられないようにする）がある。

　言語行動にはフェイスに脅威を与えるものがある。例えば，批判は聞き手の積極的なフェイスへの，依頼（要求）は聞き手の消極的フェイスへの脅威となる。こうした言語行動を「FTA（Face Threatening Acts）」（フェイス脅威行動）という。これに対処するのが「ポライトネス（politeness）」である。「丁寧さ」も含むが，もっと意味合いが広い。

　FTA に対処するため，いろいろな言語的な手段（strategy）が用いられる。B&L はフェイスへの配慮が小さいものから大きいものへと，5 つの段階があると論じている。「仕事を手伝ってもらう依頼」の例（B&L の議論を参考に，本節筆者が自作）を添える。

- A．あからさま（without redressive action, baldly）（フェイス配慮なし）：「手伝って！」
- B．積極的ポライトネス（positive politeness）（積極的フェイスに対して：互いの共通性や協力者であるとの主張など）「当然手伝うだろ！」。付加表現：「友だちだろ？」「その服，とっても似合っているよ」
- C．消極的ポライトネス（negative politeness）（消極的フェイスに対して：慣習的な間接性，押しつけない，など）間接形：「手伝ってもらえる？」

　　　付加表現：「ちょっとだけ」「申し訳ないですが[3]」。
　　D．オフ・レコード（off record）（明示的でなく，ほのめかすなど）「今，時
　　　　間あるかな？」「時間までに間に合いそうもないんですよ」
となり，フェイス配慮の極が，
　　E．FTA を行わない（伝えない）
である。A～Eの順にポライトネスが高まっていくことになる。
　そして，あるFTA_xに必要なフェイス配慮（ポライトネス）の度合いについ
ては，

$$W_x = D\ (S, H) + P\ (H, S) + R_x$$

となる。Sは話し手，Hは聞き手を表す。D（S, H）は話し手と聞き手の距離，
P（H, S）は聞き手が話し手よりも勢力が勝っている程度，R_xは当該行為の
フェイス脅威の程度である。W_xが大きいほどフェイスを配慮したポライトな
表現が用いられると仮定された。

　　2）依頼表現　　ポライトネス理論は諸言語で検証が行われている。中でも
「依頼（要求）（request）」に関しては研究が多い。依頼には様々な表現法があ
る。例えば相手にパソコントラブル対処法を教えてもらいたいとき，依頼内容
自体のバリエーション（教えて，教えてね，教えてもらえない？，教えていた
だけないでしょうか？）のほか，前後に付加される諸表現もポライトネスの手
段になりうる。例えば，「今，時間ある？」と都合を聞いたり，「君，パソコン
は詳しいんでしょう？」と相手を持ち上げる，そして，「申し訳ないけど」のよ
うに断りのことばを入れる，などである。これらによって依頼が相手に負担を
かけるというマイナスの影響を和らげることができる（上述の積極的ポライト
ネス，消極的ポライトネスに示した付加的表現も同様である）。もちろんこう
した多様性は日本語に限らない。
　［2］1）に述べたD，P，Rの3要因は，依頼のポライトネスに影響する。
要求による消極的フェイスへの脅威に対するものと言えよう。ホルトグレーブ
ズとヤン（Holtgraves & Yang, 1990, 1992）は英語話者と韓国語話者に誰かに

3）　英語の "Can you open the window?", "Would you mind opening the window?" なども，消
　　極的ポライトネスである（Brown & Levinson, 1987）。

依頼する場面を示し，表現の使い分けを検討した。そして，相手が疎遠（D），高地位（P），そして要求量（R）が大きいほど，要求表現自体や付加的表現などで配慮が示されることを報告している。

　岡本（Okamoto, 1992）による日本語話者の研究では，親しい同学年の相手への依頼で，要求量（R）が大きい（例：高級カメラを借りる）方が小さい（例：筆記具を借りる）より，直接的な形式（例：「貸して」。B&L の「あからさま」）よりも，疑問形などによる間接化（「貸してくれないかな？」のような「くれない」「もらえない」等。「消極的ポライトネス」）が多く用いられ，前置きなどで表現が長くなった。

　平川ら（2012）は，D，P，R 要因の認知がフェイス脅威度の認知，用いられる要求表現の丁寧度に影響することを明らかにしている（ただし，間接度には影響しなかった）。

　ポライトネスの表現には疑問文の使用等のほか，様々な要素が絡んでいる。日本語では終助詞（「貸してくれる？」vs.「貸してくれるかな？」）や様々なレベルの敬語の使用「貸してもらえないかな」「貸してもらえないでしょうか？」「貸していただけないでしょうか？」も関わる（e.g., Beuckmann & Mori, 2018）。また，間接と言っても多様である。「貸してくれない？」のように要求を明示する定型的なもの（消極的ポライトネス）と，「君，いいカメラ持ってるでしょう？」のような表に出さない言い方がある。さらに後者は意図（特に伝達意図，序章参照）をぼかす役割も果たすが（B&L のオフ・レコード），状況によっては意図（情報意図，伝達意図ともに）が極めて見え見えになることもある（［3］2））。さらに，依頼には上述のように様々な付加的表現も伴う。ポライトネスを分析する場合は，こうした点を十分検討する必要がある。

　3）様々なフェイス配慮　　依頼以外でも，相手を批判する（下手な歌に対して「<u>ちょっと音が外れてたみたいな感じだよ</u>」），相手に同意しない（「<u>私は少し違うような気もするんだけど</u>」）などでは，フェイス（積極的フェイス）配慮から（R 要因），上例のようなぼかした言い方が用いられやすいだろう。

　以上は自明だが，次の関与権限に関わる表現はどうだろう。先駆者は「情報のなわ張り理論」として論じた神尾（1990）であるが，修正案を示した岡本

(1996, 2012) により説明する。

　これはコミュニケーションの話題への当事者の「関与権限」に関するものである。例えば聞き手の専門領域，予定，経歴等の話題は，話し手よりも聞き手の方が関与権限が大きい（神尾の用語を用いれば，話し手の「なわ張り」の外，聞き手の「なわ張り」の内になる）。その場合には話し手は内容を確実に知っていても，文末を断定しない形式を用いる。

　例えば，理科の教師が生徒と一緒に信頼できるネット情報を検索し「エルニーニョが発生した」と知った。これについて後で話すとき，生徒には「エルニーニョが発生した ｜よ／ね｜[4]」と断定的に言える。しかし知り合いの気象予報士に対しては，「エルニーニョが発生した ｜そう／みたい｜ ですね」のような断定しない形式で言わないと失礼な感じになる（神尾（1990）の例も参考に作成）。専門性の観点から関与権限は「気象予報士＞理科教師＞生徒」となる。関与権限が自分より大きい相手に断定的に言うのは，相手の消極的フェイスへの脅威となるからである。なお，終助詞ネも関与権限が聞き手より小さい場合に用いられやすいが，話し手が情報を独占していないなどの要因も影響する（加藤，2001；岡本，2012）。

　また，相手に禁煙を勧める場合，主治医なら「たばこをやめて<u>ください</u>」と言えるが，医師でもない知人なら「たばこをやめた<u>方がいいんじゃない？</u>」と弱めて言うのが普通だろう。これも関与権限の相違（主治医は権限大，知人は権限小）による（岡本，2001, 2012）。

　ここまで述べたように，依頼やその他の言語行動に関しD，P，Rの 3 要因が要求のポライトネスに影響することには，諸言語でおおよそ支持が得られている。ただ依頼の項で触れたように，ポライトネスを表す言語形式は消極的ポライトネスに限っても多様である。3 要因の影響が非加算的な（交互作用がある）ことも指摘されているし，B&L のポライトネスのランク付けには一致しない結果も示されている（Holtgraves & Yang, 1990, 1992；岡本，2010）。また，関与権限への配慮は聞き手の消極的フェイスに向けられているが，依頼のような負担への配慮とは質が異なるだろう。B&L の理論はさらに検討が必要であ

　4）　｜a／b｜ は，a，b のいずれかが用いられることを示す。

る。

　4）日本語の敬語　　ポライトネスは広い意味では「敬語」とみなせる。これに対して，日本語の「敬語（honorifics）」（尊敬語，謙譲語，丁寧語等）は，敬意を表現するための助動詞，接頭語などの専用の体系を有する「狭義の敬語」である（菊池，1994；久野，1977）。このため広汎な事柄を丁寧さの異なる言い方で表現できる。そして上下関係などによる使い分けの規範が意識されやすいが，相手との関係調整のために使い分けも行われる（井出，2006；後述の三牧（2007），中山（2007）の研究も参照）。敬語を多用して相手との距離を置けば消極的ポライトネスと，敬語を用いず親しさを強調すれば積極的ポライトネスと言えよう。

［3］ポライトネスと推意

　1）推意の抑制　　［1］3）でQ推意について述べた。「何人かが好んだ」からの「全員が好んだのではない」という推論もQ推意であり，必然的な推論ではない。そして推意が生じるか否かには，ポライトネスも関係する（Holtgraves & Bonnefon, 2017）。

　ベネフォンら（Bennefon et al., 2015）は，＜自分のアイディアを5人に披露した翌日，5人のうちの1人（ボブ）にアイディアに対する反響を尋ねた＞という設定で，ボブが「何人かが君のアイディアを嫌っていたよ（Some people hated your idea.）」と答えた場合と，「何人かが君のアイディアを気にいっていたよ（Some people loved your idea.）」と答えた場合とを比較した。実験参加者は前者では後者よりも「some」が実は全員を意味している可能性を高く見積った。つまり，推意が抑制されやすかった。hate条件では，ボブが「君」に対する配慮で「何人か」と言った，実験参加者はそう推測したと解釈できる。ベネフォンらは，"Well, some people hated your idea"のようなwellの有無，また，発話の前の休止の有無が推意導出の手がかりとなるかも検討した。wellは効果を示さなかったが，休止は効果をもった。休止のある条件ではhateとloveの差が顕著になったのである。

2）要求や断りでのポライトネス　　推意に依存した表現がよく現れるのは依頼場面で，［1］の冒頭の「あの本，面白い？」→「返してね」もその例である。「借りたものは返す」という履行義務の規範が推意前提の一つになる[5]。

このように聞き手に履行義務があると，推意に依存した依頼表現は用いられやすい[6]。その中には職業上の履行義務がある場合も含まれる（石川・無藤，1990；岡本，2010）。歯科医師に「詰め物が取れたんですが」と言って治療を頼む，学生が教師に「資料が足らないんですけど」と言って配布漏れの資料を求める，などがある。後者に関して言えば，「教師は学生にもれなく資料を配布する」という職業上の義務が推意前提となっている。

ただし職業を離れた本の返却のようなケースでは，聞き手へのポライトネスも推意に委ねる動機づけになっているだろう。本を返さないのは義務不履行の状態である，しかし相手に求める行動を明言すれば非難する意味合いをもち，フェイスへの脅威になりうる。

なお，「あの本，面白い？」と言うときには，返してもらいたいということは相手に分からせたい，しかしそれをはっきり伝えようとしない形で分からせたい，つまり情報意図はあるが，伝達意図はもっていない場合もあるだろう（序章参照）。

依頼のほか，「遊びに行こうか」という誘いに対して，「ちょっと用事があるんだよ」と言うように，断りに関しても聞き手の推意に委ねる表現が用いられやすい。ここで「嫌だよ」「行かないよ」と拒絶を明言することは非常に親しい場合などを除くと希だろう。ただし，依頼や断りを推意に頼って表現すると，ときに誤解を招く（［5］参照）。

［4］会話と対人関係

対人関係の形成に言語はどう影響するだろうか。会話の実証的研究からの知見を述べる。

5）　この場合は，「借りたものは返す」のほか，「『あの本』が面白いと分かるのは読み終わっているからである」「読み終わった本は不必要である」といった知識も推論の前提になる。

6）　暑くて窓を開けてほしいときに，「暑いね」と前置きをして「窓開けて」と本題に入ろうとする場合でも，「暑いね」だけで相手が窓を開けてくれることがある（履行義務があれば可能性が大だろう）。この場合も推意による依頼となる（Levinson, 1983；岡本，2010）。

　三牧（2007）は大学生の初対面同性ペアの会話を分析した。ペアが同学年の場合について述べる。そこでは互いに普通体を用いるペアが多いが丁寧体を用いるペアもあったものの，普通体対丁寧体という非対称のペアは存在しなかった。会話の冒頭部分で，相手の出方次第で接し方を見極めて，どちらのスタイルを用いるかが決められるという。また，丁寧体のペアは丁寧体一辺倒というわけではなく一部普通体を混じえていた。話題も加味して相手との距離の調整が図られるのである。

　中山（2007）は対人関係を進展させていく中では，「心理的に近づく」「社会的に近づく」「心地よくする」という「親しさの大原則」があるという。また，そのためには「文体の選択，敬語使用の有無，話しかけの方法，口調，使用語彙，呼称など」（p. 57）の組み合わせによって「近づき」「遠ざけ」を表現し対人関係が調整されていくことを指摘している。また，三牧（2008）は相手を貶める会話（FTA）が生じた後，後続の会話を自らを貶める方向へと誘導してバランスを取る等，「FTAバランス探求行動」の事例を挙げている。これも会話における対人関係の調整の手法の一つである。

　小川（2008）は，初対面の女子大学生同学年ペアに1週間おきに3回のセッションで，10分ずつ会話をしてもらい，発話の種類の変化や相手の印象への影響を検討している。第1セッションでは客観的な情報の表明や質問が多く，第2セッション以降では自分についての開示が増える。また，最初のセッションでは，相手の質問時間が自分より長いと望ましく感じ，客観的な情報を多数提示する相手は活動的であるなど，発言の仕方が相手への印象に影響を与えていた。初対面では相手の発話の特徴が，まず相手を知る手がかりになるのであろう。しかしこうした発言と印象の関係は，第3セッションの対話では消滅した。小川は，相互作用が進行すると他の要因の印象への影響が大きくなると論ずる。

[5] 誤　　解

　1）様々な誤解　　発話からの推論は時に「誤解（misunderstanding）」を生む。単純なものでは，音の聞き間違え（「飯山さん」を「新山さん」），類似の名称の取り違え（後述の山内（2011）の薬品名の例），同音異義語の取り違い

（「異議がない」を「意義がない」），指示語の取り違え（「あの人」が「山田さん」なのに「川上さん」）などがある。

　もう少し複雑な実例を三宮（2017）の大学生への調査の結果から示す（例の番号は本節筆者）。

　　例1：たとえば「空間」という言葉を文系の人と理系の人が話題にした時には，定義の違いから誤解が生じる（p. 44）。

　　例2：体育のバスケットボールの試合で，「勝った人が出ることにしよう」といってジャンケンをした時のこと，勝った人は「出る」を「コートの外に出る」というふうに，負けた人は「試合に出る」というふうに解釈した（後略）（p. 36）。

　　例3：誘いを断るつもりで「考えとくわ」と冷淡に言った（が伝わらなかった）（p. 49）。

　2）誤解の原因　　三宮（2017）は，誤解が生ずる原因について言語的には次の5つがあると分析している。①情報の非共有，②予想・期待，③記憶の歪み，④他者視点の欠如，⑤気分・感情。これらの影響を，三宮の議論も参考に筆者なりにまとめてみる。

　まず，①情報の非共有は「共通の基盤」（［1］1 ））が欠如している場合である。指示語の取り違えは典型的な例だが，その他様々な誤解の背景に関与しうる。三宮の例1も，文系の人と理系の人の共通の基盤の相違に起因している。

　また，何らかの予想・期待（②）をもっていれば解釈がそれに引きずられる。三宮の例2では，勝った側も負けた側も疲れていて試合をしたくなかった，という背景があったという。そこから生じた期待が，「勝った側が出る」「負けた側が出る」というそれぞれ都合の良い解釈を引き出したと言えよう。

　④の「他者視点の欠如」はいろいろな誤解に関連する。相手との共通の基盤を確立するためには，相手の視点からは何が見え，分かり，推測できるのかを見積もらねばならない。しかし，これは結構難しいことがある。ギロヴィッチら（Gilovich et al., 1998）は，「透明性錯覚（illusion of transparency）」という現象を実験で実証している。これは自分の内心が相手に分かっていると過大評価することである。相手とコミュニケーションする場合に話し手の内心，つま

り「知っていること」や「考えていること」を相手が分かっていると過大評価すれば，ことばの意味，前提など，相手が知らなくても説明なしで通じると思ってしまう。

3）推意と誤解　三宮（2017）の例3は推意に関する誤解である。フェイスを配慮して「考えとくわ」と言った話し手側には，「自分はあまり乗り気でない」という内心があり，聞き手もそれを推意前提として，「誘いを断る」という結論を推論するだろうと期待した。しかしその期待が通じなかったわけである。お互いの予期のズレに加え，透明性錯覚の関与も窺える。

　また，この点を情報意図と伝達意図（序章）という観点から捉えてみることもできよう。話し手側には乗り気でないことを分からせる情報意図はあっても，それを伝えようとすることをあからさまにする伝達意図はなかったかもしれない。このことが話し手の言い方が間接的であった原因であり，それが誤解を招いた原因でもありうる。一方では，話し手が本当に「考えておく」だけのつもりだったのを，「断りたい」という情報意図があると，相手の方が深読みしてしまうという誤解も十分に想定できよう。

4）誤解から生じる問題　誤解は時に深刻な問題に発展することがある。その一つが医療現場での誤伝達である。山内（2011）は「サクシン」（筋弛緩剤）と「サクシゾン」（副腎皮質ホルモン剤）のような似た名称の薬品の取り違えや，「半筒（ハントウ）」（アンプル半分）を「三筒（サントウ）」（3アンプル）という投与量の誤伝達の事例を挙げている。上述の情報の非共有，予想や期待による歪み，そして他者視点の欠如という原因が絡んでいると思われる。

　誤解が危険な状態を引き起こすという問題に関連してもう一つ，リスク・コミュニケーションに関わる研究結果を紹介しよう。リスクを伝える場合の言い方にポライトネスへの配慮が関わると，それが誤解を生み出す可能性があるというのである。ジュアンチックとシロタ（Juanchich & Sirota, 2013）の1実験では，「聞き手が投資で損失を被る確率が50％ある」のようなネガティブな状態を伝える場合を検討した。聞き手に対するポライトネスを配慮する実験条件ではできるだけ情報をきちんと伝える条件に比べて，（日本語に置き換えれば）

「損失が生ずる可能性が半々だよ」と言わずに「損失が生ずる可能性が少しあるよ」のような言い方をしやすくなるという結果が示されている。ただ，聞き手側もこうした可能性に気づいて過小評価を上方修正して解釈することも検証されているが（Juanchich et al., 2012），ジュアンチックとシロタも指摘する通り，誤解の危険性は拭い去れない。聞き手が正しくリスクを評価できる伝え方について，なお検討が必要であろう。

　5）誤解を防ぐには　　誤解はどのようにしたら防げるのか。上に述べたような誤解の原因を知っておくことは，当然有用である。伝える側は相手の視点には立ちにくいし，透明性錯覚が生じやすいことを自覚して，メッセージの発信や解釈を行うべきである。重要な伝達であれば，事前に誰かに伝えてみて誤解が生じないかを確認することも有効だろう。つまり視点を変えてみるわけである。

　医療場面での対策を山内（2011）から一部紹介しよう。紛らわしい薬品名は避ける。上述の「サクシン」は取り違え問題以降，「スキサメトニウム」と呼称が変わった。薬剤の投与量を予め登録しておき，それ以外の投薬はできないように決めておく。そして，口頭指示は極力減らすが，やむをえないときは指示を所定の書式にメモし，それを見て確認する，といった方法もとられている。こうした対策は一般の重要な伝達の際にも参考になるだろう。

　これに関連するのが，三宮（2017）の論ずる「メタ認知トレーニング」である。メタ認知とは，自分や他者がどう認知しているかに関する認知であり，コミュニケーションと深く関わる。トレーニングでは，例えば，誤解の事例を分析して原因等を理解させる，わざと不十分な説明を作成して示し，その問題点に気づかせる，自分のスピーチを録音して聞くことで，その難点を分からせる，あえて誤解を誘発するメッセージをつくらせることで誤解の発生過程を理解させるなど，様々な手法が挙げられている。これらによって，発話，理解の両方の過程から誤解に関する認知を促進させることを目指している。

　以上，ことばによるコミュニケーションが，大いに推論に依存していることを見てきた。それは伝達の効率化やポライトネスの表現など利点を多く有する

が，負の側面もあることを心に留めておくべきであろう。

■ 引用文献

Beuckmann, F., & Mori, K. (2018). Analysis of speech level in Japanese: Power and rank of imposition of request, invitation, and apology between close participants. *The Japanese Journal of Language in Society, 21*(1), 225-238.

Bonnefon, J-F., Dahl, E., & Holtgraves, T. M. (2015). Some but not all dispreferred turn markers help to interpret scalar terms in polite contexts. *Thinking and Reasoning, 21*, 230-249.

Brown, P., & Levinson, S. C. (1987). *Politeness: Some universals in language usage.* Cambridge: Cambridge University Press. (田中典子（監訳）(2011). ポライトネス―言語使用における，ある普遍現象　研究社)

Clark, H. H., & Marshall, C. R. (1981). Definite reference and mutual knowledge. In A. K. Koshi, B. Webber, & I. A. Sag (Eds.), *Elements of discourse understanding* (pp. 10-63). Cambridge: Cambridge University Press.

Clark, H. H., Schreuder, R., & Buttrick, S. (1983). Common ground and the understanding of demonstrative reference. *Journal of Verbal Learning and Verbal Behavior, 22*, 245-258.

Gilovich, T., Savitsky, K., & Medvec, V. H. (1998). The illusion of transparency: Biased assessments of other's ability to read one's emotional status. *Journal of Personality and Social Psychology, 75*, 332-346.

Grice, H. P. (1975). Logic and conversation. In P. Cole & J. L. Morgan (Eds.), *Syntax and semantics, 3: Speech acts* (pp. 41-58). New York: Academic Press.

Holtgraves, T. M., & Bonnefon, J-F. (2017). Experimental approaches to linguistic (im) politeness. In J. Culpepe, M. Haugh, & D. Z. Kádár (Eds.), *The Palgrave handbook of linguistic (im) politeness* (pp. 381-401). London: Palgrave Macmillan.

Holtgraves, T., & Yang, J.-N. (1990). Politeness as universal: Cross-cultural perceptions of request strategies and inferences based on their use. *Journal of Personality and Social Psychology, 59*, 719-729.

Holtgraves, T., & Yang, J.-N. (1992). Interpersonal underpinnings of request strategies: General principles and differences due to culture and gender. *Journal of Personality and Social Psychology, 62*, 246-256.

井出祥子（2006). わきまえの語用論　大修館書店

石川有紀子・無藤　隆（1990). 要求表現の文脈依存性―その規定因としての役割関係―　教育心理学研究, *38*, 9-16.

平川　眞・深田博己・樋口匡貴（2012). 要求表現の使い分けの規定因とその影響過程：ポライトネス理論に基づく検討　実験社会心理学研究, *52*, 15-24.

Juanchich, M., & Sirota, M. (2013). Do people really say it is "likely" when they believe it is only "possible"? Effects of politeness on risk communication. *Quarterly Journal of Experimental Psychology, 66*, 1268-1275.

Juanchich, M., Sirota, M., & Butler, C. L. (2012). The perceived functions of linguistic risk quantifiers and their effect on risk, negativity perception and decision making. *Organizational Behavior and Human Decision Processes, 118*, 72-81.

神尾昭雄（1990). 情報のなわ張り理論―言語の機能的分析　大修館書店

加藤重広（2001). 文末助詞「ね」「よ」の談話構成機能　富山大学人文学部紀要, *35*, 31-48.

菊地康人（1994). 敬語　角川書店（講談社学術文庫 1997）

久野　暲（1977). 英語圏における敬語　大野　晋・柴田　武（編）　岩波講座日本語4　敬語（pp. 301-331）　岩波書店

Levinson, S. C. (1983). *Pragmatics.* Cambridge: Cambridge University Press. (安井　稔・奥田夏子（訳）(1990). 英語語用論　研究社出版)

Levinson, S. C. (2000). *Presumptive meanings: The theory of generalized conversational implicature.*

Cambridge, MA: The MIT Press.（田中廣明・五十嵐海理（訳）（2007）．意味の推定―新グライス学派の語用論　研究社）

三牧陽子（2007）．ポライトネス理論と初対面会話　岡本真一郎（編）　ことばのコミュニケーション―対人関係のレトリック（pp. 30-49）　ナカニシヤ出版

三牧陽子（2008）．会話者によるFTAバランス探求行動　社会言語科学, *11*(1), 125-138.

中山晶子（2007）．親しさを伝える　岡本真一郎（編）　ことばのコミュニケーション―対人関係のレトリック（pp. 50-65）　ナカニシヤ出版

小川一美（2008）．会話セッションの進展に伴う発話の変化：Verbal Response Modelの観点から　社会心理学研究, *23*, 269-280.

Okamoto, S.（1992）. Expressions of request in the Japanese language: Requesters' considerations for requestees' costs. *The Japanese Journal of Experimental Social Psychology, 31*, 211-221.

岡本真一郎（1996）．情報への関与と文末形式―「情報のなわ張り理論」の批判的検討と新モデルの提案―心理学評論, *39*, 168-204.

岡本真一郎（2001）．行動指示表現の使い分け―受益対象と話し手の関与の影響―　日本語教育, *109*, 30-39.

岡本真一郎（2010）．ことばの社会心理学（第4版）　ナカニシヤ出版

岡本真一郎（2012）．関与権限と言語表現―「情報のなわ張り理論」の修正と拡張―　日本語文法, *12*(1), 37-53.

三宮真智子（2017）．誤解の心理学―コミュニケーションのメタ認知　ナカニシヤ出版

Sperber, D., & Wilson, D.（1995）. *Relevance: Communication and cognition*（2nd ed.）. Oxford: Basil Blackwell.（内田聖二・中逵俊明・宋 南先・田中圭一（訳）（1999）．関連性理論―伝達と認知―（第2版）　研究社出版）

山内桂子（2011）．医療現場におけるコミュニケーションの失敗と医療事故　岡本真一郎（編）　ミス・コミュニケーション―なぜ生じるか　どう防ぐか（pp. 141-157）　ナカニシヤ出版

2 非言語が伝えること

木村昌紀

［1］はじめに

　学生時代に研究テーマは何かと問われて「非言語コミュニケーションだ」と伝えたら，「コミュニケーション・テクノロジーで多様な形態がある中で，原始時代のコミュニケーション研究だね」と言われたことがある。その通りだ。非言語は，私たちの祖先が言葉を使用する前から存在する，コミュニケーションの起源（e.g., Tomasello, 2008）だと考えられる。そして，古代から現代に至るまで，「非言語コミュニケーション（nonverbal communication）」は私たちの協力行動，対人関係の形成や維持，集団生活の基盤となっている。言葉によって，より大きく複雑な集団や社会が営まれるようになり（e.g., Dunbar, 1996），時が流れて，この現代社会において非言語は，これまでにない新たな影響も及ぼしている。本節では，非言語コミュニケーションの基本的仕組みを解説する。非言語にはどのような種類があるのか。言語と非言語は何が同じで，何が異なるのか。非言語は何を伝えて，どのような帰結をもたらすのか。

［2］非言語の種類―非言語コミュニケーションのチャネル―

　私たちが誰かに好意を伝えようとするとき，シンプルでストレートな方法は「私はあなたが好きです」と言葉で相手に伝えることである。しかし，日常生活の中で私たちは言葉以外にも様々な方法で他者に好意を伝えている。その相手に近づき，見つめ，微笑み，触れ，時にモノに思いを託して花束などプレゼントするかもしれない。自分が誰かに好意を伝えるため，誰かの好意を知るための手がかりは豊富で，多岐にわたる。このメッセージを伝え合うためのコミュニケーションの手がかりを「チャネル（channel）」と呼び，言葉はもちろん，表情や視線，身体や音声など多岐にわたる（e.g., 大坊，1998；図1-2）。

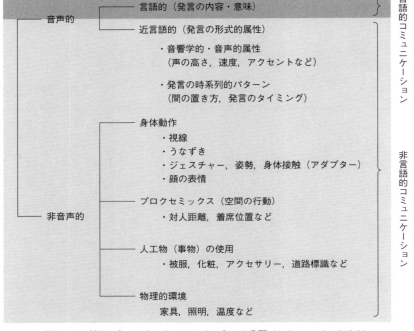

図1-2　**対人コミュニケーション・チャネルの分類**（大坊，1998を一部改変）

　ここで，言葉以外の手がかりが非言語のチャネルとなる（序章参照）。

　「あなたの気持ちは口に出さなくても顔に書いてある」といった表現にある
ように，顔の表情は感情伝達の重要なチャネルである。相手の表情を見れば，
相手が喜んでいるのか怒っているのか，それとも悲しんでいるのか一瞬で理解
できる。エクマンら（Ekman et al., 1987）は国際比較研究から，喜び・悲し
み・怒り・嫌悪・恐怖・驚きの6つの感情を基本感情と呼び，対応する表情は
世界中の様々な国で正確に認識される，普遍的な表情だと報告している。それ
に対して近年，基本感情は4つだとする反論も出ている（Jack et al., 2016）。

　表情の中でも特に笑顔は社会生活で欠かすことができない。笑顔は，口角の
収縮だけを伴う「社会的笑顔（social smile）」と，口角と眼輪筋の収縮が伴う
「真の笑顔（genuine smile：デュシェンヌの笑顔）」に大別され，意図的な表出

では前者が多く，自発的表出では後者が多い（e.g., LaFrance, 2011）。また，同じ表情を認識する場合でも文化差があり，日本人は目元に注目する一方で，北米人は口元に注目する（Yuki et al., 2007）。顔の表情は感情伝達の際に中心的な役割を果たすが，強い感情を喚起した場合には表情よりも身体の表出の方が有効な手がかりとなるとの知見（Aviezer et al., 2012）もある。表情表出以外に，顔の形態特徴も手がかりとなる。魅力的な顔には，大きな目など各部位の形態特徴（e.g., Cunningham, 1986）や，肌の質感（e.g., Little & Hancock, 2002），左右対称性（e.g., Rhodes et al., 1998）などの特徴がある。また，私たちは他者の顔を一瞬見ただけで，魅力や信頼性，支配性の印象を形成し，その印象が相手との関わり方や投資や投票行動にまで影響を及ぼす（e.g., Todorov, 2017）。

　ことわざの「目は口ほどにものを言う」にある通り，視線は大きな影響力をもつ。バロン・コーエンら（Baron-Cohen et al., 1997）は他者の複雑な心理状態を判断する際に非言語でも目が有効だと指摘している。ナップら（Knapp et al., 2014）は視線の機能として，「コミュニケーションの流れの制御（regulating the flow of communication）」「フィードバックのモニタリング（monitoring feedback）」「認知活動の反映（reflecting cognitive activity）」「感情表出（expressing emotions）」「対人関係の性質の伝達（communicating the nature of the interpersonal relationship）」を挙げている。

　「コミュニケーションの流れの制御」は，誰かとコミュニケーションを開始したいとき相手を見て，コミュニケーションを回避したいときは目を逸らすこと，コミュニケーション中は話し手より聞き手の視線が多くなりやすいこと，視線が発話交代のシグナルとなることを指す。3者間の会話でも，自分以外の2者への視線の配り方が会話をうまく調整する鍵になることが示唆されている（磯ら，2005）。「フィードバックのモニタリング」は，私たちが他者の反応を知りたいときに視線を向けることを指す。こちらの視線に対する相手の視線や表情によって，注意を向けてくれているか，関心をもってくれているかを知ることができる。「認知活動の反映」は，複雑な思考や難解な思考を行う際に私たちは他者から目を逸らし，目を閉じて注意を外界から内的世界に移すことを指す。「感情表出」は，喜びで目を細めたり，悲しみで涙を流したり，怒って誰かを睨んだりするように，感情が目に表出されることである。「対人関係の性質

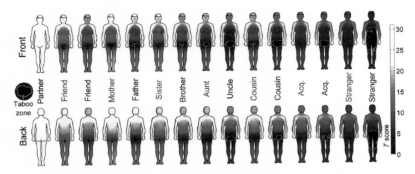

図1-3 関係性による接触部位・許容度（Suvilehto et al., 2015）
注）明るい部位ほど接触が許容される一方，暗い部位ほど接触が許容されない。

の伝達」は上下関係や親密性が視線に表れることを指す。例えば，強い愛情を抱く恋人たちほどアイコンタクトが多くなる（Rubin, 1970）。

　空間の使い方もコミュニケーションの手がかりとなる（e.g., 渋谷，1990）。ホール（Hall, 1966）によれば，相手との関係性によってどのくらい他者に近づくかという空間行動が異なる。より親密な関係にある者がとる距離から順番に，「密接距離（intimate distance）」（近接相0〜15cm，遠方相15〜45cm），「個体距離（personal distance）」（近接相45〜75cm，遠方相75〜120cm），「社会距離（social distance）」（近接相1.2m，遠方相2.1m），「公衆距離（public distance）」（近接相3.6〜7.5m，遠方相7.5m以上）に分類される。

　いかに他者に触れるかという接触のチャネルもある。ただ他者に触れることのみによって，怒りから愛情に至るまでの様々な感情伝達が可能である（Hertenstein et al., 2006）。また，親密な関係にあるほど他者に触れやすい。フィンランド・フランス・イタリア・ロシア・イギリスでの国際比較研究から，概して親密な関係にある相手ほど，接触しやすく，親密な関係でも関係の種類によって接触部位・許容度が異なることが示されている（Suvilehto et al., 2015；図1-3）。

　様々な装いもチャネルとなる。私たちは，化粧や服装，ピアス，タトゥー，ヘアスタイルなどを用いて自己表現を行う一方で，他者を理解するための手がかりにしている（e.g., 鈴木，2020）。さらに，オフィスや寝室の使い方には本人

の性格特性が反映し，他者はそれを手がかりに一定の精度をもつ特性推論が可能となる（Gosling et al., 2002）。

　これらのチャネルのうち，どれを利用できるかはコミュニケーションの状況によって異なる。利用可能なチャネルに制約を課す特定のコミュニケーション状況を「メディア（media）」という。メディアが対面なら，すべてのチャネルを利用できる。だが，メディアが携帯電話の音声通話なら，音声チャネルのみで伝えることになる。またメディアによって，情報伝達と受け取る時点が一致する程度である「同時性」，コミュニケーションを行う者が同じ場所に存在するかという「空間の共有」，移動してもコミュニケーションできるかを指す「可搬性」が異なってくる（川浦，1990）。携帯電話の音声通話なら同時性と可搬性はあるが，空間を共有していない。携帯電話メールは可搬性があるが，同時性や空間の共有がない。新たなツールが普及する現代社会で，メディアの特性を理解しなければ誤解が生じる可能性が高くなる。しかし，用途に応じた使い方次第で，新たなツールは時間や空間の制約から私たちを解き放ち，コミュニケーションの可能性を拡張してくれる（詳しくは第1章第3節，コラム，第3章第4節を参照）。

［3］非言語の特徴

　非言語はどのような特徴をもつのか。パターソン（Patterson, 2011）は，対面での非言語コミュニケーションの特徴として，言語は過去や未来，空想についてコミュニケーションが可能なのに対して，非言語は今・ここで体験していることに焦点がある点，他者が存在する状況で常時発動している点（例えば，言葉を交していなくても互いの表情や視線が見える），メッセージの送・受信を同時に行っている点（自分が一方的に話しているときでも相手の様子を絶えずモニタリングしているなど），大部分を意識せず自動的に行っていて（特定のチャネルを意識しても他の多くのチャネルを意識しておらず，ある時点で意識していても常に意識してはいない）効率の良い点を挙げている。

　パターソンの指摘とも一致して，言語に比べて，非言語のチャネルは自動的に生起しやすく，意識的な制御が難しいと言われる。アンバディとワイズバッハ（Ambady & Weisbuch, 2010）は，非言語チャネルには

「無意図性（unintentionality）」，「統制不可能性（uncontrollability）」，「効率性（efficiency）」，「無自覚性（unawareness）」という自動性の特徴があると指摘している。「無意図性」は，自分が意図せず，行動してしまうことを指す。例えば，恥ずかしくて顔が紅潮したり，緊張して足が震えたりするのは，自分がしようと思ってしているわけではない。また，「統制不可能性」は行動をはじめたり，やめたりすることが自分でできないことを指す。顔の紅潮や足の震えをコントロールするのは困難だろう。そして，「効率性」は大きな労力を要せず，メッセージを伝えたり，理解したりすることを指す。すべての非言語チャネルを四六時中意図的にコントロールすることは，私たちの限られた認知資源では困難だが，自動性によって莫大な認知的努力を払わずにコミュニケーションを行うことができる。さらに，「無自覚性」は通常非言語チャネルをほとんど自覚していないことを指す。私たちは自分の表情を見ることができず，自分の声を他者と同じように聞くこともできない。社会の複雑な問題を解決するために言語が用いられるのは確かである一方，非言語コミュニケーションこそが最も素早く，労力を必要としない社会的適応の方法である（Ambady & Weisbuch, 2010）。

　ただし，非言語チャネルのすべてが自動的なわけではなく，相手や状況によって，私たちは認知的な努力を払って，非言語チャネルを意識的にコントロールもする。大好きな相手との初デートでは，相手に好意をもってもらえるように，特別な服を着て，笑顔を心がけ，相手に目を向けて，いつもより対人距離を狭めるかもしれない。加えて，非言語チャネルの中でもコントロールしやすいチャネルと，そうでないチャネルが存在する。エクマンとフリーセン（Ekman & Friesen, 1969a）によれば，相対的に表情は意識的にコントロールしやすい一方で，音声や手足の動きはコントロールしにくい。

　言語と同じように，非言語にも「方言（dialect）」があるという。非言語の文化差について，言語における方言のメタファーを用いて説明しているのが，「感情の方言理論（dialect theory of emotions）」である（e.g., Elfenbein, 2013）。言語と同様に国や地域，民族によって異なる非言語表出の特徴があり，これを「非言語的方言（nonverbal dialect）」と呼ぶ。例えば，同じ感情表出でも国や地域，民族によって共通する表出と，微妙に異なる表出がある[1]。方言の異なる集団の非言語を解釈しようとする際，同じ集団の非言語を解釈する際より難しく，

誤解の生じる可能性がある。実際，内集団の表情は外集団の表情に比べて正確に認識されやすいという，表情認知における内集団優位性が報告されている（e.g., Elfenbein & Ambady, 2002）。それ故，非言語的方言の差異は異文化コミュニケーションの障壁となるが，その差異を自覚することで障壁を除いてコミュニケーションを円滑に行える可能性も示唆されている（e.g., Elfenbein, 2013）。

［4］非言語コミュニケーションの機能

1）非言語チャネルの機能　対人コミュニケーションの中で，非言語チャネルはどのような機能をもつのだろうか。パターソン（Patterson, 1983）によれば，チャネルの機能として「情報機能（informational function）」，「相互作用の調整（regulating interaction）」，「親密さ（intimacy）」，「社会的統制（social control）」，「サービスと仕事上の機能（service-task function）」が挙げられる。

　「情報機能」は，相手にメッセージを伝える基本的機能である。私たちは様々なチャネルを駆使して情報を伝え合っている。「相互作用の調整」は，人と人の関わりを円滑にする機能を指す。例えば，相手の発言を促したいときに目配せしたり，自分が話したいときに手を動かしたりすることがある。「親密さ」は，好意や関心，敵意など，相手に対する様々な感情を伝える機能である。例えば，相手に対する好意を微笑みで伝えたり，前傾姿勢で興味や関心を伝えたりする。「社会的統制」は他者に影響を与えて，何らかの反応を引き出す機能を指す。誰かを説得することや命令することがこれに当たる。言語だけではなく，視線やうなずき，ジェスチャーなど多様な非言語が説得的コミュニケーションに貢献している（e.g., Burgoon et al., 1990；横山・大坊，2012）。「サービスと仕事上の機能」は，職務や役割を遂行する機能である。診断や治療のために医師が患者に接触する場合やスポーツの専門家が指導生にコーチする場合が例として挙げられる。これらのうち，「情報機能」と「相互作用の調整」は特

1）　整理しておきたい点として，ジェスチャーの中での「エンブレム（emblems）」との相違がある。エンブレムとは言語による直接的な翻訳が可能で，辞書的定義をもつ非言語的行為であり（Ekman & Friesen, 1969b），文化的に規定されている。そのため，自分の国や地域で用いるエンブレムが他の国や地域では通じなかったり，別の意味をもつことがある。一方，非言語的方言は同じ感情を伝える際の表出の違いであり，言語による直接的な翻訳は困難で，辞書的定義もない。

定の行動でのチャネルの働きなのに対し,「親密さ」や「社会的統制」,「サービスと仕事上の機能」は一連のやりとりでのチャネルの働きになる。

2）関係の展開に伴う変化　「親密さ」と関連して,大坊（1990）は対人関係の展開に伴って非言語コミュニケーションが変化するモデルを提案している。初対面の相手とは,相手と距離をとって,表情も硬く,それほど多く話すこともない。お互いを知るようになると,距離も縮まり,笑顔も増え,話も活発になっていく。さらに関係が続いて長い付き合いになると,わずかな表情やしぐさでも意思疎通が可能になることがある。もちろん,対人葛藤や自然消滅で関わりをもたなくなる関係の崩壊・終焉もある。関係のある段階までは,非言語で親密さを積極的に表現していく（コミュニケーションの直接性が高くなる）のだが,親密な関係を構築し,長期間にわたって維持すると,お互いの間に蓄積された知識や情報によって,わずかな非言語の所作でメッセージを伝え,理解することが以前よりできるようになる。これは察しのコミュニケーションと呼ばれ,付き合いの長い親友や長年連れ添った夫婦などで起こりえる。

　対人関係が良好なときや対人関係を進展させたいときに現れる,会話者間の非言語行動の協調現象がある。ベルニエリとローゼンサール（Bernieri & Rosenthal, 1991）は,コミュニケーションの中で会話者間の非言語行動が時間と形態の点でパターン化され同期する現象を,「対人的協調（interpersonal coordination）」と緩やかに定義して,それらを「行動の一致（behavior matching）」と「シンクロニー（interactional synchrony）」の2つに整理している。行動の一致は,会話者間の姿勢の類似などである。シンクロニーは会話者間の行動のリズムやタイミングが収束することを指す。これら非言語の対人的協調は関係の良好性を反映し,関係の促進機能をもつ（Vicaria & Dickens, 2016）。藤原ら（Fujiwara et al., 2020）は,動画の自動解析技術で会話者間の全身の動きが同期する程度を定量化し,初対面と友人関係の会話を比較した。どちらの関係でもシンクロニーは生起し,その程度は初対面より友人関係の方がより高かった。その上で,相手との関係を今後も続けたいという関係継続の意思にシンクロニーが及ぼす影響を検討したところ,初対面ではシンクロニーが生じるほど関係継続の意思が高まっていた一方で,友人関係ではそのような

関連性が見られなかった。これは，シンクロニーのもつ関係調整機能を示唆している。

　しかし，常に対人関係を進展させたいわけではないだろう。相手との関係を一定水準に維持したいこともある。このための非言語の機能が存在し，「親しさのホメオスタシス（homeostasis of intimacy）」とも呼べる働きをする。相手が遠く離れていれば視線を送るが，相手が近づくにつれて視線を逸らすことがある。これは対人距離と視線のチャネル間で親密さの表出のトレードオフが生じている。相手への接近で表現された親密さの分だけ，視線を回避することで親密さの表現を抑制していると考えられる（Argyle, 1967）。アーガイルは，複数のチャネルの相補性から関係の親密さを一定に保つ非言語の機能を指摘している。

　3）言語と組み合わさった機能　　非言語は，それ単独で機能するだけではなく，言語と組み合わさってコミュニケーションの中で機能する。リッチモンドとマクロスキー（Richmond & McCroskey, 2004）は言語を伴う非言語の 6つの機能（補完・矛盾・強調・反復・調節・置換）を指摘している。「補完（complementing）」とは，言語チャネルによるメッセージを非言語が強化・明確化・精緻化するという機能である。相手を抱きしめ，見つめながら「私はあなたが好きです」と言えば，メッセージはより強められるだろう。「矛盾（contradicting）」は，言語チャネルによるメッセージと非言語が矛盾したり，対立したりするメッセージを伝える機能である。例えば，「私は悲しくなんてない」と言いながら，目に涙を浮かべているような場合である。矛盾は聞き手の察しによって円滑なコミュニケーションを促すこともある一方で，聞き手の混乱や誤解を招く危険性もある。このような言語と非言語の矛盾を含むメッセージは「ダブルバインド（double-bind）」（二重拘束的）メッセージと呼ばれている（Batson et al., 1956）。「強調（accenting）」は，非言語が言語のメッセージを強調したり目立たせたりする機能である。大事な情報を話す前に間をとることや，いつもより大きな声で話すことが例として挙げられる。「反復（repeating）」は，言語チャネルによるメッセージを非言語チャネルで繰り返すことを指す。例えば，カフェで注文する際に「ホットコーヒーを 2 つ」と言いながら，指を 2 本立てて伝えるような場合である。「調節（regulating）」は，言語メッセージを

やりとりする際に非言語チャネルによって調整・管理する機能である。相手が話している途中，自分が話したい場合は相手と目を合わせたり，指を上げたりするしぐさで伝える。「置換（substituting）」は言語の代わりに非言語でメッセージを伝える機能である。例えば，相手に「こっちにおいで」という代わりに手招きするような場合である。複数の機能が同時に生起することもあれば，ある機能を達成するために複数の非言語チャネルが使用されることもある。

［5］非言語コミュニケーションの射程

　非言語コミュニケーションの射程，つまりその影響範囲はどこまでなのか。部屋の中で向かい合って会話をしているときにだけ非言語チャネルが影響するわけではない。建物の廊下や外で通りを歩いているときにも非言語チャネルは影響力をもつ。道端での通りすがりに，相手が知り合いであれば挨拶をして立ち話がはじまるかもしれない。しかし，全く知らない人と偶然その場に居合わせたときにも非言語チャネルによるメッセージの交換が行われることがある。ミルグラムら（Milgram et al., 1969）は，歩行者（協力者）が突然立ち止まってビルを見上げたとき，その場にいた通行人がどのように振る舞うのかをフィールド実験で検討した。その結果，たった1人につられて40％もの通行人がビルを見上げることが明らかになった。また，協力者の人数に比例して，周囲でビルを見上げ，立ち止まる人数が増加していたことが示された。私たちは，言葉も交わしていない，偶然居合わせた見知らぬ他者の行動に影響を与えると同時に，またその影響を受けているのである。

　ゴフマン（Goffman, 1963）は，特定の状況に居合わせた人たちのコミュニケーションを大別して，互いに注意を向けて言葉を交わすようなやりとりを「焦点の定まった相互作用（focused interaction）」，互いにほとんど注意を向けずに，その場に偶然居合わせた他者をちらりと見るだけのようなやりとりを「焦点の定まらない相互作用（unfocused interaction）」と呼んでいる。ミルグラムら（Milgram et al., 1969）の実験は後者を扱ったもので，協力者には周囲にメッセージを伝える明確な意図がなかった。この焦点の定まらない相互作用で，協力者の通行人が意図的に働きかけたときの他の通行人の反応について，パターソンら（Patterson et al., 2007）が検討している。偶然居合わせた協力者

が何もせず通り過ぎたとき，通行人に視線を送ったとき，視線を送って微笑んだときで，通行人の反応がどのように違うのかを北米と日本でそれぞれ調べている。その結果，北米では，何もせず通り過ぎた際には通行人の反応がないものの，視線を送った際や視線を送って微笑んだ際は，微笑み，うなずき，挨拶するなど通行人の反応が見られた。対照的に日本では，どの働きかけにも通行人の反応が見られなかった。これは，日本に比べて北米が見知らぬ他者に寛容なことや，日本では知り合いかどうかの境界線が明確に存在し，見知らぬ相手に対して保守的なことが関係しているのかもしれない。影響過程に文化差はあるものの，非言語コミュニケーションの影響は焦点の定まった相互作用だけでなく，焦点の定まらない相互作用にまで広く及んでいる。

　コミュニケーションという現象は，向かい合う人々がメッセージを伝え合うだけでは終わらない。数多くの他者の集まる集団で暮らすため，コミュニケーションの外にも他者のまなざしが存在している。私たちのコミュニケーションは他者のまなざしによって影響を受けている。他者に伝えたい自己のイメージを制御しようとする行動を「自己呈示（self presentation）」と呼ぶが（e.g., 安藤，1994），自分の異なるイメージを伝えたい他者が同じ場に 2 名以上存在するときにどのような自己呈示を行えばよいかというジレンマが生じる。例えば，普段友人たちと下品な話題で盛り上がっている人が，片思いの人物（その人と一緒にいるときはいつも礼儀正しく振る舞っている）と，仲の良い友人と同席するような状況である。このような自己呈示のジレンマ状況を「複数観衆問題（multiple audience problem）」という（Fleming, 1994）。笠置・大坊（2010）は，異性の会話相手への自己呈示場面に同性の観察者が居合わせる複数観衆状況を設定し，対処行動を実験的に検討している。その結果，外見的魅力の自己呈示を控える一方で，社会的望ましさや親しみやすさの自己呈示を積極的に行うことで，同性・異性両方に好ましい印象を与えようとしていた。また，共通の友人に観察されると，観察者がいないときや面識のない人が観察するときに比べて友人同士のコミュニケーションの発話量が増加する（山本・鈴木，2013）。私たちのコミュニケーションは外部の観察者が誰か，その相手との関係性によって変容している可能性がある。

　また，私たちは自らがコミュニケーションを行うだけでなく，他者のコミュ

ニケーションを観察している。それでは，なぜ他者のコミュニケーションを観察するのか。一つの理由は，他者のコミュニケーションでやりとりされる情報を収集するためである。これは集団状況を利用した効率の良い情報収集，社会的学習だと言える。もう一つの理由は，コミュニケーションのやりとり自体こそが重要な情報（e.g., Dunbar, 1996）であり，その情報を収集するためである。対人関係の特徴はコミュニケーションに反映されるため（e.g., 大坊，1990,1998；Knapp et al., 2014），コミュニケーションを観察することで私たちは周囲の人間関係を推測している。実際，私たちはコミュニケーションの観察によって，そのコミュニケーション自体の良好性を判断するのはもちろん（Bernieri et al., 1996；木村ら，2010），関係の種類（e.g., Archer, 1980）や親密性（e.g., 木村，2015）まで推論している。周囲のコミュニケーションや人間関係を知ることは，必要に応じて自分が誰とコミュニケーションすべきかを知り，人間関係を円滑に進めることや問題を解決することにつながるだけでなく，誰が孤立しているか，誰と誰がトラブルを起こしているかを知り，そこに適切に介入して快適な集団生活を送ることにもつながる。

［6］非言語が伝えること，非言語がもたらすもの

　私たちは家族や友人，学校の同級生や先生，職場の同僚はもちろん，電車やバスに乗り合わせた人や道ですれ違った人でさえ，相手の感情や思考，性格，能力，欺瞞，年齢，社会的属性などについて，意識的かどうかにかかわらず，非言語を手がかりにして数えきれない推論を行っており，この推論は円滑なコミュニケーションや社会的適応を促進する（e.g., Hall et al., 2016）。私たちが非言語から推論したり判断したりすること，非言語が伝えることは，感情や思考，欺瞞，知性，パーソナリティ，社会的地位のような個人の状態・特性から，ラポールや対人関係の種類，愛のような関係の状態・特性に至るまで多岐にわたる（Hall et al., 2005）。

　非言語は何を伝えているのか。この問いに関する代表的な論争には，表情表出における基本感情説と行動生態学的観点によるものがある。「基本感情説（theory of basic emotion）」は，私たちの表情表出は社会的状況（や表示規則[2]）によって調整されるものの，原則的には内的な感情状態の自発的表出だとする

考え方である（e.g., Ekman, 1997）。楽しいから笑い，腹を立てているから怒りの表情になると考える。それに対して，私たちの表情は他者に向けたシグナルとして意図的に制御されたものとする考え方が「行動生態学的観点（behavioral ecology view）」である（e.g., Fridlund, 1994）。私たちは親しみを伝えるために他者に微笑みかけ，自分が腹を立てていることを他者に伝えるために怒りの表情をつくると考える。表情は何を伝えているのかという問いに対して，前者の立場では表出者の内的な感情状態を，後者の立場では表出者が他者に向ける意図的なシグナルを，それぞれ伝えていると答える。

　表情が伝えるのは感情か，それとも意図か，という論争は確かに興味深い。しかし，感情表出はどのような社会的帰結をもたらすのか，という語用論的視点の問いが近年立てられている（e.g., Van Kleef, 2017）。表情が伝えるものが感情か意図かにかかわらず，社会的な効果は近いものになる。例えば，悲しみの表情を浮かべた人がいれば，その表情が内的な悲しみの経験を反映しているか，意図的に作ったものかにかかわらず，周囲の他者も悲しい表情になるか，その人をなぐさめるだろう。

　言語学的な「語用論（pragmatics）」（Austin, 1962; Searle, 1979）（第 1 章第 1 節参照）を感情の科学に適用し，スカランティーノ（Scarantino, 2017）は「感情の語用論理論（theory of affective pragmatics）」を提唱し，感情表出それ自体（特定の感情表出行為），コミュニケーション上の動き（特定の感情表出で伝達される意図や動機），そして，コミュニケーション効果（特定の感情表出に伴う社会的帰結），という 3 つの側面を区別している。

　感情の語用論ではコミュニケーション上の動きが強調されるが，ヴァンクリーフ（Van Kleef, 2016）は「社会的情報としての感情理論（Emotion as Social Information theory；以下 EASI 理論）」の中でコミュニケーション効果に注目し，感情表出が何を伝えているかから，どのような社会的効果をもたらすのかに焦点をシフトさせることの重要性を指摘している。EASI 理論では，視覚（例えば，表情，視線，身体，SNS などでは絵文字や顔文字）や聴覚（非

---

2)　「表示規則（display rules）」は，ある社会的状況においてどのように感情を表出（抑制）するべきかに関する規則で，発達を通じて社会・文化的に学習される（e.g., Ekman & Friesen, 1969b）。

言語的な音声，言語）など様々なモダリティを通じた感情表出が他者の行動を引き出すトリガーになること，チャネルにかかわらず感情の表出が社会的シグナルとして類似の効果を有することを主張している（Van Kleef, 2017）。

［7］ おわりに

　非言語は，話し手の内心が言葉となる前，言葉を発する前から他者に情報を伝え，影響を与えている。また，非言語は言葉にできないこと，言葉にならないことを伝える。その一方で非言語は，言語と同じように，同じようなメッセージを伝えもする。実際，まさに今私は非言語が伝えることを言語によって伝えようと試みている。この試みに幾分矛盾を感じつつ，非言語を考える面白さ・醍醐味を共有したいと私は考えている。非言語は，言語に負けないくらい魅力的な現象だ。言語と非言語によるコミュニケーションは，良好な対人関係を形成・維持し，社会生活を営む上で前提となる。ウェル・ビーイングの観点から，コミュニケーションの探求の必要性も指摘されている（e.g., 大坊，2012，2022；小川，2011）。

　私が研究を開始した2000年代，非言語コミュニケーションは研究数も減少し（e.g., Patterson, 2008），ブームが去った時代遅れのテーマと言われることがあった。しかし現在，一定の労力を要するイベント・レコーダーを用いたアプローチ（e.g., 荒川，2008）の他，テクノロジーの進展で自動解析用ソフトウェア（e.g., Baltrušaitis et al., 2018）なども登場して非言語研究のハードルが下がっている。また，コミュニケーションの系統発生や個体発生を連続的に扱いうる点や，対話エージェントやコミュニケーション支援システムの開発という点などから，心理学以外の分野からもあらためて非言語が注目され，学際的な研究が活発になっている（e.g., Plusquellec & Denault, 2018）。言語と非言語の壁を越えて，社会心理学の起点としてコミュニケーション研究が進展すること，そして，学問分野の壁を越えて研究が進展することを願い，自らも一層励みたいと思う。

■ 引用文献
Ambady, N., & Weisbuch, M.（2010）. Nonverbal behavior. In S. T. Fiske, D. T. Gilbert, & G. Lindzey（Ed.），

Handbook of social psychology (5th ed., pp. 464-497). Hoboken, NJ: John Wiley & Sons.

安藤清志 (1994). 見せる自分／見せない自分―自己呈示の社会心理学―　サイエンス社

荒川　歩 (2008). マルチチャネル行動計測ソフトウェア (sigsaji) の開発　対人社会心理学研究, *8*, 111-114.

Archer, D. (1980). *How to expand your S.I.Q. (social intelligence quotient).* New York: M. Evans and Company. (工藤　力・市村英次 (訳) (1988). ボディーランゲージ解読法　誠信書房)

Argyle, M. (1967). *The psychology of interpersonal behavior.* Westminster, London: Penguin Books. (辻　正三・中村陽吉 (訳) (1972). 対人行動の心理　誠信書房)

Austin, J. L. (1962). *How to do things with words.* Cambridge, MA: Harvard University Press.

Aviezer, H., Trope, Y., & Todorov, A. (2012). Body cues, not facial expressions, discriminate between intense positive and negative emotions. *Science, 338*, 1225-1229.

Baltrušaitis, T., Zadeh, A., Lim, Y. C., & Morency, L.-P. (2018). "OpenFace 2.0: facial behavior analysis toolkit," in *Proceedings of the IEEE International Conference on Automatic Face and Gesture Recognition,* Washington, DC.

Baron-Cohen, S., Wheelwright, S., & Jolliffe, T. (1997). Is there a "language of the eyes"?: Evidence from normal adults, and adults with autism or Asperger syndrome. *Visual Cognition, 4*, 311-331.

Batson, G., Jackson, D. D., Haley, J., & Weakland, J. (1956). Toward a theory of schizophrenia. *Behavioral Science, 1*, 251-254.

Bernieri, J. F., Gillis, J. S., Davis, J. M., & Grahe, J. E. (1996). Dyad rapport and the accuracy of its judgment across situations: A lens model analysis. *Journal of Personality and Social Psychology, 71*, 110-129.

Bernieri, F. J., & Rosenthal, R. (1991). Interpersonal coordination: Behavior matching and interactional synchrony. In R. S. Feldman & B. Rime (Eds.), *Fundamentals of nonverbal behavior* (pp. 401-432). Cambridge, UK: Cambridge University Press.

Burgoon, J. K., Birk, T., & Pfau, M. (1990). Nonverbal behaviors, persuasion, and credibility. *Human Communication Research, 17*, 140-169.

Cunningham, M. (1986). Measuring the physical attractiveness: Quasi-experiments on the sociobiology of female beauty. *Journal of Personality and Social Psychology, 50*, 925-935.

大坊郁夫 (1990). 対人関係における親密性の表現―コミュニケーションに見る発展と崩壊―　心理学評論, *33*, 322-352.

大坊郁夫 (1998). しぐさのコミュニケーション―人は親しみをどう伝え合うか―　サイエンス社

大坊郁夫 (2012). 幸福を目指す対人社会心理学―対人コミュニケーションと対人関係の科学―　ナカニシヤ出版

大坊郁夫 (2022). 人を結ぶコミュニケーション―対人関係におけるウェル・ビーイングの心理学―　福村出版

Dunbar, R. (1996). *Grooming, gossip and the evolution of language.* Harvard University Press. (松浦俊輔・服部清美 (訳) (1998). ことばの起源―猿の毛づくろい，人のゴシップ―　青土社)

Ekman, P. (1997). Expression or communication about emotion. In N. L. Segal, G. E. Weisfeld, & C. C. Weisfeld (Eds.), *Uniting biology and psychology: Integrated perspectives on human development* (pp. 315-338). Washington, DC: APA Press.

Ekman, P., & Friesen, W. V. (1969a). Nonverbal leakage and clues to deception. *Psychiatry, 32*, 88-105.

Ekman, P., & Friesen, W. V. (1969b). The repertoire of nonverbal behavior: Categories, origins, usage and codings. *Semiotica, 1*, 49-98.

Ekman, P., Friesen, W. V., O'Sullivan, M., Chan, A., Diacoyanni-Tarlatzis, I., Heider, K., ... Tzavaras, A. (1987). Universals and cultural differences in the judgments of facial expressions of emotion. *Journal of Personality and Social Psychology, 53*, 712-717.

Elfenbein, H. A. (2013). Nonverbal dialects and accents in facial expressions of emotion. *Emotion Review, 5*, 90-96.

Elfenbein, H. A., & Ambady, N. (2002). On the universality and cultural specificity of emotion recognition: A meta-analysis. *Psychological Bulletin, 128*, 203-235.

Fleming, J. H. (1994). Multiple audience problems, tactical communication, and social interaction: A relational-regulation perspective. *Advance in Experimental Social Psychology, 26*, 215-292.

Fridlund, A. J. (1994). *Human facial expression: An evolutionary view*. San Diego, CA: Academic Press.

Fujiwara, K., Kimura, M., & Daibo, I. (2020). Rhythmic features of movement synchrony for bonding individuals in dyadic interaction. *Journal of Nonverbal Behavior, 44*, 173-193.

Goffman, E. (1963). *Behavior in public space: Notes on the social organization of gatherings*. New York: The Free Press. (丸木恵祐・本名信行（訳）. 1980　集まりの構造─新しい日常行動論を求めて─　誠信書房）

Gosling, S. D., Ko, S. J., Mannarelli, T., & Morris, M. E. (2002). A Room with a cue: Judgments of personality based on offices and bedrooms. *Journal of Personality and Social Psychology, 82*, 379-398.

Hall, E. T. (1966). *The hidden dimension*. New York: Doubleday. (日高敏隆・佐藤信行（訳）(1970) かくれた次元　みすず書房）

Hall, J. A., Bernieri, F. J., & Carney, D. R. (2005). Nonverbal behavior and interpersonal sensitivity. In J. A. Harrigan, R. Rosenthal, & K. S. Scherer (Ed.), *The new handbook of methods in nonverbal behavior research* (pp. 237-281). Oxford, UK: Oxford University Press.

Hall, J. A., Schmid Mast, M., & West, T. V. (2016). *The social psychology of perceiving others accurately*. Cambridge, UK: Cambridge University Press.

Hertenstein, M., Keltner, D., App, B., Bulleit, B. A., & Jaskolka, A. R. (2006). Touch communicates distinct emotions. *Emotion, 6*, 528-533.

磯　友輝子・木村昌紀・大坊郁夫（2005）. ３者間会話場面における非言語行動の果たす役割　大坊郁夫（編）社会的スキル向上を目指す対人コミュニケーション（pp. 31-86）　ナカニシヤ出版

Jack, R. E., Sun, W., Delis, I., Garrod, O. G., & Schyns, P. G. (2016). Four not six: Revealing culturally common facial expressions of emotion. *Journal of Experimental Psychology: General, 145*, 708-730.

笠置　遊・大坊郁夫（2010）. 複数観衆問題への対処行動としての補償的自己高揚呈示　心理学研究, *81*, 26-34.

川浦康至（1990）. コミュニケーション・メディアの効果　大坊郁夫・安藤清志・池田謙一（編）人と人を結ぶとき　社会心理学パースペクティブ 2（pp. 67-85）　誠信書房

木村昌紀（2015）. 対人コミュニケーションの観察に基づく親密性の推論　心理学研究, *86*, 91-101.

木村昌紀・大坊郁夫・余語真夫（2010）. 社会的スキルとしての対人コミュニケーション認知メカニズムの検討　社会心理学研究, *26*, 13-24.

Knapp, M. L., Hall, J. A., & Hogan, T. G. (2014). *Nonverbal communication in human interaction* (8th ed.). Wadsworth, OH: Cengage learning.

LaFrance, M. (2011). *Lip service: Smiles in life, death, trust, lies, work, memory, sex, and politics*. New York: W. W. Norton. (中村　真（訳）(2013). 微笑みのたくらみ─笑顔の裏に隠された「信頼」「嘘」「政治」「ビジネス」「性」を読む─　化学同人）

Little, A. C., & Hancock, P. J. B. (2002). The role of masculinity and distinctiveness in judgments of human male facial attractiveness. *British Journal of Psychology, 93*, 451-464.

Milgram, S., Bickman, L., & Berkowitz, L. (1969). Note on the drawing power of crowds of different size. *Journal of Personality and Social Psychology, 13*, 79-82.

小川一美（2011）. 対人コミュニケーションに関する実験的研究の動向と課題　教育心理学年報, *50*, 187-198.

Patterson, M. L. (1983). *Nonverbal behavior: A functional perspective*. New York: Springer-Verlag. (工藤力（監訳）(1995). 非言語コミュニケーションの基礎理論　誠信書房）

Patterson, M. L. (2008). Back to social behavior: Mining the mundane. *Basic and Applied Social Psychology, 30*, 101.

Patterson, M. L. (2011). *More than words: The power of nonverbal communication*. Barcelona, Spain: Editorial Aresta. (大坊郁夫（監訳）(2013). ことばにできない想いを伝える─非言語コミュニケーションの心理学─　誠信書房）

Patterson, M. L., Iizuka, Y., Tubbs, M. E., Ansel, J., Tsutsumi, M., & Anson, J. (2007). Passing encounters east and west: Comparing Japanese and American pedestrian interactions. *Journal of Nonverbal Behavior, 31*, 155-166.

Plusquellec, P., & Denault, V. (2018). The 1000 most cited papers on visible nonverbal behavior: A bibliometric analysis. *Journal of Nonverbal Behavior, 42*, 347-377.

Rhodes, G., Pfoffitt, F., Grady, J. M., & Sumich, A. (1998). Facial symmetry and the perception of beauty. *Psychonomic Bulletin & Review, 5*, 659-669.

Richmond, V. P., & McCroskey, J. C. (2004). *Nonverbal behavior in interpersonal relations* (5th ed.). London, UK: Pearson.（山下耕二（編訳）(2006). 非言語行動の心理学―対人関係とコミュニケーションの理解のために―　北大路書房）

Rubin, Z. (1970). Measurement of romantic love. *Journal of Personality and Social Psychology, 16*, 265-273.

Scarantino, A. (2017). how to do things with emotional expressions: The theory of affective pragmatics. *Psychological Inquiry, 28*, 165-185.

Searle, J. R. (1979). *Expression and meaning*. Cambridge, UK: Cambridge University Press.

渋谷昌三（1990）. 人と人との快適距離―パーソナル・スペースとは何か―　NHK ブックス

Suvilehto, J. T., Glerean, E., Dunbar, R. I. M., Hari, R., & Nummenmaa, L. (2015). Topography of social touching depends on emotional bonds between humans. *Proceedings of the National Academy of Sciences of the United States of America, 112*, 13811-13816.

鈴木公啓（編）（2020）. 装いの心理学―整え飾るこころと行動―　北大路書房

Todorov, A. (2017). *Face value: The irresistible influence of first impressions*. Princeton, NJ: Princeton University Press.（中里京子（訳）(2019). 第一印象の科学―なぜヒトは顔に惑わされてしまうのか？―みすず書房）

Tomasello, M. (2008). *Origins of human communication*. Cambridge, MA: The MIT Press.（松井智子・岩田彩志（訳）(2013). コミュニケーションの起源を探る　勁草書房）

Van Kleef, G. A. (2016). *The interpersonal dynamics of emotion: Toward an integrative theory of emotions as social information*. Cambridge, UK: Cambridge University Press.

Van Kleef, G. A. (2017). The social effects of emotions are functionally equivalent across expressive modalities. *Psychological Inquiry, 28*, 211-216.

Vicaria, I. M., & Dickens, L. (2016). Meta-analysis of the intra- and interpersonal coordination. *Journal of Nonverbal Behavior, 40*, 335-361.

山本恭子・鈴木直人（2013）. 観察者の存在が二者間の感情コミュニケーションに及ぼす影響―観察者との関係性の観点から―　感情心理学研究, *21*, 19-27.

横山ひとみ・大坊郁夫（2012）. 対面説得事態における対人コミュニケーション・チャネルに関する研究―チャネルの使用とその効果―　社会言語科学, *15*, 73-88.

Yuki, M., Maddux, W. W., & Masuda, T. (2007). Are the windows to the soul the same in the East and West?: Cultural differences in using the eyes and mouth as cues to recognize emotions in Japan and the United States. *Journal of Experimental Social Psychology, 43*, 303-311.

3

CMC と自己の表現

山下玲子

　CMC（Computer-Mediated Communication）は，これまで間接的なコミュニケーション，「薄い」メディアと称されてきた。CMC はその名の通り，コンピュータを介したコミュニケーションのため，物理的に間接的なコミュニケーションとなっている。また，そこで行われるコミュニケーションは，文字を中心としたコミュニケーションのため，対面でのコミュニケーションでは伝わる表情や声のトーンなどの非言語的手がかりが伝わりにくいという特徴がある。そして，そのほとんどがインターネット経由でのコミュニケーションであるため，時間や場所にとらわれない非同期的なやりとりが可能である。さらに，交わされるメッセージの内容においては，相手の顔や性別，年齢や社会的地位などの社会的な手がかりが即座には伝わらないという特徴ももつ。そのことが，社会的存在感の「薄い」，すなわち「ローコンテクスト（low-context）」[1]なコミュニケーション場面を生み出している。これらの特徴は，私たちのコミュニケーション，特に対人コミュニケーションに様々な影響をもたらしてきた。

　ここでは，スマートフォンの普及に伴い日常化した CMC による対人コミュニケーションについて，特に自分のことをどのように伝えるかという自己開示や，自分のことをどのように見せるかという自己呈示の観点からそのメリット・デメリットについて考えていくこととする。また，CMC が対人関係や精神的健康に及ぼす影響についての様々な知見とそれを包括する理論について紹介する。最後に，近年，日本国内で幅広い年代層で利用が進んでいる LINE でのコミュニケーションについて言及し，文字ベースの CMC における新たな側面についても考察する。

---

1)　ここでのローコンテクスト（low context）は，第3章第3節（p. 178）で論じられている低コンテクスト（low context）とはやや異なった意味で用いられている。

［1］自身を語るメディアとしての CMC のメリット

1）CMC は「話しやすい」メディア　　CMC は対面など他のコミュニケーションに比べ，送り手が「話しやすい」と感じていることが多くの研究により示されている（原田，1997；木村・都築，1998；都築・木村，2000；西村，2003；杉谷，2007）。例えば杉谷（2007）は，電子メールか音声のいずれかを用いて他の実験参加者とコミュニケーションを行うことが目的であるというディセプションを用いた実験を実施し，コミュニケーションの事前準備として自己呈示の動機が高まりやすい自己紹介を行う条件で，そうではない広告作成を行う条件に比べて電子メールの方が「話しやすい」と評価されたことを示している。CMC は視覚的匿名性が高いという特徴があり（三浦，2012），そのため，望ましくない非言語的な手がかりが相手に伝わる心配をすることなく会話に集中できる。また，非同期的なコミュニケーションであるために，時間をかけてメッセージを編集できる。このことが話しやすさにつながっていると考えられる。

2）CMC は「本当の自己」を表出しやすいメディア　　また，CMC では「本当の自己」（Bargh et al., 2002）について，ありのままに表現しようとする「自己開示（self disclosure）」が促進されることが示されている。例えば，ジョインソン（Joinson, 2001）は，ジレンマを伴うテーマについてコンピュータのチャット上で会話する条件（CMC 条件）と対面条件（FTF 条件）とを設定したところ，CMC 条件は FTF 条件に比べ，会話の全体量が少ないにもかかわらず，自身の年齢などテーマに関係のない自己開示が多く生じていることを示した。また，ビデオ会議システム[2]で会話する条件と CMC 条件を比べても，会話量は両条件でほぼ同程度であったにもかかわらず，CMC 条件では自己開示が多かったことも示された。この結果は，非言語的手がかり（特に視覚的情報）が少ない CMC では，それを補うように自身の属性を開示するような会話が促進されることを示唆している。

またフェリター（Ferriter, 1993）は，2 種類のカウンセリング場面（非構造

2）「ビデオ会議システム」も CMC の一種と言えるが，本節で「CMC」とするのは視覚的情報や音声情報などの非言語的手がかりが伝わりにくいものを指している。

化インタビューと多肢選択式構造化インタビュー）を，対面と CMC とで比較した。CMC，対面それぞれの場面で 10 名ずつの参加者がインタビューを受け，そこでの発言が比較された。その結果，どちらのカウンセリングでも，CMC の方がインタビュー内容と事実との相違が少なく，より率直な発言が得られていた。

　バージら（Bargh et al., 2002）は，CMC での会話が話者の本当の自己に関する思考を活性化させることを示している。この実験では，実験参加者は日常生活での「普段の自己（actual self）」と普段は見せない「本当の自己（true self）」に当てはまる性格特性をリストアップしたのち，他の実験参加者と対面状況かインターネット上のチャットのいずれかで会話を行った。そして，会話終了後，実験参加者はコンピュータ画面上にごく短時間表示された単語が自身に当てはまるかどうかを，コンピュータのキーを押して判断する課題に取り組んだ。チャット条件の実験参加者は，対面状況の参加者に比べ，本当の自己に関する単語に対する反応時間が短くなっていた。CMC での会話が本当の自己に関する思考を活性化した結果，それに関連する単語への反応速度が高まったと考えられる。

　さらに，CMC で会話を行うと本当の自己が思考の中で活性化するだけでなく，会話をした相手にも本当の自己の姿が伝わりやすいことも示されている。バージら（Bargh et al., 2002）では，先の実験同様に，実験参加者に普段の自己と本当の自己についての性格特性語をリストアップしてもらった後，インターネットのチャットまたは対面状況で他の実験参加者と会話してもらい，最後に「あなたと会話していた相手は，どのような人物だと思いますか」という質問に回答してもらった。その結果，本当の自己については，チャット条件の方が自己評価と相手からの評価が一致しやすいことが示された。

**　3）CMC は初対面の相手と仲良くなれるメディア**　　上記のように CMC には，話しやすく，本当の自己を表現しやすい，すなわち自己開示が促進されやすいというメリットがあるが，その結果，対面でのコミュニケーションに比べ，初対面の相手と親密な関係を築くことができる可能性があることを示す研究もある。ワルサー（Walther, 1995）の実験では，3 名 1 組の集団で対面また

はCMCでの議論を5週間，3回行ってもらい，そこで行われたコミュニケーションの様子を第三者により評定してもらっている。その結果，CMCでの議論を行った参加者の方が，対面場面で議論を行った参加者よりも，第三者による評定で，3回ともより好意的かつ社会的であると評価されていた。また，ティドウェルとワルサー（Tidwell & Walther, 2002）は，初対面の2人に対面状況かCMCで会話させる実験を行い，そこで交わされた発話内容を分類した。対話の目的には「お互いを良く知ること」と「意思決定課題を行うこと」の2種類が設定されていたが，どちらの目的でもCMCの方が相手に対する質問の内容や自己開示が直接的で親密であることが示された。さらに，会話後に評定した相手の個人属性に関する確信度も高く，会話が効果的で適切だったという感覚をより強く抱いていることが明らかになった。

　このような，社会的手がかりが少ないCMCにおいて対面状況よりも相手と親密な関係を築くことができる現象を，ワルサーは「ハイパー・パーソナルモデル（hyper-personal model）」として提唱した（Walther, 1996）。このモデルでは，CMCで親密な対人関係が深まる要因として，①相手に選択的な自己呈示ができることにより自分にとって望ましい自己像を示し，望ましくない自己像を隠すことができること，②相手に関する情報の欠如を，集団アイデンティティやステレオタイプなどを用いて理想化した形で埋め合わせること，③コミュニケーションチャネルの管理が可能であることから，相手に伝えるメッセージを十分に吟味できること，④互いに理想的な「自己呈示（self-presentation）」を行うことで相手に対する好意度が高まり，好ましい相手に好かれようとさらに理想的な自己呈示を行うことで互いに好意度がより高まる循環的なフィードバックが形成されること，を挙げている。

　ワルサーはその後も，CMC上でコミュニケーションをする際に，相手の顔写真が表示される条件とされない条件を設定したフィールド実験を実施している。そして，長期的なコミュニケーションの際には，顔写真が表示されない条件の方が，より相手を魅力的かつ好意的に認知していたという結果も示しており（Walther et al., 2001），このモデルを裏付けている（第3章第4節，p. 196も参照）。

［2］自身を語るメディアとしての CMC のデメリット

　前項では自己開示や自己呈示の観点から CMC のメリットについて述べてきたが，CMC の場合，古くからむしろそのデメリットも多く議論されてきた。特に，自己開示や自己呈示を促進する要因でもある社会的手がかりの少なさは，相手に対する攻撃性を高めたり，虚偽の情報を伝えたりする要因にもなりうる，という主張はインターネットの普及当初から根強く，様々な研究によりその検討がなされてきた。

　1）CMC は逸脱的な行為を促進するメディア　　スプロールとキースラー（Sproull & Kiesler, 1986）は，相手と間接的にコミュニケーションを行う電子メディア上のコミュニケーションは社会的な文脈の手がかりが欠乏することに着目し，CMC の特徴についてモデルを提唱し説明を試みている（図1-4）。彼らによると，自分や相手の居場所や組織での地位，性別や年齢などの属性や相手との関係性などの社会的文脈についての手がかりは，その認知を通してコミュニケーション時の焦点や社会的志向性，規範などを規定し，情報交換行動に影響を与える。しかし，CMC のような社会的文脈を知るための手がかりが乏しい状況の下では，焦点が自己に向きやすく逸脱的な行動が促進されるようになることや，より極端で衝動的で分別のない行動が増加しやすくなると主張している。その上でスプロールとキースラーは，アメリカの 500 の大企業に勤務する従業員を対象として，電子メールでのやりとりについて分析し，メール上では実際に社会的手がかりが伝達されにくいこと，そして，メール利用者は他者よりも自分に関心を寄せやすくなり，対面場面より無責任に振る舞いやすくなることを示した。

　同様に，電子メディア上のコミュニケーション行動が逸脱的なものへと変容することを実験的に示した研究もある。シーガルら（Siegel et al., 1986）は，参加者に 3 名ずつで自分のキャリア選択について他者の同意を得る目的で集団討議を行わせるという実験の中で，対面で討議する条件（FTF 条件），チャット条件（同期的 CMC 条件），メール条件（非同期的 CMC 条件）を設けたところ，議論相手に向けた強い口調や煽るような表現が，両方の CMC 条件で FTF 条件より多く出現していた。

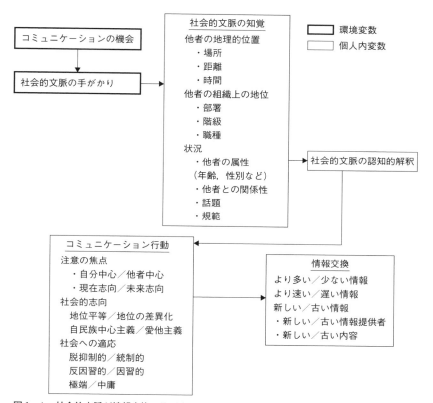

図1-4　社会的文脈が情報交換に及ぼす過程の理論的枠組み（Sproull & Kiesler, 1986 より作成）

2）CMCは「偽りの自己」を表出しやすいメディア　また，CMCでは「本当の自己」が表出されやすい一方，「偽りの自己」を演じることも容易になると考えられる。CMCで伝えられる「本当の自己」も「偽りの自己」も，対面状況で表出する「現実の自己」と異なるという意味では同じで，いずれも対面と比べるとCMCではコミュニケーションが脱抑制的になることにより起こる現象と考えられる。

　視覚的匿名性が高い状況では，表情やしぐさなど非言語的手がかりが伝達されにくい。嘘をついているかどうかが伝わるちょっとした表情や目の動き，声

のうわずりや体の震えなどを相手に気取られることがないため，嘘がばれない
ようにするために割かなければならない認知資源は少なくなる。それはまた，
相手の発言の虚実を確認することも困難になることを意味する。コーンウェル
とランドグレン（Cornwell & Lundgren, 2001）は，恋愛関係を語り合う場に
おける対面と CMC の比較調査の結果から，詐称行動の発生率が，年齢や身体
的特徴に関して対面よりも CMC で相対的に高い傾向を見出している。すなわ
ち，自分の魅力度に影響する内容で視覚的に隠すことが難しい点においては，
CMC では嘘をつきやすいことが示されたと言える。

　虚偽の自己像を伝える，というのとは若干様相が異なるかもしれないが，他
者に対してネガティブなイメージをもたれないために戦略的に自己呈示を行う
場として，CMC を含むメディアを介したコミュニケーションが選ばれやすい
ことも示されている。CMC では，対面では非言語的手がかりにより漏れ伝
わってしまう情報を発信者がコントロール可能なため，戦略的なコミュニケー
ションがとりやすいと考えられる。

　オサリバン（O'Sullivan, 2000）は，焦点（自己／他者）と内容（肯定的／否
定的）を組み合わせた 4 つの自己呈示状況（「自己高揚」「賞賛」「懺悔」「非難」）
を設定し，大学生に自分の交際相手とそれぞれの状況でやりとりする自分を想
像させた上で，対面よりもメディアを介したコミュニケーション（電話，留守
番電話，手紙，電子メールの合算）を望ましく感じる程度を評定させた。その
結果，まず，相手の自分に対する好ましいイメージを低下させる可能性がある
否定的内容，かつ自己に関する情報を呈示する自己焦点状況である「懺悔」で，
メディアを介したコミュニケーションがより好まれた。なお，焦点による違い
は男性において有意で，自己に焦点を置いたコミュニケーションで男性はより
メディアを介したコミュニケーションを好む傾向を示した。自己に関する情報，
特に，自分にとって都合の悪い情報を告白する場面では，ネガティブな情報が
伝わってしまうコストが高い対面場面よりもメディアを介したコミュニケー
ションが選ばれやすいと考えられる。他方，自己高揚的な内容や，相手に関す
ることを話すときは，自己呈示をコントロールする重要性が相対的に低いため，
メディアを介することの望ましさは高まらないと考えられる。

　3）**CMC は誤解を生みやすく，時に「話しにくい」メディア**　　さらに，CMC では，送り手の側は話しやすく，また，相手に自分の示したい姿や気持ちがうまく伝達できていると考えていても，実際にはそれは自分の思い過ごしであるかもしれない。また，CMC において自分は情報をうまく読み取れていると考えていることも，もしかしたら幻想かもしれない。しぐさや表情といった非言語的手がかりが伝達されにくい CMC では，対面のコミュニケーション以上に，「合意性の過大視（overestimation of consensus）」や「確証バイアス（confirmation bias）」（自分の予想に合う情報にのみ注目すること）が起きやすいことを示す研究もある。

　合意性の過大視に関連して，クルーガーら（Kruger et al., 2005）は，電子メールの送り手が「自己中心性バイアス（egocentric bias）」に陥りやすいことを実験により示している。実験参加者はペアになり，音楽やデート，寮での食べ物など日常生活に関するトピックについてのメッセージを対面，音声のみ，または電子メールのいずれかで，4つの感情（皮肉，真面目さ，怒り，悲しみ）のうち1つを含むようにして伝え合った。メッセージの送り手はいずれの条件においても，感情を直接推測できる表現を使わないように求められ，また，電子メール条件では顔文字を使うことは禁止されていた。送り手は自分の感情がどのくらい受け手に伝わったか予測し，また受け手は相手から送られたメッセージに含まれる感情を推測して回答した。送り手は対面条件では89.5%，音声のみ条件では88.9%，電子メール条件で88%が電子メールに含まれる自分の感情が相手に正確に伝わったと予測していた。いずれの条件においても，送り手が正確に伝わると予測した割合よりも受け手の推測の正確さは低くなっていたが，特に電子メール条件においてその差が顕著であった（対面条件73.9%，音声のみ条件73.3%，電子メール条件62.8%）。この結果は，ペアの関係性が知り合い同士か初対面同士かは関係がなかった。このことから，CMC を通じてメッセージを発信する際には，その内容がひとりよがりにならないように，対面や音声でのコミュニケーション以上に細心の注意を払う必要があると言える。

　日本においても，加藤・加藤（2018）が電子メールで相手に自分の感情が伝わる度合いや相手の感情状態の予測をどれくらい正確に行えるか，実験で検討している。この実験では，参加者がメールを1通ずつ送受信し，自分が送った

メールと相手から送られてきたメールとに対して，それぞれ書き手としては，(a) 実際の感情，(b) 相手に伝わってほしい自分の感情，(c) 読み手に生じてほしい感情，読み手としては，(d) 実際の感情，(e) メール文から解釈する書き手の感情を，9種類の感情（喜び，信頼，恐れ，驚き，悲しみ，嫌悪，怒り，期待，罪悪）について7段階で回答してもらった。さらに，読み手に伝わってほしい自分の感情，読み手に生じてほしい感情，メール文から解釈する書き手の感情についてはその確信度も質問した。その結果，対応する書き手と読み手の組み合わせごとの確信度に関係する各感情の程度の差は，書き手に実際に生じた感情と読み手が解釈した書き手の感情（a-e），書き手が相手に伝えたい感情と読み手が解釈した書き手の感情（b-e），書き手が相手に生じてほしい感情と読み手に実際に生じた感情（c-d）のすべての組み合わせで，ネガティブ感情の程度が高いほどズレが大きくなる傾向があり，ポジティブ感情の程度が高いほどズレが小さくなる傾向が見られた。また，感情の正確さと該当する確信度（b-e と b，e それぞれの確信度，c-e と c，e のそれぞれの確信度）の間には，有意な相関が見られず，感情伝達に対する送受信者の確信度はあてにならないことが示された。

　また，確証バイアスに関して，エプリーとクルーガー（Epley & Kruger, 2005）は，CMC でのコミュニケーションでは相手についてのステレオタイプ的な期待を抱かせる事前情報が印象形成に強い影響を与えることを明らかにしている。実験参加者は，他の参加者とペアと顔を合わせない状態で相互作用をすると告げられ，事前情報としてペアとなる相手の偽の写真とプロフィールを見せられた。知性期待条件では，きちんとした身なりをしたアジア系アメリカ人で成績優秀，大学の専攻は物理学と哲学，高校時代は総代という人物像が提示され，無知期待条件ではメタリカ（1980 年代にアメリカを中心に人気を博したヘヴィメタルバンド）の破れた T シャツを着た成績は中の下程度のヨーロッパ系アメリカ人で，大学ではホテルマネジメントを専攻，高校時代はフットボールチームのベストプレーヤーという人物像が提示された。その後，参加者はインタビュアーとして，与えられた6つの質問のリスト（「歴代のアメリカ大統領に会えるとしたら，誰に会いたいですか？　それはなぜですか？」「精霊に願いをかなえてもらえるとしたら，どんな願いをかなえてもらいたいで

すか？」など）に沿って，電話か電子メールのいずれかでペアの相手に質問を行った。いずれの条件でも，相手の回答は決められた通りで全く同一の内容であった。その結果，電話でインタビューを行った場合，知性期待条件と無知期待条件の間で，相手の知性に関するインタビュー後の事後評定に有意な差はなかった。しかし，電子メールでインタビューを行った場合には，無知期待条件の参加者は，知性期待条件の参加者よりも，相手の知性を著しく低く評定していた。このことは，非言語的手がかりが伝達されない CMC では，特に望ましくないステレオタイプ的情報が事前に提示されている場合，コミュニケーションを通じて事前の印象を覆すことが難しい可能性があることを示唆している。

　なお，そもそも CMC において自己開示が促進されるか否か，という点についても，必ず促進されるわけではないという主張もある。佐藤・吉田（2008）は CMC において自己開示が促進するか否かについては，自分が相手に識別されない自己の匿名性が高い場合と，相手を識別できない他者の匿名性が高い場合とでは異なると主張し，実験を行っている。その結果，自己の匿名性は相互作用中の不安を低減させ，それが自己開示を行うことへの抵抗感を低減させることと関連していたが，他者の匿名性は相手に対する親密感を低減させ，自己開示を行うことへの抵抗感を増加させ，内面的な自己開示の抑制につながっていることを示している。

［3］CMC が対人関係や精神的健康に及ぼす影響

　CMC のメリット，デメリットについて，前項までは主に自己開示や自己呈示の側面から見てきたが，CMC による継続的なコミュニケーションが人々の対人関係全般や精神的健康に及ぼす影響についてもこれまで多くの研究がなされ，相反する知見が得られている。そして矛盾する結果を解釈すべく影響のプロセスの解明と理論的な説明が試みられてきた。

　1）CMC は人々のつながりを強化する？　それとも希薄化する？　既に古典とも言えるクラウトら（Kraut et al., 1998）の研究では，インターネットの利用が対人関係や精神的健康に及ぼす影響を検討し，2 年間にわたる 3 回の追跡調査の結果，インターネットの利用量が多い人ほど，家族とのコミュニ

ケーションなどが減少し，孤独感や抑うつなどの精神的健康が悪化していた。しかも，参加者によるインターネットの利用は，主として電子メールの送受信などのように他者とのコミュニケーションのためのものであった。これらの結果を総合しクラウトら（Kraut et al., 1998）は，人と人をつなぐ役割を果たすはずのインターネットが，むしろ人々の結びつきを希薄化していたという「インターネット・パラドックス（internet paradox）」と呼ばれる状況が生じていると主張した。また同様に，ニーとアーブリング（Nie & Erbring, 2002）の調査でも，インターネットの使用時間が多い人ほど，家族や友人と話したり一緒に過ごしたりする時間や，家の外でイベントに参加したりする時間が少なくなっていることが示されている。

　しかし，その後，インターネット・パラドックスを再検討した調査では異なる結果も示されている。例えば，マッケナとバージ（McKenna & Bargh, 1998）では，世の中で存在自体が隠されがちなマイノリティ（同性愛や SM 愛好など）が集うインターネット上のニュースグループへの参加者を対象に，調査を実施している。その結果，このようなグループは世の中で「目立つ」マイノリティ（肥満や脳性麻痺など）が集まるグループやメインストリームのグループと異なり，投稿数も多く，投稿に対するフィードバックもポジティブであることが示された。また，投稿することが社会的孤立を低めるとともに，自身のグループとしてのアイデンティティを高め，自己受容や周囲へのカミングアウト行動を促進し，グループメンバー同士が仲良くなることが示されている（図1-5参照）。

図1-5　ニュースグループへの参加によるマイノリティアイデンティティの脱周辺化過程モデル
（Mckenna & Bargh, 1998 より作成）

　また，クラウトら（Kraut et al., 2002）は，インターネット・パラドックスを示したクラウトら（Kraut et al., 1998）の調査に参加した家庭を対象に追跡調査を行い，最初の調査では見られていたインターネットの利用が対人関係や精神的健康に及ぼすネガティブな影響が消えていることを示した。さらに，インターネットの利用者自身の性格特性では，内向的な人，また日常生活でソーシャル・サポートが低い人にとっては，インターネットを利用するほど，対人関係や精神的健康にネガティブな影響を及ぼしていた。しかしソーシャル・サポートが高い人や外向的な人にとっては，インターネットを利用するほど，家族や友人との関わりが促進したり孤独感が低下したりするなどのポジティブな影響があることが示された。

　2）CMC がもたらす影響の二分論を超えて　　上記のような結果について，クラウトら（Kraut et al., 2002）は，時間の経過とともにインターネット環境そのものが変化してきたことを原因として指摘している。クラウトら（Kraut et al., 1998）の最初の調査時期から追跡調査が行われた時期まで 3 年が経過し，その間にインターネットは急速に普及し新たなコミュニケーションサービスも発展し，インターネットでコミュニケーションを行う環境が豊かになった。そのため，インターネット上で親しい他者との交流がより容易になり，オンライン上での行動と実際の社会生活での行動とのより良いつながりが促進され，対人関係や精神的健康へポジティブな影響を及ぼすようになったと考えられる。また，性格特性やソーシャル・サポートの影響については，もともと外向的な人は他者とコミュニケーションするためにインターネットを用い，ソーシャル・サポートの高い人はインターネットを利用することでサポートを得られる他者とのつながりをさらに強固にし，社会的ネットワークを拡張することもできると考えられる。そのため，日常生活で外向的な人やソーシャル・サポートの高い人は，インターネットの利用が，対人関係や精神的健康にポジティブな影響を及ぼすという可能性が高い。クラウトら（Kraut et al., 2002）は，このような日常生活で社会的資源の多い人がインターネットの利用によってそれらをより増やすことができるというプロセスを「富める者がますます富む（Rich get richer）仮説」と呼んでいる。

一方で，マッケナら（McKenna et al., 2002）は，対面での社交不安や孤独感が高い人ほどインターネット上で「本当の自己」を表しやすいことを示しており，インターネット上で本当の自己を表すほどインターネット上で形成された関係の持続率も高く，精神的健康にポジティブな影響があることを示している。この結果は，クラウトら（Kraut et al., 2002）で示されたような Rich get richer 仮説ではなく，社会的資源の少ない人であってもインターネットの利用によってポジティブな影響があることを示しており，「社会的増強仮説（social augmentation hypothesis）」と呼ばれている。ベシエールら（Bessière et al., 2008）は，インターネットが対面での対人関係の維持に用いられる場合には富める者がますます富む仮説が当てはまり，対面ではなくインターネット上でのみでの対人関係の形成のために用いられる場合には社会的増強仮説が当てはまることを指摘している（第 3 章第 4 節，pp. 197-198 も参照）。

［4］CMC の新たな側面

1）新たな CMC の登場とその影響　CMC はこれまで社会的手がかりが「薄い」，非同期的なメディアとして考えられてきた。しかしながら，近年のモバイルメディアの発達やスマートフォンの普及により，文字ベースの CMC でも，同期的で社会的手がかりを伝えやすいコミュニケーションが可能となった。そのことが「返信のタイミング」という新たな問題を CMC に生じさせている。特に，日本で普及率の高い LINE では，既読機能というメッセージを読んだか否かが相手に伝わる機能が備わっている。もともとは非常時の安否確認をメッセージに返信しなくてもできるよう作られた機能であったが，日常のコミュニケーションではこの機能が，返信やメッセージを読むことに対するプレッシャーを常に感じさせることにつながっている。実際，多くの若者が LINE の既読が気になり，既読機能により返信に対する義務を感じ，それ故にコミュニケーションに疲れを感じているという（産経新聞，2013）。

また，LINE ではこれまで以上にクローズドな集団におけるオンラインでのグループトークが容易となり，そのグループの中では返信を待つ間，またすぐに返信できないことでネガティブな感情が生じることが示されている。例えば，加藤ら（2018）は，LINE の返信が届かない状況でネガティブ感情が生じる人

は，LINE の返信が来ないことに不安を感じやすく，LINE でしか本心を伝え
られないなどの性格的な特徴があることを示している。また，宇宿ら（2019）
の研究では，性格特性では協調性が高くて神経症的傾向が強く，LINE 使用時
に感情の動きが激しく，人間関係の構築・維持のために LINE を重視する傾向
の強い人ほど，グループ LINE で返信できないことでネガティブ感情を感じる
までの時間が，短いことが示されている。そして，恋愛感情をもっている人を
含むグループ（恋愛グループ）や友人グループでは協調性が高いほど罪悪感が
生じる時間が短く，ゼミグループでは神経症傾向が高いほど不安が生じる時間
が短いことが示されている。さらに，メッセージの未読／既読によりネガティ
ブ感情が生じるまでの時間は，グループの種類と未読／既読との組み合わせで
異なり，例えば，恋愛グループや年上を含むグループは，家族やゼミグループ
に比べ，未読，既読いずれの場合においても不安や罪悪感が生じるまでの時間
が短いのに対し，友人グループでは未読状態で待たせる場合には不安や罪悪感
が生じるまでの時間が長く，既読状態ではこれらの時間が短くなることが示さ
れている（宇宿ら，2018）。このように，新たな CMC では，その場や時間を共
有していないにもかかわらず，関係の形成・維持のために即時的なコミュニ
ケーションを強いられる状況が発生している。これによりかつての CMC が
もっていたメリットが損なわれ，精神的健康にネガティブな影響を及ぼす可能
性も示唆される。

2）メディアの発達とともに変化し続ける CMC　　日本国内のスマート
フォンの世帯保有率は 2019 年には 80％を超え（総務省，2020），いまや CMC
は常時インターネット接続をベースとしたデバイスで行うものとなった。その
結果，CMC で映像や音声も自在に交換でき，いつでもどこでも社会的手がか
りの「濃い」コミュニケーションが可能となった。また，先の LINE でも，ス
タンプ機能のように，これまでの文字ベースでの CMC では伝えることが難し
かった感情状態を，絵文字以上に簡単かつ豊かに伝えることができるように
なった。しかしそのような新しい CMC が，かつての文字ベースによる CMC
にこの先すべて置き換わるかと言えば，おそらくそうはならないであろう。文
字ベースによる CMC がもつメリットやデメリットが新たな形態の CMC が発

達，普及することにより，どのように変容していくのか，またそれらがもたらす影響はどのようなものになるのか，今後，新たな視点からの一層の研究が望まれる。

■ 引用文献

Bargh, J., McKenna, K., & Fizsimons, G. (2002). Can you see the real me? Activation and expression of the "true self" on the internet. *Journal of Social Issues, 58*, 33-48.

Bessière, K., Kiesler, S., Kraut, R., & Boneva, B. S. (2008). Effects of internet use and social resources on changes in depression. *Information, Communication & Society, 11*, 47-70.

Cornwell, B., & Lundgren, D. C. (2001). Love on the internet: Involvement and misrepresentation in romantic relationships in cyberspace vs. realspace. *Computers in Human Behavior, 17*, 197-211.

Epley, N., & Kruger, J. (2005). When what you type isn't what they read: The perseverance of stereotypes and expectancies over e-mail. *Journal of Experimental Social Psychology, 41*, 414-422.

Ferriter, M. (1993). Computer aided interviewing in psychiatric social work. *Computer in Human Services, 9*, 59-66.

藤　桂（2020）．メディアの中の個人　松井　豊・宮本聡介（編）　新しい社会心理学のエッセンス（pp. 168-182）福村出版

原田悦子（1997）．人の視点から見た人工物研究（認知科学モノグラフ 6）　共立出版

五十嵐祐（2010）．社会的ネットワークとメディアコミュニケーション　吉田俊和・元吉忠寛（編）体験で学ぶ社会心理学（pp. 145-153）　ナカニシヤ出版

Joinson, A. N. (2001). Self-disclosure in computer-mediated communication: The role of self-awareness and visual anonymity. *European Journal of Social Psychology, 31*, 177-192.

加藤尚吾・加藤由樹・小沢康幸・宇宿公紀（2018）．LINE のグループトークで返信を待つ間にネガティブ感情を生じる人とは？　LINE 依存度に関する三つの下位尺度得点による比較　日本科学教育学会年会論文集, *42*, 571-572.

加藤由樹・加藤尚吾（2018）．電子メールコミュニケーションにおける感情伝達の正確さとその確信度　CRET 年報, *3*, 25-27.

木村泰之・都築誉史（1998）．集団意思決定とコミュニケーション・モード—コンピュータ・コミュニケーション条件と対面コミュニケーション条件の差異に関する実験社会心理学的検討—　実験社会心理学研究, *38*, 183-192.

Kraut, R., Kiesler, S., Boneva, B., Cummings, J., Helgeson, V., & Crawford, A. (2002). Internet Paradox Revisited. *Journal of Social Issues, 58*, 49-74.

Kraut, R., Patterson, M., Lundmark, V., Kiesler, S., Mukophadhyay, T., & Scherlis, W. (1998). Internet paradox: A social technology that reduces social involvement and psychological well-being? *American Psychologist, 53*, 1017-1031.

Kruger, J., Epley, N., Parker, J. & Ng., Z-W. (2005). Egocentrism over e-mail: Can we communicate as well as we think? *Journal of Personality and Social Psychology, 89*, 925-936.

McKenna, K. Y. A., & Bargh, J. A. (1998). Coming out in the age of the internet: Identity "demarginalization" through virtual group participation. *Journal of Personality and Social Psychology, 75*, 681-694.

McKenna, K. Y. A., Green, A. S., & Gleason, M. E. J. (2002). Relationship formation on the Internet: What's the big attraction? *Journal of Social Issues, 58*, 9-31.

三浦麻子（2012）．インターネットで広がる人間関係　安藤香織・杉浦淳吉（編著）　暮らしの中の社会心理学（pp. 147-157）　ナカニシヤ出版

Nie, N. H., & Erbring, L. (2002). Internet and society: A preliminary report. *IT & Society, 1*(1), 275-283

西村洋一（2003）．対人不安，インターネット利用，およびインターネットにおける対人関係　社会心理学研究, *19*, 124-134.

O'Sullivan, P. B. (2000). What you don't know won't hurt me: Impression management functions of communication channels in relationships. *Human Communication Research, 26,* 403-431.

佐藤広英・吉田富二雄（2008）．インターネット上における自己開示―自己‐他者の匿名性の観点からの検討―　心理学研究, *78,* 559-566.

産経新聞（2013）．LINE疲れに陥る学生たち　「返信は義務」80%…既読機能が苦痛　産経新聞　くらし欄　2013年8月31日　https://www.sankei.com/article/20130831-JYGUZRBNBBNLTM6NFG2GC2F2YY（2013年1月1日確認）

Siegel, J., Dubrovsky, V., Kiesler, S., & McGuire, T. W. (1986). Group processes in computer-mediated communication. *Organizational Behavior and Human Decision Processes, 37,* 157-187.

総務省（2020）．令和2年版情報通信白書　Retieved from https://www.soumu.go.jp/johotsusintokei/whitepaper/r02.html（2022年6月23日最終確認）

Sproull, L., & Kiesler, S. (1986). Reducing social context cues: Electronic mail in organizational communication. *Management Science, 32,* 1492-1512.

杉谷陽子（2007）．メールはなぜ「話しやすい」のか？：CMC（Computer-Mediated Communication）における自己呈示効力感の上昇　社会心理学研究, *22,* 234-244.

Tidwell, L., & Walther, J. (2002). Computer-mediated communication effects on disclosure, impressions, and interpersonal evaluations: Getting to know one another a bit at a time. *Human Communication Research, 28,* 317-348.

都築誉史・木村泰之（2000）．大学生におけるメディア・コミュニケーションの心理的特性に関する分析―対面, 携帯電話, 携帯メール, 電子メール条件の比較―　立教大学応用社会学研究, *42,* 15-24.

宇宿公紀・加藤尚吾・加藤由樹・千田国広（2019）．LINEグループにおいて返信ができないことで生じるネガティブ感情：ネガティブ感情が生じるまでの時間と性格特性及びLINEメール依存度との関係　日本認知心理学会第17回大会発表論文集, 115.

宇宿公紀・加藤尚吾・小澤康幸・加藤由樹（2018）．LINEグループにおいて返信ができないことで生じるネガティブ感情：グループの種類及び既読／未読がネガティブ感情の生じるまでの時間に及ぼす影響　日本認知心理学会第16回大会発表論文集, 69.

脇本竜太郎・下田俊介（2014）．対人関係　脇本竜太郎（編著）　熊谷智博・竹橋洋毅・下田俊介（共著）　基礎からまなぶ社会心理学（pp. 113-134）　サイエンス社

Walther, J. B. (1995). Relational aspects of computer-mediated communication: Experimental observations over time. *Organization Science, 6,* 147-239.

Walther, J. B. (1996). Computer-mediated communication: Impersonal, interpersonal, and hyperpersonal interaction. *Communication Research, 23,* 3-43.

Walther, J. B., Slovacek, C. L., & Tidwell, L. C. (2001). Is a picture worth a thousand words?: Photographic images in long-term and short-term computer-mediated communication. *Computers in Human Behaviors, 28,* 105-134.

コラム　リモート対面─顔の見える遠隔コミュニケーション─

　近年 LINE や Zoom 等を通じた，対面機能のある遠隔コミュニケーション（以下では「リモート対面」と呼ぶことにする）が急速に普及してきた。リモート対面は特に，2020年の初頭からのコロナ禍で大いに力を発揮した。そしてビジネス場面や学校教育の場面などでは，もはや必須のツールと言ってよいだろう。

　そして，プライベートな場面に関しても有用である。旅行ができなくても，遠方の友人と対面できる。施設に入っている高齢の親にも顔を見せられる。このように，人々の生活に大変な利便性をもたらしたことは事実である。

　こうしたリモート対面は，実際の対面コミュニケーション（以下では「リアル対面」）に近い特徴も有する。しかし，全く同じではないと思われる。そして上述のようなプラス面だけでなくマイナス面も存在する。本書では詳細に扱うことはできないが，心理学的視点で少し考えてみよう。

リモート対面の特色

　リモート対面では，互いの顔が相手に見えるし，ジェスチャーなどもお互いに示し合える，もちろん同期的なやりとりがなされる。ここまではリアル対面に近い。しかしすべてがそうではない。

　リモート対面として，Zoom でのコミュニケーションについて考えてみる。そこでは，相手と交わせる非言語的チャネルは限られている（Bailenson, 2021）。もちろん互いに接触することはできない。ジェスチャーや姿勢もカメラの配置によっては分かりにくくなる。下半身などは普通映らないから，その点は気遣う必要はない（Bailenson, 2021；久保，2022）。上半身は正装，下半身はジーンズとちぐはぐでも，相手には分からない。

　これと関連するが，カメラに移る範囲は限られているしアングルも操作できるから，相手に見せる情報をこちらでコントロールできる。隠すことも容易である。これはリアル対面との大きな違いである。例えば自分の手許の小さな品物でも，リアル対面なら相手がのぞき込むことができる。自分の背後にあるものでも，少し視線をずらせばすぐに分かる。しかしリモート対面では，それらがカメラに映らないようにするのは簡単である。

　そして後述するように，非言語的な諸チャネルがもつニュアンスも，リアル対面とは必ずしも同じではない。

　さらに，場合によってはカメラをオフにしたりマイクをオフにすることで，こちらから送る情報を遮断することもできるし，さらに，「用事ができた」と言って回線を切断して突然相互作用を終えることも不可能ではない。

　以上，自分の側から論じてきたが，相手側から考えても事情はもちろん同じである。

Zoom 疲れ

　具体的に一つの問題を取り上げよう。ベイレンソン（Bailenson, 2021）は，Zoom 等によるテレワークでは疲れが生じやすいこと（ズーム疲れ，Zoom fatigue）を指摘して，疲れやすさを生じる要因について論じている。そこで挙げられている 4 つの要因のうち，コミュニケーション行動に関わりが深いと思われるのはものは 3 つある。ベイレンソンを引用して議論している久保（2022）も参考にして，筆者なりにまとめてみる。

　1 つは，「アイコンタクト（eye contact）」が過剰になることである。リアル対面では，人は相手との物理的距離が近ければ相手とのアイコンタクト（視線の交錯）を減らす，距離が遠ければアイコンタクトを減らすという形で親密さを調整する（Argyle & Dean, 1965）（第 1 章第 2 節，pp. 36-37 参照）。しかし，Zoom においては，相手の顔は近くに見えており，距離を調整できない。それほど親しくない相手と，非常に接近して「親密」に接することにもなる。さらに，リアル対面なら会話をしながらうつむくなどして，アイコンタクトを避けることもできるが，Zoom では常に相手と顔を合わせている感じになる。「親密」なやりとりの時間も長くなってしまう。このことがメッセージをやりとりする際の気疲れにつながりうる。

　第 2 に，メッセージの送受の認知的負荷が大きくなることがある。上述のようにZoom 等では非言語チャネルがすべて使えるわけではない。このために，言語情報に多くを頼らざるをえなくなるだろう。また，非言語情報の授受にもより気を使う結果となる。例えばリモート対面では 15% 声が大きくなるという研究結果がある（Croes et al., 2019）。この他，より詳しく話そうとか発音を明瞭にしようとか，ジェスチャーを明確にしようとか，意識せずとも言語・非言語的な配慮をするかもしれない。

　もちろん，コミュニケーションの受け手の側も発信されたものを理解しようとする努力が必要になる。それに，相手の非言語的な動きをどう解釈するかも，対面とは同じではないことにも注意する必要がある。相手がこちらに手を差し出した場合，リアル対面なら何らかの合図かもしれないが，Zoom ではそれは，こちらから見えない資料に手を伸ばしただけかもしれない。

　第 3 に，ベイレンソンが「ミラー効果（mirror effect）」と呼ぶものがある。これは自分の顔が画面に映し出されるのを見て，自分に関する様々な事柄を意識しやすくなることである。こうした状態を「客体的自覚（objective self-awareness）」という（Duval & Wicklund, 1972）。自分の顔を画面で見ていると，自分の思考や感情などの内面について，いろいろと思いを巡らしてしまう可能性がある（Joinson, 2001）。このこともコミュニケーションに余計な負担をもたらすことになる。

　「Zoom 疲れ」一つを見るだけでも，リモート対面にはリアル対面とは異なった性質があることが分かる。本コラムでは Zoom に関して論じたが，リモート対面には現時点でもいくつかの様式がある。そしてこれからさらにいろいろな形のものが現れるであろう。便利さも増すだろうが，新たな問題も生じてくると思われる。今後とも，心理学的観点からこうしたメディアの発展を見据えた研究を進展させていく必要がある。

（岡本真一郎）

■ 引用文献

Argyle, M., & Dean, J. (1965). Eye-contact, distance, and affiliation. *Sociometry, 28*, 289-304.

Bailenson, J. N. (2021). Nonverbal overload: A theoretical argument for he causes of Zoom fatigue. *Technology, Mind, and Behavior, 2*(1). https://doi.org/10.1037/tmb0000030

Croes, E. A. J., Antheunis, M. L., Schouten, A. P., & Krahmer, E. J. (2019). Social attraction in video-mediated communication: The role of nonverbal affiliative behavior. *Journal of Social and Personal Relationships, 36*(4), 1210-1232.

Duval, S., & Wicklund, R. A. (1972). *A theory of objective self-awareness*. New York: Academic Press.

Joinson, A. N. (2001). Self-disclosure in computer-mediated communication: The role of self-awareness and visual anonymity. *European Journal of Social Psychology, 31*, 177-192.

久保真人 (2022). テレワークはなぜ疲れるのか― Zoom 疲労, Zoom バーンアウトの原因と対策　アド・スタディーズ, *78*, 16-20. Retrieved from https://www.yhmf.jp/as/postnumber/vol_78_03.html

第 2 章

コミュニケーションと対人関係

1 対人認知と言語コミュニケーション

菅 さやか

［1］本節の概要

　何かを認識・理解する心の働きや，その結果，あるいはそうした認識を可能にする能力，構造，機構のことを「認知（cognition）」という（渡辺・後藤，2013）。狭義では，1960年代頃から台頭した情報処理論アプローチに基づく，情報の符号化や体制化，記憶，推論，判断といった一連の情報処理過程を認知過程と捉えることもある。社会的認知研究は，主に自己や他者，人が置かれた状況といった社会的な事象に関する認知過程の解明に焦点を当てる。

　社会的認知と言語コミュニケーションとの関係を明らかにしようとする研究は，2つのアプローチによるものに大別できる（Fiedler, 2008）。ひとつは，グライス（Grice, 1975）の協調の原則（第1章第1節，p. 15）など，コミュニケーション場面でのルールや伝達目標が認知に及ぼす影響を明らかにしようとするものである。もうひとつは，サピア－ウォーフ（Sapir-Whorf）の「言語相対性仮説（the hypothesis of linguistic relativity）」（Whorf, 1956）に関連するアプローチであり，言語表現と認知の双方向の影響関係を明らかにしようとするものである。なお，言語相対性仮説は，各文化で使用される言語が，人々の認知や思考に影響を及ぼすと主張するものである。言語が認知や思考を規定するという「強い仮説」と，言語が認知や思考に影響するという「弱い仮説」の2つのバージョンがあると考えられている。心理学の実験手法を用いて言語が認知に及ぼす影響を検証した研究結果の多くは，「弱い仮説」の妥当性を支持している。

　2つのアプローチは厳密に区別できるものではないが，本節では，研究の主な焦点を情報伝達のルールまたは言語表現のいずれに当てているかという基準で2つのアプローチを区別する。社会的認知研究のメインストリームとも言える対人認知研究について，研究の変遷や対人認知の特徴をまとめた上で，2つ

のアプローチに沿って対人認知と言語コミュニケーションの関係を検証した研究を概観する。

［2］対人認知の特徴

　他者に対する印象の形成過程を解明しようとする研究は，情報処理論アプローチの登場以前から行われていた（e.g., Asch, 1946）。しかし，それらの研究では，対人認知の根本原理を十分に明らかにすることはできていなかった。対人認知研究にも情報処理論アプローチを適用することによってはじめて，他者に関する情報の符号化から最終的な評価や判断に至るまでの一連の過程をモデル化することが可能になった（e.g., Fiske & Neuberg, 1990）。

　対人認知研究に情報処理論アプローチを適用したことにより，「非意識的・自動的（unconscious and automatic）」な情報処理過程と，「意識的・統制的（conscious and controlled）」な情報処理過程の2つの処理モードが存在すること，処理を行う状況や文脈が情報処理の内容やモードの切り替えに影響を与えること，個人や集団に関するまとまった知識である「社会的スキーマ（social schema）」が情報処理の様々な段階に影響することなどが明らかになってきた[1]（レビューとして池上，2001 参照）。一般的には，社会的スキーマのおかげで，人は非意識的・自動的に他者に対する情報を処理し，迅速に対人認知を行うことができる。このような対人認知は，認知的な負荷を軽減し，他者への対応の仕方を即座に判断することを可能にするという意味で，人が社会で生きていく上で非常に適応的な仕組みであると言える。しかし，しばしば他者に対して不正確な印象を形成したり，判断を下したりすることにつながるというネガティブな面も持ち合わせている。

［3］情報伝達が対人認知に及ぼす影響

　1）情報の受け手への同調と対人認知　　情報処理を行う状況や文脈が対人認知に与える影響は，様々な研究によって明らかにされている。例えば，ヒギンズら（Higgins et al., 1977）は，「勇敢」または「むこうみず」という性格特

---

1)　説得における情報処理の周辺ルート，中心ルートの区別も，情報処理の2つのモードに対応する（第2章第2節，p. 88）。

性に関連する単語を記憶課題の刺激として参加者に提示した後，別の実験として，勇敢にもむこうみずにも解釈できるような人物の情報を提示し，その人物への判断を求めた。その結果，参加者は刺激人物に対して，事前の記憶課題で接した特性語に一致する印象を形成することが明らかになった。これは，先行する情報が，後続の記憶や判断といった情報処理に影響を与える「プライミング（priming）効果」を示した有名な研究である。プライミング効果が生じるのは，先行刺激によって，特定の概念が活性化され，その概念に関連する情報が想起されやすくなったり，判断の材料として用いられやすくなったりするためである。

　ヒギンズとロールズ（Higgins & Rholes, 1978）は，他者に対して情報を伝達するという状況がプライミングに似た効果をもたらすことを示している。この実験では，参加者に情報の送り手の役割を与え，名前を出さずに，情報の受け手がある人物（話題の対象となる人物＝ターゲット）のことを特定できるように情報を伝達するよう指示した。参加者には，ポジティブにもネガティブにもとれるターゲットについての情報を提示するとともに，情報の受け手がターゲットに対して好意的または非好意的な態度をもっていることを伝えた。参加者が作成したメッセージの内容を分析した結果，受け手がターゲットに対してもっている態度に合わせて，メッセージはポジティブあるいはネガティブな方向に歪んでいた。さらに，情報の送り手のターゲットに対する印象や記憶も，メッセージの内容と一貫していた。

　受け手の知識や態度に合わせた情報伝達は「受け手への同調（audience tuning）」と呼ばれる（Higgins, 1999）。情報の送り手が，情報の受け手と理解を共有しようという動機に基づき，会話の格率（Grice, 1975）の一つである関係の格率に従うために，受け手への同調が生じる（第 1 章第 1 節）。受け手への同調の結果，情報の送り手が，メッセージ内容に一貫した印象や記憶を形成する現象は，「言うは信ずる（Saying is believing: SIB）効果」と呼ばれる（Higgins & Rholes, 1978）。もし，受け手への同調と SIB 効果が常に共起するなら，それはプライミング効果の一種であると言えるかもしれない。しかし，情報の受け手との間に理解が共有されなかったというフィードバックを受け取った場合や（Echterhoff et al., 2005），情報の受け手に対してポライトネスを働かせて情報

伝達をするなど，情報共有以外の動機に基づく伝達をする場合には（Echterhoff et al., 2008），受け手への同調は見られても SIB 効果は生じない。これらの知見が示しているのは，SIB 効果はプライミング効果とは異なるメカニズムによって生じているということである。

　SIB 効果のメカニズムを説明するために，ヒギンズ（Higgins, 2019）は，「共有的リアリティ（shared reality）」という概念を提唱した。共有的リアリティとは，個人が経験を通して獲得したものが他者によって共有されたという状態に対する認識のことである。「知覚対象について確かな理解を得たい」という動機や，「他者との関係を構築または維持したい」という動機に基づいて情報を伝達し，情報の受け手との間に理解を共有できたという感覚が達成されると，共有的リアリティが成立し，その結果として SIB 効果が生起するという。単純な受け手への同調だけでは SIB 効果が生じるとは限らず，共有されたという感覚が必要であることから，ヒギンズら（Higgins et al., 2021）は「分かち合うは信ずる（Sharing is believing）」とも表現している。

　2）ステレオタイプに基づく個人内および個人間の対人認知　　情報を処理する状況や文脈と並び，社会的スキーマも，対人認知を左右する重要な要因である。社会的スキーマとは，人や集団，社会的事象に関する概念やそれらの間の関連などの情報を含む抽象的な表象である。特定のカテゴリーや集団に関する社会的スキーマは，「ステレオタイプ（stereotype）」と呼ばれる。人は，他者について判断する際，その人物が所属しているカテゴリーや集団に関する情報を手がかりにし，ステレオタイプに基づいて個人の特性を推論したり，行動を解釈したりする。また，ステレオタイプに一致する（Stereotype Consistent: SC）情報は目立ちやすく，記憶にも残りやすい。その一方で，ステレオタイプに一致しない（Stereotype Inconsistent: SI）情報に遭遇した場合には，既存のステレオタイプとの矛盾を解消しようとする動機や認知的な余裕があると，SI 情報に多くの注意が向けられ，記憶にも残りやすくなる。

　コミュニケーションを通した 2 者以上の相互作用場面でも，ステレオタイプに基づく個人内の対人認知と同様のパターンが発現することがある。例えば，2 名の人物が，ターゲットに対する印象について合意に達しなければならない

という目標に基づいて討議をすると，SI 情報より SC 情報について言及する時間が長くなる一方で，ターゲットに対する正確な対人判断が目標に加わると，SI 情報への言及時間が増加する（Ruscher et al., 1996）。

　討議ではなく，伝言ゲームのような一方向的な情報伝達の場面では，SI 情報より SC 情報への言及が優勢になりやすいことが嘉志摩の研究グループによって明らかにされている（レビューとして Kashima et al., 2007 参照）。彼らによると，ある個人の情報を伝達する際に，相対的に SI 情報よりも SC 情報が多く用いられるのは，格率（Grice, 1975）のうち質の格率に従うことになるためであるという（第 1 章第 1 節）。特に，情報の受け手が，ターゲットの所属集団についてのステレオタイプ的知識をもたない場合には，SC 情報は，真実を反映している可能性が高いため，言及されやすくなる（質の格率）。ただし，情報の送り手と受け手がステレオタイプ的知識を共有している場合には，SC 情報はターゲットについての新しい情報を提供する訳ではないため，SI 情報への言及が相対的に多くなる（量の格率）（Lyons & Kashima, 2003）。しかし，SI 情報の伝達は，一般的な事実とは矛盾する情報を提供するという意味で，質の格率を破ることになる。会話の格率に従わない情報伝達は，情報の送り手と受け手の理解の共有を妨げ，両者の関係性に亀裂を生じさせる可能性さえある。つまり，情報の送り手と受け手がステレオタイプを共有している場合には，SI 情報はターゲットについての高い情報価をもつ一方で，送り手と受け手の社会的な関係性の維持や構築を阻害する要因になりかねない。実際，情報の送り手が受け手と社会的な関係を維持あるいは構築しようとする動機がある場合には，質の格率に沿って SI 情報より SC 情報を用いた伝達が行われやすいことが明らかにされている（Clark & Kashima, 2007）。ステレオタイプはコミュニケーションの当事者同士の共通の基盤（Clark, 1996）（第 1 章第 1 節）の一部になっており，意思の疎通を円滑にし，結果として当事者同士の社会的な結びつきを強める機能をもっている。そのため，文化や社会で共有されたステレオタイプを変容させることは難しく，多くのステレオタイプは，世代を超えて再生産されていく。

3）評価基準の変移による逆説的な対人認知　　ステレオタイプは，カテゴ

リーや集団に所属する成員を評価する際の基準として機能することがある。例えば，日本では「女性は数学が苦手である」というステレオタイプが広く共有されている（森永，2017）。そのため，男子学生と女子学生が数学の試験で同程度の高得点を獲得したとしても，それぞれへの評価が異なってくることがある。ターゲットが女子学生の場合には，評価者は「女性は数学が苦手である」というステレオタイプに基づいて，男子学生の数学能力を評価する場合よりも低い基準を適用するために，「女子なのに，すごい」といったように，一見ポジティブな評価をする可能性が高い。一方，ターゲットが男子学生であれば，「男子なら，これくらいが普通」といったように，さほどポジティブな評価にはならないであろう。このように，ターゲットが所属するカテゴリーや集団に対するステレオタイプに応じて異なる評価基準を適用する現象は，「評価基準の変移（shifting standards）」と呼ばれる（Biernat, 2012）。

　コリンズら（Collins et al., 2009）は，評価基準の変移による一見ポジティブな評価が言語コミュニケーションに反映されることを明らかにした。実験では，参加者を情報の送り手と受け手の役割に分け，送り手となる参加者には黒人または白人大学生の学業成績を含むプロフィールを提示し，ターゲットの印象を記述するよう求めた。送り手の記述内容を分析したところ，ターゲットが白人である場合よりも黒人である場合において，ポジティブな特徴を表す情報が多く用いられていた。しかし，送り手に，ターゲットの学業成績を表す客観的な数値の記憶再生を求めたところ，白人学生の成績よりも黒人学生の成績を低い値で再生した。情報の受け手には，送り手の記述からターゲットの成績を推測させた。記述とともにターゲットの人種情報を受け手に知らせる条件と知らせない条件があり，前者の条件では，白人学生より黒人学生の成績が低く見積もられ，後者では人種による差は見られなかった。つまり，ターゲットの人種が明らかな場合には，黒人学生についての送り手の評価内容はポジティブなものであったにもかかわらず，受け手はターゲットの能力を低く評価していた。

　送り手の記憶に関する実験結果は，一見「言明した方向へ記憶が歪む」という SIB 効果に矛盾するように見える。しかしながら，送り手が黒人学生に対してポジティブな評価をしたのは，黒人学生の学業成績に関するネガティブなステレオタイプを評価基準に用いたためであり，言語表現の背景にある心理過程

に一貫した形で成績が記憶再生されていたと言える。また，黒人学生に関するポジティブな評価は，表面的には SI 情報であるが，情報の受け手も，黒人学生の成績を低く見積もっていたことから，送り手が基準を変移させて評価していたことは共有的に理解されていたと考えられる。基準の変移による逆説的な対人認知は，ターゲットに関する評価内容について他者と会話するという目標がある場合により顕著になることも明らかになっており（Biernat et al., 2018），基準の変移に基づく SI 情報の伝達は，ステレオタイプの変容よりもむしろ維持を助長することがあると言える。

［4］言語表現と対人認知

1）言語カテゴリー・モデル　対人認知と言語コミュニケーションの関係を明らかにするためには，伝達に用いられる情報の種類に加えて，言語表現の特徴にも着目する必要がある。人物の特徴を表す言語表現を分類する代表的なモデルの一つに，シェミンとフィードラー（Semin & Fiedler, 1988）が提唱した「言語カテゴリー・モデル（Linguistic Category Model: LCM）」がある。これは，文の述部を抽象度という次元に基づいて分類するモデルである。このモデルでは，人物の特徴に関する表現を 3 種類の動詞と形容詞の計 4 つのカテゴリーに分類する（表 2-1）。ただし LCM はもともと欧米語圏で開発されたモデ

表 2-1　言語カテゴリー・モデル（Semin & Fiedler, 1988 を改変）

抽象度	カテゴリー	例	分類基準
高	形容詞（Adjective; ADJ）	優しい 乱暴だ	個人の特性を示し，行為の対象や状況，文脈に関する言及を必要としない。解釈の可能性が最も高い。
やや高	状態動詞（State verb; SV）	思いやる 憎む	主に行為者の心的・感情的な状態を示すもの。行動の始めと終わりが明確でない。
やや低	解釈的行為動詞（Interpretive action verb; IAV）	助ける 攻撃する	単一の行動であるが，解釈を含むもの。ポジティブ・ネガティブの評価的区別を伴うことが多い。
低	記述的行為動詞（Descriptive action verb; DAV）	ペンを貸す 蹴る	単一の行動で，行動の物理的な特徴を表現するもの。行動の始めと終わりが明確である。ポジティブ・ネガティブの評価的な区別がない。

ルであるため，LCM の分類基準を日本語にそのまま適用する際にはいくつか
の問題が生じる。菅・唐沢（2006）は，その問題を解消するための新たな分類
基準を加えている。

　ターゲットに関する記述や発話の内容を LCM の基準に照らして分類するこ
とにより，情報の送り手がターゲットに対してどのような対人認知を行ったか
が推測できる。例えば，ターゲットが友だちのことを蹴るという場面を見て，
「乱暴だ」と表現する送り手は，蹴るという一時的な行為から乱暴だという
ターゲットの内的で安定的な特性を推論したと言える。これに対し，単に「友
だちを蹴った」といったように，観察した行動を記述的行為動詞で表現する送
り手は，乱暴だという特性を推論しなかったか，あるいはその推論結果を抑制
して，ターゲットが乱暴ではないことを主張しようとしていると考えられる。

　2）言語期待バイアス　　観察した行為を「蹴った」または「乱暴だ」の
いずれで表現するかを左右する要因には，どのようなものが想定されるので
あろうか。一般的に，人は他者の行為を観察した際，その行為から自動的に
行為者の内的な特性を推論する傾向をもっており，これを「自発的特性推論
（spontaneous trait inference）」という（レビューとして Uleman et al., 2008 参
照）。SI 行動に比べ，SC 行動に対して自発的特性推論が顕著に生じることが明
らかにされている（Wigboldus et al., 2003）ことから，ステレオタイプが言語
表現の違いを規定する一つの要因であると考えられる。実際，SC 行動は，状態
動詞や形容詞により抽象的に表現され，SI 行動は，解釈的行為動詞や記述的行
為動詞により具体的に表現される傾向がある（Maass et al., 1995 Experiment
1）。また，ステレオタイプだけでなく，個人に対する期待が存在する場合にも，
期待に一致する行為は一致しない行為に比べて抽象的に表現される（Maass et
al., 1995 Experiment 2）。

　ステレオタイプや個人に対する期待に一致する行為を抽象的に表し，一致し
ない行為を具体的に表現する現象は，「言語期待バイアス（Linguistic Expectancy
Bias: LEB）」（Wigboldus et al., 2000）と呼ばれる。LEB が生じる背景には，既
存の期待を維持しようという認知的な動機があると考えられている。すなわち，
期待に一致する行為を観察した場合には，行為者の所属するカテゴリーあるい

は行為者自身の内的で安定的な特性で表現することにより，既存の期待を維持
し，期待に一致しない行為を観察した場合には，その場限りの一時的な行為と
して具体的に表現することで，その行為を既存の期待から切り離そうとするた
めに LEB が生じる。また，内集団と外集団の対立が明白な状況においては，
内集団のポジティブな行為と外集団のネガティブな行為を抽象的に表し，内
集団のネガティブな行為と外集団のポジティブな行為を具体的に表す傾向が
見られる。これは，「言語集団間バイアス（Linguistic Intergroup Bias: LIB）」
（Maass et al., 1989）と呼ばれ，内集団のポジティブなアイデンティティを維持
しようとする動機に基づいて生じる現象で，LEB の一種として位置づけられる。

　しかし，ターゲットとなる人物についての情報を伝達するという場面におい
て，常に LEB が生じるとは限らない。ウェネカーとウィグボルダス（Wenneker
& Wigboldus, 2008）は，情報の符号化（情報を個人の中に取り入れる）の時点
における期待の存在と，情報の長期記憶からの検索および言語化の段階におけ
る伝達目標の両方が LEB の生起に影響すると指摘している。また，期待と伝
達目標にはそれぞれ，非意識的・自動的に作用するものと，意識的・統制的に
作用するものが存在するという。例えば，情報の送り手，受け手，ターゲット
がすべて内集団の成員である場合には，同じカテゴリー内での伝達であるため
情報の符号化の時点でカテゴリー情報が顕現化せず，ステレオタイプが活性化
しにくいために，LEB が見られない（菅・唐沢，2006）。もしくは，ステレオ
タイプが活性化しても，このような状況では，同じカテゴリーに属しているの
に異なった特性を有しているという SI 情報の方がターゲットについての情報
価が高いため，より抽象的に表現されることもある（Wigboldus et al., 2005
study1）。これは，状況に埋め込まれた情報伝達の目標が，暗黙のうちに検索
および言語化の段階に影響を与え，LEB とは逆のバイアスを生じさせる例で
ある。

　また，符号化の段階で LEB が生じていたとしても，明示的な伝達目標があ
れば意識的・統制的に LEB を抑制できることを示す研究結果もある（Douglas
& Sutton, 2003）。一方で，フランコとマースによる実験では（Franco &
Maass, 1999），報酬分配や態度尺度といった顕在的な指標を従属変数とした場
合には外集団へのネガティブな態度表明が見られないのに対し，外集団に関す

る言語表現を従属変数とした場合には外集団のネガティブな行為を抽象的に，ポジティブな行為を具体的に表すという LIB が見られることが明らかにされている。外集団へのネガティブな態度表明を抑制しようとする意志があるにもかかわらず，言語表現には抑制が効いていないことから，LIB や LEB は意識的に抑制できない可能性が示唆されている。

　LIB や LEB の意識的な抑制についての矛盾する研究結果をどのように捉えればよいのであろうか。ダグラスら（Douglas et al., 2008）は，個人に対する期待に比べて，集団に対する期待であるステレオタイプは長い時間をかけて学習され，認知的表象として深く根付いているために，抑制が難しく，LIB や LEB として現れやすいと指摘している。フランコら（Franco & Maass, 1999）の研究結果は，この指摘と一致する。また，ダグラスらは LIB や LEB を強調するようなコミュニケーションと抑制するようなコミュニケーションでは，異なるメカニズムが働く可能性も指摘している。LIB や LEB を抑制しようとする場合には，抑制を監視することに認知資源（思考や判断に必要な注意力）が奪われるため，抑制自体が困難になる可能性があるという。実際，明示的な伝達目標があっても，伝達時に送り手に十分な認知資源がないと，個人レベルで生じた LEB が伝達目標の影響を受けずに，そのまま言語コミュニケーションに現れることを示した研究結果もある（Wenneker et al., 2005）。伝達時に，送り手に十分な認知資源や，抑制に対する動機があることが，LIB や LEB の意識的な抑制を可能にする重要な要因であると考えられる。

　3）言語的抽象度が対人認知に及ぼす影響　　人物の情報の記述や伝達に用いられる言語的抽象度を手がかりに，情報の受け手は，少なくとも2つの対象に関する理解を得ることができる。ひとつは，話題となっている人物（ターゲット）についての理解である。ウィグボルダスら（Wigboldus et al., 2000）は，LEB を反映した情報が，情報の受け手のターゲットに対する理解にどのような影響を及ぼすかを検証した。実験（study2）では，参加者に情報の送り手または受け手の役割を与えた。送り手となる参加者には，SC 行動または SI 行動をするターゲットの情報を提示し，それを他者に伝達するよう教示した。受け手となる参加者には，送り手の伝達内容を提示し，ターゲットの行動がどの程

度ターゲット自身の内的な特性に起因するものであるかを判断するよう求めた。送り手の伝達内容を分析したところ，LEB が生じていた。また，受け手は，SI 行動に比べ，SC 行動の方が，よりターゲットの内的な特性（性格等）によるものであると判断していた。さらに，その判断の程度は，伝達内容の言語的抽象度の高さに媒介されていた。つまり，SC 行動は，一般的に高い抽象度で言及され，それを情報として受け取った人物は，ターゲットの行為を状況的要因ではなく，ターゲットの特性的要因によって引き起こされたものであると判断する傾向があると言える。

　カルナギら（Carnaghi et al., 2008）は，ターゲットに関する情報を形容詞で提示する場合に比べ，名詞で提示する場合の方が，受け手のターゲットに対するステレオタイプ的および本質的な特性の推論を促進することを明らかにした。実験（study1A）では，例えば，「パオロは芸術的だ（artistic）」あるいは「パオロは芸術家だ（an artist）」という文章を参加者に提示し，ターゲットが芸術家のステレオタイプに一致する行動（例：絵を描く）をする頻度を推測させた。その結果，形容詞に比べ，名詞で提示した方が，参加者は，ステレオタイプ的な行動の頻度を高く推論していた。一連の実験結果は，名詞が LCM において最も抽象度の高い言語カテゴリーとして位置づけられる可能性を示唆するものであった。

　以上に加えて，受け手は，情報の記述や伝達に用いられる言語的抽象度から情報の送り手に関する理解も得ることができる。例えば，ターゲットのポジティブな行為を抽象的に表し，ネガティブな行為を具体的に表す送り手に対する印象は，ポジティブな行為を具体的に表し，ネガティブな行為を抽象的に表す送り手に対する印象よりも好ましいものになる（Douglas & Sutton, 2010）。また，情報の受け手が送り手に対して行う態度推測や，送り手とターゲットの関係性の推測にも，言語的抽象度が影響を及ぼす（Douglas & Sutton, 2006）。受け手は，ターゲットのポジティブな行為を抽象度の高い表現で記述する送り手に対しては，ターゲットの友人であるという可能性を高く見積もり，抽象度の低い表現で記述する送り手に対しては，ライバルや観察者であるという可能性を高く見積もる。ネガティブな行為については，抽象度の高い記述はライバルによるものであるという可能性を高く見積もり，抽象度の低い記述は友人や

観察者によるものであるという可能性を高く見積もる。さらに，抽象度の高い表現で記述されているほど，情報の送り手がターゲットに対してポジティブまたはネガティブに偏った態度をもっていると推測する。

［5］ 言語的抽象度以外の要因

　1）動詞に表れる行為主体性と意図性の認知　　LCMで示された言語の抽象度以外で，対人認知に深く関わる言語表現として，「行為主体性（agency）」を表す動詞が挙げられる。行為主体性とは，目標を追求する力や，行為への志向性のことであり，ポーランド語話者を対象にした実験では，形容詞や名詞に比べて，動詞の方が高い行為主体性を表す言語表現であることが確認されている（Formanowicz et al., 2017）。

　　動詞の中でも，自動詞より他動詞の方が行為主体性の認知との関連が強いことが明らかになっている。フォージーら（Fausey et al., 2010 study 1）は，英語話者と日本語話者を対象に，意図的な行為または非意図的な行為を表す映像を提示し，視聴内容を言葉で記述するよう求めた。参加者の記述内容を分析したところ，英語話者も日本語話者も，意図的な行為を他動詞で表し，非意図的な行為を自動詞で表す傾向が顕著であったが，英語話者は日本語話者に比べて，非意図的な行為を他動詞で表現する傾向が強かった。また，英語話者を対象にした実験で，ターゲットのネガティブな行為を自動詞よりも他動詞で表した場合の方が，ターゲットに対する責任や懲罰の程度が高く評定されるようになることも明らかになっている（Fausey & Boroditsky, 2010）。日本語話者においても，自動詞（例：顧客が減った／増えた）よりも他動詞（例：顧客を減らした／増やした）で表現された場合に，出来事の行為者に対する責任または貢献の程度や，意図性が高く認識されることが確認されている（菅ら，2011）。

　　2）非言語的音声に基づく対人認知　　言語が発せられる際の音声には，意味に関わらないイントネーションやリズム，声質など，非言語的な要素が伴う（非言語的音声，序章参照）。人は，他者の話し方や声といった非言語的音声を手がかりに対人認知をすることがある。スコットランド人を対象にした研究では，「hello」という短い発話の非言語的音声から，社会的望ましさと社会的地

位の2次元の組み合わせに基づく印象形成が行われることが確認されている（McAleer et al., 2014）。例えば，男性の音声の場合，平均的な声の高さは，社会的望ましさと社会的地位の両方の印象に関連していることが明らかになった。平均的に高い音声であるほど，社会的望ましさは高く，社会的地位は低く評価され，平均的に低い音声であるほど，社会的望ましさは低く，社会的地位は高く評価されていた。女性の音声の場合には，平均的な声の高さは社会的地位の印象のみに関連し，平均的に高い音声であるほど社会的地位が高く評価されていた。女性の社会的望ましさの印象に関連する重要な要素の一つはイントネーションであり，上昇イントネーションに対しては社会的望ましさが高く評価されていた。

　また，非言語的音声に基づいて，他者の社会的カテゴリーを推測することもある。例えば，非言語的音声が，同性愛者か異性愛者かの推測に影響を及ぼすことが多くの研究によって明らかにされている（e.g., Fasoli et al., 2017）。ただし，言語や文化によって，社会的カテゴリーと非言語的音声に関するステレオタイプの組み合わせは様々であると考えられるため，非言語的音声が社会的カテゴリーの推測に及ぼす影響が，ある言語・文化に限定的なものであるか，通言語・通文化的なものであるのかは慎重に検証する必要がある（Sulpizio et al., 2015）。

［6］おわりに

　対人認知研究は，社会的認知研究のメインストリームであり，多様な研究が存在する。ただその中で，言語コミュニケーションと対人認知の関係を解明しようとする研究は，さほど数の多いものではない。しかし，対人認知研究に限らず，社会的認知研究に言語コミュニケーションの観点を取り入れることは，社会的認知の本質を明らかにする上で，非常に重要であると考えられる。例えば，共有的リアリティ（Higgins, 2019）のように，社会的認知には，明らかに共有的な側面がある。社会的認知の共有的な側面を解明するためには，言語コミュニケーションの要因を考慮した研究が必要不可欠である。また，2000年代以降，非意識的・自動的な認知過程である「潜在的認知（implicit cognition）」が人の判断や行動に及ぼす影響が大きいことが明らかになってきた（Fiske &

Taylor, 2008)。言語は潜在的認知に影響を与え，また潜在的認知はしばしば言語表現に反映され，人はそのこと自体に無自覚であることも多い（Fiedler, 2008)。言語コミュニケーションに関わる研究は，潜在的認知の解明にとっても有用である。

　シェミンとスミス（Semin & Smith, 2013）は，本節でも概観したいくつかの言語コミュニケーションに関する研究を論拠にしながら，社会的認知を人と人との相互作用や，人と環境との相互作用によって生じる「社会的状況の認知（socially situated cognition）」として捉える必要性を論じている。社会的認知には，共有的リアリティのように個人間で創発されるという側面や，本人が自覚できない潜在的な側面があり，言語コミュニケーションの目標や文脈の影響を多分に受けるということを考慮して，今後ますますこの分野の研究が盛んに行われていくことが期待される。

■ 引用文献

Asch, S. E. (1946). Forming impressions of personality. *Journal of Abnormal and Social Psychology, 41*, 258-290.

Biernat, M. (2012). Stereotypes and shifting standards: Forming, communicating, and translating person impressions. In P. Devine & A. Plant (Eds.), *Advances in experimental social psychology* (Vol. 45, pp. 1-59). San Diego, CA: Academic Press.

Biernat, M., Villicana, A. J., Sesko, A. K., & Zhao, X. (2018). Effects of dyadic communication on race-based impressions and memory. *Group Processes and Intergroup Relations, 21*, 302-318.

Carnaghi, A., Maass, A., Gresta, S., Bianchi, M., Cadinu, M., & Arcuri, L. (2008). Nomina sunt omina: On the inductive potential of nouns and adjectives in person perception. *Journal of Personality and Social Psychology, 94*, 839-859.

Clark, A. E., & Kashima, Y. (2007). Stereotypes help people connect with others in the community: A situated functional analysis of the stereotype consistency bias in communication. *Journal of Personality and Social Psychology, 93*, 1028-1039.

Clark, H. H. (1996). *Using language*. Cambridge, UK: Cambridge University Press.

Collins, E. C., Biernat, M., & Eidelman, S. (2009). Stereotypes in the communication and translation of person impressions. *Journal of Experimental Social Psychology, 45*, 368-374.

Douglas, K. M., & Sutton, R. M. (2003). Effects of communication goals and expectancies on language abstraction. *Journal of Personality and Social Psychology, 84*, 682-696.

Douglas, K. M., & Sutton, R. M. (2006). When what you say about others says something about you: Language abstraction and inferences about describers' attitudes and goals. *Journal of Experimental Social Psychology, 42*, 500-508.

Douglas, K. M., & Sutton, R. M. (2010). By their words ye shall know them: Language abstraction and the likeability of describers. *European Journal of Social Psychology, 40*, 366-374.

Douglas, K. M., Sutton, R. M., & Wilkin, K. (2008). Could you mind your language?: An investigation of communicators' ability to inhibit linguistic bias. *Journal of Language and Social Psychology, 27*, 123-139.

Echterhoff, G., Higgins, E. T., & Groll, S. (2005). Audience-tuning effects on memory: The role of shared reality. *Journal of Personality and Social Psychology, 89,* 257-276.

Echterhoff, G., Higgins, E. T., Kopietz, R., & Groll, S. (2008). How communication goals determine when audience tuning biases memory. *Journal of Experimental Psychology: General, 137,* 3-21.

Fasoli, F., Maass, A., Paladino, M. P., & Sulpizio, S. (2017). Gay- and lesbian-sounding auditory cues elicit stereotyping and discrimination. *Archives of Sexual Behavior, 46,* 1261-1277.

Fausey, C. M., & Boroditsky, L. (2010). Subtle linguistic cues influence perceived blame and financial liability. *Psychonomic Bulletin and Review, 17,* 644-650.

Fausey, C. M., Long, B., Inamori, A., & Boroditsky, L. (2010). Constructing agency: The role of language. *Frontiers in Psychology, 1,* 162. https://doi.org/10.3389/fpsyg.2010.00162

Fiedler, K. (2008). Language: A toolbox for sharing and influencing social reality. *Perspectives on Psychological Science, 3,* 38-47.

Fiske, S. T., & Neuberg, S. L. (1990). A continuum of impression formation, from category-based to individuating processes: Influences of information and motivation on attention and interpretation. In M. P. Zanna (Ed.), *Advances in experimental social psychology* (Vol. 23, pp. 1-74). San Diego, CA: Academic Press.

Fiske, S. T., & Taylor, S. E. (2008). *Social cognition: From brain to culture.* New York: McGraw-Hill Higher Education.（宮本聡介・唐沢　穣・小林知博・原奈津子（編訳）（2013）．社会的認知―脳から文化まで　北大路書房）

Franco, F. M., & Maass, A. (1999). Intentional control over prejudice: When the choice of the measure matters. *European Journal of Social Psychology, 29,* 469-477.

Formanowicz, M., Roessel, J., Suitner, C., & Maass, A. (2017). Verbs as linguistic markers of agency: The social side of grammar. *European Journal of Social Psychology, 47,* 566-579.

Grice, H. P. (1975). Logic and conversation. In P. Cole & J. L. Morgan (Eds.), *Syntax and semantics,* Vol.3. *Speech acts* (pp. 225-242). New York: Academic Press.

Higgins, E. T. (1999). "Saying is believing" effects: When sharing reality about something biases knowledge and evaluations. In L. L. Thompson, J. M. Levine, & D. M. Messick (Eds.), *Shared cognition in organizations: The management of knowledge* (pp. 33-48). Mahwah, NJ: Lawrence Erlbaum Associates Publishers.

Higgins, E. T. (2019). *Shared reality: What makes us strong and tears us apart.* New York: Oxford University Press.

Higgins, E. T., & Rholes, W. S. (1978). "Saying is believing": Effects of message modification on memory and liking for the person described. *Journal of Experimental Social Psychology, 14,* 363-378.

Higgins, E. T., Rholes, W. S., & Jones, C. R. (1977). Category accessibility and impression formation. *Journal of Experimental Social Psychology, 13,* 141-154.

Higgins, E. T., Rossignac-Milon, M., & Echterhoff, G. (2021). Shared reality: From sharing-is-believing to merging minds. *Current Directions in Psychological Science, 30,* 103-110.

池上知子（2001）．対人認知の心理機構　唐沢　穣・池上知子・唐沢かおり・大平英樹（著）　社会的認知の心理学―社会を描く心のはたらき―（pp. 14-45）　ナカニシヤ出版

Kashima, Y., Klein, O., & Clark, A. E. (2007). Grounding: Sharing information in social interaction. In K. Fiedler (Ed.), *Social communication* (pp. 27-77). New York: Psychology Press.

Lyons, A., & Kashima, Y. (2003). How are stereotypes maintained through communication? The influence of stereotype sharedness. *Journal of Personality and Social Psychology, 85,* 989-1005.

Maass, A., Milesi, A., Zabbini, S., & Stahlberg, D. (1995). Linguistic intergroup bias: Differential expectancies or in-group protection? *Journal of Personality and Social Psychology, 68,* 116-126.

Maass, A., Salvi, D., Arcuri, L., & Semin, G. (1989). Language use in intergroup contexts: The linguistic intergroup bias. *Journal of Personality and Social Psychology, 57,* 981-993.

McAleer, P., Todorov, A., & Belin, P. (2014). How do you say 'hello'? Personality impressions from brief novel voices. *PLoS ONE, 9*(3), e90779. https://doi.org/10.1371/journal.pone.0090779

森永康子（2017）．「女性は数学が苦手」―ステレオタイプの影響について考える―　心理学評論, *60,* 49-61.

Ruscher, J. B., Hammer, E. Y., & Hammer, E. D. (1996). Forming shared impressions through conversation: An adaptation of the continuum model. *Personality and Social Psychology Bulletin, 22*, 705-720.

Semin, G. R., & Fiedler, K. (1988). The cognitive functions of linguistic categories in describing persons: Social cognition and language. *Journal of Personality and Social Psychology, 54*, 558-568.

Semin, G. R., & Smith, E. R. (2013). Socially situated cognition in perspective. *Social Cognition, 31*, 125-146.

菅さやか・唐沢 穣 (2006). 人物の属性表現にみられる社会的ステレオタイプの影響 社会心理学研究, *22*, 180-188.

菅さやか・岡本真一郎・唐沢 穣・吉成祐子 (2011). 言語の使用が責任の知覚と推論に及ぼす影響 日本社会心理学会第52回大会発表論文集, 35.

Sulpizio, S., Fasoli, F., Maass, A., Paladino, M. P., Vespignani, F., Eyssel, F., & Bentler, D. (2015). The sound of voice: Voice-based categorization of speakers' sexual orientation within and across languages. *PLoS One, 10*(7), e0128882. https://doi.org/10.1371/journal.pone.0128882

Uleman, J. S., Saribay, S. A., & Gonzalez, C. M. (2008). Spontaneous inferences, implicit impressions, and implicit theories. *Annual Review of Psychology, 59*, 329-360.

渡辺 茂・後藤和宏 (2013). 認知 藤永 保 (監修) 最新心理学事典 (pp. 576-579) 平凡社

Wenneker, C., & Wigboldus, D. H. J. (2008). A model of biased language use. In Y. Kashima, K. Fiedler, & P. Freytag (Eds.), *Stereotype dynamics: Language-based approaches to the formation, maintenance, and transformation of stereotypes* (pp. 165-188). New York: Lawrence Erlbaum Associates.

Wenneker, C., Wigboldus, D. H. J., & Spears, R. (2005). Biased language use in stereotype maintenance: The role of encoding and goals. *Journal of Personality and Social Psychology, 89*, 504-516.

Whorf, B. L. (1956). *Language, thought, and reality: Selected writings of Benjamin Lee Whorf*. Cambridge, MA: MIT Press. (池上嘉彦 (訳) (1993). 言語・思考・現実 講談社)

Wigboldus, D. H. J., Dijksterhuis, A., & van Knippenberg, A. (2003). When stereotypes get in the way: Stereotypes obstruct stereotype-inconsistent trait inferences. *Journal of Personality and Social Psychology, 84*, 470-484.

Wigboldus, D. H. J., Semin, G. R., & Spears, R. (2000) How do we communicate stereotypes? Linguistic bases and inferential consequences. *Journal of Personality and Social Psychology, 78*, 5-18.

Wigboldus, D. H. J., Spears, R., & Semin, G. R. (2005). When do we communicate stereotypes? Influence of the social context on the linguistic expectancy bias. *Group Processes and Intergroup Relations, 8*, 215-230.

2

影響を与える

今井芳昭

　本章では，他者に影響を与える際のコミュニケーションについて見ていくことにする。まず，「人に影響を与える」とは何かについて把握した後，主に説得におけるコミュニケーションに焦点を当てていく。従来から検討されてきた，説得的コミュニケーションの規定因に加え，近年，検討されてきているストーリー説得，そして，受け手の態度強度にも目を向けていく。さらに，電子機器やスマートフォンのアプリを用いた説得技術について紹介し，説得の倫理的問題，現実の意見対立の場面について考える。

［1］他者への影響―依頼と説得―

　人は社会的な生活を営んでいく上で，他者と情報を交換するだけではなく，自分の考えや欲求を実現するために他者に働きかけることがある。気軽な頼みごと（依頼）から相手の考えを変えようとする説得まである。その際に用いられるコミュニケーションは，言わば「影響コミュニケーション」とも呼べるものである。「影響の与え手（もしくは，送り手，influencing agent）」としては，効率よく「受け手（influence target）」に働きかけられるようメッセージの作り方に関心をもち，また，受け手としては，不当に与え手から影響を受けないような防衛策に関心をもつことになる。

　「人に影響を与える／受ける」と聞いてどのようなことを思い浮かべるであろうか。例えば，友だちにスポーツ観戦につき合ってほしいと頼む，部下に資料の作成を指示する，大学の新入生にサークルや部に入会してくれるよう働きかける，逆に，アルバイト先で新人アルバイターに仕事の仕方を教えるよう店長から頼まれる，駅の街頭で募金を頼まれる，家族に買い物を頼まれることなどがあるかもしれない。影響を与える／受けるということは，与え手からの働

きかけがなかったならば，受け手の行動や態度の変化がなかったと考えられる
場合である。そして，受け手の行動や態度を変化させることを総称して「影響
（influence）」と呼んでいる。また，特に，個人間で生じる影響を「対人的影響
（interpersonal influence）」と呼んでいる。

　ただ，与え手が意図せずに受け手に影響を与えてしまう場合もある。例えば，
他者の存在が習熟課題の遂行量を増加させたり（社会的促進，social facilitation;
Zajonc & Sales, 1966），他者と同一の課題を遂行し各個人の遂行量が問題にさ
れない場合，一所懸命作業しながらも平均遂行量が低下したり（社会的手抜き，
social loafing; Latané et al., 1979；今井，2018a を参照），近くにいる他者の行
動と同じ行動を取ったりする（行動感染，behavioral contagion; Wheeler,
1966）ことである。このとき，与え手となっている他者は，受け手の課題遂行
量や行動パターンを変化させようと意図しているわけではない（今井，2020：
p. 167 参照）。本章では，（そうではなく）与え手が意図的に受け手に影響を与
えようとする場合に焦点を当てていくことにする（意図に関しては序章も参
照）。

　「影響を与える／受ける」ことに近い日常的な表現は，「依頼（request）」や
「説得（persuasion）」である。両者の違いについて特に定まった使い方はない
が，説得の方が受け手の抵抗が予測されている場合と考えられる。言い換えれ
ば，依頼の場合は，受け手の応諾コスト（送り手からの依頼に応じることのコス
ト）が比較的小さい。駅までの送り迎えや荷物の運搬などの頼みごとなどであ
る。そうした際の影響コミュニケーションとして，「応諾獲得方略（compliance-
gaining strategy）」に関する研究があり，ワイズマンとシェンク－ハムリン
（Wiseman & Schenck-Hamlin, 1981）やキプニスら（Kipnis et al., 1980）など
の研究に基づくと，5つの影響手段にまとめることができる（今井，2005）。

　依頼の場合，与え手（依頼者）と受け手との対人関係が形成されていれば
（あるいは，初対面でも緊急時であれば），通常は単純依頼（例えば，「この段
ボール箱を2階まで運んでくれる？」）を用いることで事足りる。ただし，そ
の場合に，具体的にどのような表現を用いるかは，岡本（1986, 2010）が指摘
しているように，与え手と受け手との対人関係や応諾コストによって，意向打
診型（～してもらえませんか）や願望型（～してほしいんだけど）などの表現

型が変えられる。ブラウンとレヴィンソン（Brown & Levinson, 1987）が指摘するように，表現の丁寧さ（ポライトネス，politeness）が考慮される場合もある。また，依頼の場合であっても，単純依頼だけでは受け手の応諾を得られないと予測される場合は，報酬の約束や理由づけ，第三者からの支援，情動操作といった影響手段が用いられたり，それらの手段が複数組み合わせて用いられたりする（第1章第1節）。

［2］ 説得的コミュニケーション構成に関わる要因

　説得とは，「受け手の抵抗や反対が予測される問題（テーマ）について，主として言語的な説得的コミュニケーションを受け手に対して意図的に効果的に提示し，受け手の自由意思を尊重しながら，その問題（テーマ）に対する受け手の態度と行動を与え手の望む方向に変えようとする社会的影響の一種である」（今井，2006：p. 141）。

　一口に説得といっても，その内容は多岐にわたる。今井（2018b）は，（説得に限らず）他者への働きかけについて，相対的な受益者に基づいて，送り手，受け手，第三者の場合に分類している。受益者が送り手自身の場合は，さらに，現状変更，依頼・要請，販売に分類できる。マーケティングの分野においては，販売も説得として捉えられているが（e.g., Kupor & Tormala, 2018），一般的には，説得と言えば「現状の変更」が多いであろう。例えば，マンション建設について近隣住民に「承認，許可」を得る，あるいは，騒音や落書きなどの「迷惑行為を停止」するよう働きかけることである。受益者が受け手の場合は，ウォーキングや健康診断励行などの「健康関連行動」が主なものになる。受益者が第三者の場合は，寄付や献血，臓器提供，環境配慮行動などの「向社会的（prosocial）行動」，あるいは，安楽死や憲法改正のような「新制度の設定や改正」などを挙げることができる。

　説得の送り手は必ずしも個人とは限らず，企業，国家なども考えられ，その場合は，キャンペーン（ある主張や宣伝のために，広く社会に働きかける啓蒙，普及，宣伝，広告活動）が張られることになる。例えば，2015年9月の国連サミットで採択されたSDGs（Sustainable Development Goals；持続可能な開発目標）の促進，新型コロナウイルス（COVID-19）感染予防のためのワクチン

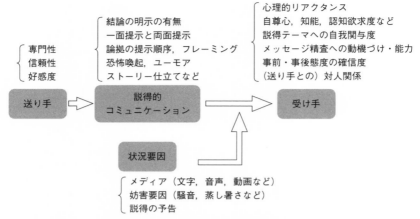

図2-1　説得時の受け手の反応に影響を及ぼす要因（今井，2010を改変）

接種，原子力発電所（再）稼働の承認，交通安全の励行（速度制限遵守，シートベルト着用，歩行者保護，飲酒運転禁止，自転車乗車時のヘルメット着用），駅構内や街頭などでの歩きスマホ禁止，禁煙，薬物規制などがあり，これらは説得のテーマになりうるものである。

　説得研究はホヴランドら（Hovland et al., 1953）によって始められたと考えられ，説得を受けた受け手の反応に影響を及ぼすと考えられる要因については，オキーフ（O'Keefe, 1990）が4つに分類している。すなわち，送り手，説得的コミュニケーション，状況，受け手である（図2-1）。本節では，この内の説得的コミュニケーションに焦点を当てることにする。説得的コミュニケーションをどのように構成すれば受け手の応諾を引き出しやすいのであろうか。

　1）説得の結論の有無　相手を説得する場合，送り手として，説得の結論（受け手に取ってほしい行動）は明示した方がよいと考えられる。しかし，結論を明示すると，相手の行動を制約することになり，相手の「心理的リアクタンス（reactance）」（反発；Brehm & Brehm, 1981；今城，2005）を喚起するとも考えられる。それでは，受け手に行ってほしい行動を暗に示すだけでよいのか。オキーフ（O'Keefe, 1997）の「メタ分析（meta analysis）」（一つの研究テーマ

に関する諸研究の結果を総合評価するための分析）によれば，結論を明示することの効果量は $r = .12$（範囲：$0.0 \sim 1.0$）と小さく，結論を明示しないよりは，明示した方がやや説得効果が大きくなるという程度であった。

　ただし，このメタ分析という手法は完全ではなく，メタ分析の対象となっている諸研究の方法や結果が信頼できるものであるという前提の上に成り立っている。もしもともとの研究に誤りがあれば，メタ分析の結果にも影響があるということである。また，今後の研究結果いかんによっては，効果量が上下する可能性があることにも注意しておく必要がある。

2）論拠の一面提示と両面提示　　次に，相手を説得するという場合には，通常，相手が納得するように，論理的な根拠となる情報（論拠，argument）を示す必要がある。その際に，送り手の主張を支持する根拠のみを受け手に提示する一面提示と送り手の主張に不利な情報も併せて提示する両面提示が考えられる。前者の方が，受け手の反論を促す可能性は低いと考えられるが，後者の方が送り手は公平な立場から説得していると受け手に捉えられやすいであろう。後者の場合は，受け手の反論を促すことになるので，送り手として，さらにその「反駁（refutation）」も加えた方が効果的であると考えられる。オキーフ（1999）のメタ分析によれば，この「両面提示＋反駁」という説得的コミュニケーションの効果量は $r = .08$ であり，ほんの少しの効果があるという結果であった。

3）論拠の提示順序　　説得的コミュニケーションを両面提示で構成する場合，送り手の考えを支持する論拠とそれに反する論拠をどのような順序で提示するかという問題が生じる。下記に述べる精査可能性モデルと関連させて，論拠の順序効果について検討したのがホークトヴェットとウェゲナー（Haugtvedt & Wegener, 1994）である。彼らは，説得テーマに対する受け手の自我関与度が高いほど，初頭効果（末尾情報よりも冒頭情報による説得効果が大きいこと）が生じやすいことを指摘している。説得の内容が受け手自身に関連するほど関心が高くなり，説得的コミュニケーションを最初から吟味し，その影響を受けやすくなるという考え方である。しかし，自我関与度が高いほど，すべて

の情報を吟味しようとする動機づけも高くなるとも考えられる。

　また，説得的コミュニケーションは主張と反論の 2 部構成にする必要はなく，
上記の反駁付き両面提示のように 3 部構成にすることもできる。今井 (Imai,
2014) は，同じ内容の説得的コミュニケーションを 3 部分に分け，各部分の文
字数をほぼ同じくした上で，例えば，反論＋主張＋反論，主張＋反論＋主張，
主張＋反論＋反論のような説得的コミュニケーションの説得効果を比較した。
その結果，冒頭と最後に反論をもってきた場合の説得効果がいちばん小さかっ
たが，それ以外には差が認められなかった。したがって，論拠の順序効果につ
いてもあまり注意を向ける必要はないが，説得的コミュニケーションの冒頭と
最後に送り手にとって不利な論拠は配置しない方がよさそうである。

　ここで，説得理論としてよく引用される，受け手が説得的コミュニケーショ
ンをどのように処理するかを記述している理論について説明しておきたい。そ
れは，チェイキン (Chaiken, 1980) の「ヒューリスティック・システマティッ
ク・モデル (heuristic-systematic model)」と，ペティとカシオッポ (Petty &
Cacioppo, 1986) の「精査可能性モデル（精緻化見込みモデル，Elaboration
Likelihood Model)」である (ELM モデルについては，例えば，今井 (2018b)，
図 5，p. 29 を参照)。両者とも，カーネマン (Kahneman, 2011) がのちに提唱
した情報処理の 2 過程モデルに対応する考え方を採っている。すなわち，受け
手が今までの経験則に基づいて簡便に説得的コミュニケーションを処理するプ
ロセス（ヒューリスティック処理，あるいは，周辺ルート）と説得的メッセー
ジの内容についてしっかり精査（吟味）するプロセス（システマティック処理，
あるいは，中心ルート）とである。カーネマン (2011) は，それぞれ，システ
ム 1，システム 2 と表現している[1]。

　ペティとカシオッポ (1986) によれば，受け手が説得的コミュニケーション
について精査するのは，説得テーマに対する受け手の自我関与度が高く，また，
説得的コミュニケーションを処理する能力が高く，動機づけが高い場合である。
そうでない場合は，説得的コミュニケーションに含まれる論拠の数や送り手の
専門性や好感度など（に関連するヒューリスティクス）に基づいて判断を下す

---

　1)　この 2 つの情報処理過程は，第 2 章第 1 節 (p. 68) で論じられた情報の自動的処理と統制的
　　　処理に対応するものである。

と考えられている。そして，その判断結果とその後に取られる行動との関連性
が高いのは，システマティック処理や中心ルートの場合である。なお，これら
2つのモデルは，受け手が説得的コミュニケーションを処理するのに2つのプ
ロセス（ルート）が想定されることを示しているのであり，受け手が説得的コ
ミュニケーションに納得するかどうかを予測するものではない。

4）フレーミング　　同じ説得的コミュニケーションであっても，受け手が
それに応じた際に受け取る「利得（benefit）」に焦点を当てて提示する場合と
「損失（loss）」に焦点を当てて提示する場合が考えられる。それぞれ「獲得フ
レーミング（枠組み）（gain framing）」，「損失フレーミング（loss framing）」と
呼ばれている（Tversky & Kahneman, 1981）。どちらの方が効果的なのであろ
うか。カーネマンとトゥヴァースキ（Kahneman & Tversky, 1979）の「プロ
スペクト理論（prospect theory）」によれば，私たちは新しく報酬を得ること
よりも，現在保持しているものを失うことの方を 1.5 ～ 2.5 倍重視する（「今，
持っているものを失うのは嫌」）。しかし，オキーフとジェンセン（O'Keefe &
Jensen, 2006, 2009）が説得における両フレーミングを比較した諸研究のメタ分
析によれば，その効果量は $r = .02$ であり，差はほとんどないということである。

5）脅威アピール　　しかし，説得研究において，損失フレーミングの有効
性を指摘している研究は多くある。「脅威アピール（fear appeal）」もしくは恐
怖喚起メッセージに関するものである。受け手の健康を促進するための説得に
おいて，受け手に脅威もしくは「恐怖感（fear）」をもたらす場合である。例え
ば，喫煙を続けると肺疾患や循環器系の疾病を患いやすいと指摘することであ
る。外国製タバコのパッケージにはがんに罹った肺のグロテスクな写真が印刷
されていることがある。あるいは，定期的な身体的運動を行わないと身体に不
調が生じやすいとか，定期診断を受けないと疾病を見逃すといったような説得
テーマが考えられる。こうした際に，受け手に恐怖感をもたせることは効果的
なのであろうか。日本では，深田（2002）や木村（2005）が研究を行い，その
効果性を明らかにしている。ウィッテとアレン（Witte & Allen, 2000）のメタ
分析によれば，$r = .297$ という中程度の効果量が見出された。

　ただし，モンジョ（Mongeau, 2013）が指摘しているように，脅威アピール
の説得的コミュニケーションは，単に受け手に脅威情報を与えるだけでなく，
その脅威を取り去るための対処方法も付け加えたものである（反駁付き両面提
示）。恐怖感の回避方法についても送り手が用意しておき，受け手が自分で考
える手間を省くようにしておくと効果的ということである。

　6）ユーモア　恐怖は，受け手にネガティブな感情をもたらす方法である。
逆に，ポジティブな感情をもたらすものとして説得研究で取り上げられている
のが「ユーモア（humor）」である。ユーモアとは，「ジョーク（洒落），謎かけ，
韻を踏んだ言葉／ことば遊び，面白い画像などによって，受け手に笑いを誘い，
面白い，おかしい，楽しいなどのポジティブ感情を引き起こすような刺激」（今
井，2018b：p. 138）であり，牧野（2005）は，こうした遊戯的ユーモアの他に，
攻撃的ユーモア（皮肉，ブラック・ジョーク，外集団に対する攻撃的表現な
ど）の存在も指摘している。牧野（1999）によれば，ユーモア単独による説得
効果は認められず，ガスとサイタ（Gass & Seiter, 2011）も結論を出せる段階
にはないと述べている。マーティン（Martin, 2007）は，広告に関連する研究
結果も含め，ユーモアの説得効果はないか，もしくは逆効果であると諸研究を
まとめている。彼は，ユーモアの伴った説得メッセージは，前述の精査可能性
モデルの中心的ルートではなく，周辺的ルートで受け手に処理されることも指
摘している。
　広告におけるユーモアの効果についてメタ分析を行ったアイゼンド（Eisend,
2009）は，ユーモアが受け手にポジティブ感情を引き起こし，また，広告に注
意を向けさせる作用があること，商品の購入意図を高めることを指摘している。
説得のハンドブック（特定の分野における重要事項を検索可能な形にまとめた
書籍（便覧））であるディラードとシェン（Dillard & Shen, 2013）においても，
ユーモアについて特にページは割かれておらず，ユーモアが直接的に説得効果
をもたらすことは少ないと言えよう。

　7）ストーリー　社会心理学の説得研究における説得的コミュニケーショ
ンは，研究者の設定した説得テーマについて，実験目的に合わせて複数の論拠

から構成されている。しかし，人を説得する場合には，そのような論理的根拠
を並べるだけではなく，ストーリー仕立てにすることもできる。「ストーリー
説得（narrative or story persuasion）」である。ストーリーとは，ヒンヤード
とクロイタ（Hinyard & Kreuter, 2007）によれば，「状況（シーン），登場人物，
葛藤（コンフリクト）に関する情報を提供し，まだ答えが得られていない疑問
や解決されていない葛藤を取り上げ，そして，その解決を提供するような，初
盤，中盤，終盤というプロセスをもつ，まとまった話」（p. 778）である。説得
研究で用いられているストーリーの具体例として，上記のフレーミングと関連
させて実験を行ったグレイとハリントン（Gray & Harrington, 2011）を挙げる
ことができる（今井，2018b：pp. 144-147 参照）。

　ストーリー仕立ての長所として，送り手の説得意図が見えにくくなり受け手
の心理的リアクタンスが生じにくくなること，受け手がストーリーに引き込ま
れ注意を向けてもらいやすくなること，ストーリーの内容を記憶してもらいや
すくなることなどを挙げることができる。他方，欠点としては，受け手に働き
かける時間が長くなること，送り手の説得意図が受け手に伝わりにくくなるこ
となどがある。説得的コミュニケーションをストーリー仕立てにするには，
(a) 説得テーマと主張点（結論）を決めた後，(b) ストーリーのパターン（代
理体験型，対比型（2 つの事例の比較），感動型など）を考え，(c) 登場人物
（主人公）を決める，そして，(d) テーマに関連するエピソードを集め，それ
らを効果的に配列し結末を考えることが必要である（今井，2018b）。

　ストーリー説得の効果についてはどうであろうか。健康関連行動を扱った
25 の研究を対象にメタ分析を行ったシェンら（Shen et al., 2015）によれば，
効果量は $r = .063$ であり，その効果は小さいということであった。

　このように説得的コミュニケーションの効果量が全体的に小さいのは，特定
の要因に注目するだけでは効果がなく，他の要因（調整変数）との組み合わせ
で上下する可能性もあるからであろう。ということは，種々のパターンでデー
タを取り，調整変数との組み合わせで効果量を検討していく必要があるという
ことである。しかし，種々の状況といっても千差万別であり，総当たり戦で
データを取ることは不可能であり，そのための理論の構築が求められていると
言える。

［3］説得効果を高める他の要因

　説得的コミュニケーションのみの説得効果は限定的であるので，説得の送り手や受け手，状況に関わる要因にも目を配る必要が出てくるが，ここでは，近年注目されている，(a) 受け手の態度強度，(b) 事前の対人関係の形成について見ておくことにする。

1）受け手の態度強度と確信度　　一つは，説得的コミュニケーションを提示されている受け手は，その説得テーマについてどのような態度（説得テーマへの賛否）を現時点でもっているかという点である。受け手はまだ何の態度も形成していないのか，それとも，ある程度の態度を形成した後なのかということである。さらに後者については，その態度の強度が強いか弱いかということである。例えば，1966年以来，日本で商業活用している原子力発電については，二酸化炭素排出による環境への負荷の軽減という長所と核廃棄物処理の未整備という短所をはじめ，種々の情報を得て，賛否を決めている国民は多いかもしれない。他方，新しい社会的な検討課題（例えば，2008年頃と2018年頃に検討されたサマータイム制導入）が出された当初は，態度を決めかねている人が多かったであろう。送り手としては，受け手が態度を形成していないほど説得しやすいと考えられる。送り手が望むような判断を受け手が下すように，反駁付き両面提示の枠組みで，送り手の考えを支持する「強固な論拠（strong arguments）」を複数提示すればよいと考えられるからである。しかし，受け手が既に態度を決めており，それが送り手の態度と異なる場合は，受け手の抵抗が予測される。その場合は，どのようにすればよいのであろうか。送り手の考えを支持する事実（例えば，数値的証拠）を提示すれば，受け手はすんなりと態度を変えてくれるであろうか。どうやら個人の一般的な傾向として，既に保有している態度や判断を変えようとはしないようである。

　例えば，サンスティンら（Sunstein et al., 2017）は，受け手の事前の気候変動（気温上昇）への態度強度によって，専門家の情報から受ける影響度が異なることを明らかにするための実験を行っている。その結果，アメリカの平均気温上昇について強態度をもっていた群は，高名な専門家から「今までの予測よりさらに気温上昇するだろう」と伝えられた場合に，「それほど上昇しないだ

ろう」と伝えられた場合よりも，将来の気温上昇を高く予測していた。気温上昇について不確かな弱態度群には逆のパターンが認められ，高名な専門家から「気温上昇は当初の予測よりも小さい」と伝えられた場合に，気温上昇が悪化すると伝えられた場合よりも影響を受け，上昇気温を低く予測していた。これは，実験参加者がもともともっていた態度に合致するような，専門家からの情報は受け入れるが，もともとの態度にあまり合致しない，専門家からの情報を無視もしくは軽視する傾向を示している。

　現状の態度を維持しようとする受け手の傾向は，行動経済学でも指摘されており（Knetsch & Sinden, 1984），「保有効果（endowment effect）」あるいは「現状維持バイアス（status quo bias）」（Samuelson & Zeckhauser, 1988）と呼ばれている。セイラー（Thaler, 2015）によれば，その一部は，プロスペクト理論（Kahneman & Tversky, 1979）に組み込まれた損失回避のメカニズムによって説明できるということである。個人は，既にもっている態度や判断を（それらが実際には誤っているものであっても）変更しない傾向があり，また，それらに反する事実を示す証拠を提示されても態度を変えようとはなかなかしないのである（Sharot, 2017）。当初の態度を保持することによって，受け手に特に問題が生じなければ，態度の保持が強化され，また，自分の態度を変えることによって生じるかもしれないリスクを回避できるからであるとも考えられる。

　上記は，説得的コミュニケーションを提示する前の受け手の態度強度に注目しているが，説得的コミュニケーション提示後の受け手の「思考確信度（thought certainty）」に注目しているのが，ペティら（Petty et al., 2002）である。彼らは「自己検証化仮説（self-validation hypothesis）」を提唱した。受け手は，説得メッセージ内の論拠を読んだり聞いたりすると，受け手自身が既にもっている関連情報を思い出し，その説得テーマについて思考する。そして，説得的コミュニケーションを支持する考え（ポジティブ思考）が多く思い浮かび，その考えに対する確信度が高くなるほど，納得しやすくなるという主張である。さらに，ブリニョールら（Briñol et al., 2007）は，受け手が悲しい情動状態のときよりも，ハッピーな状態のときの方が，自分の思考に確信をもち，説得的メッセージの影響を受けやすいことも明らかにしている。個人が悲しい，もしくはストレス下に置かれている状態よりもハッピーな状態のときの方が自信をもち

リスクを厭わない傾向にあることは，シャロット（Sharot, 2017）も指摘している。受け手をハッピーな情動状態，もしくは気分にしてから，強固な論拠を含む説得的コミュニケーションを提示することは一つの方法であると考えられる。

2）送り手と受け手の対人関係　説得的コミュニケーション以外に考えるべきもう一つの要因が，送り手と受け手との対人関係である。受け手にとって送り手が初対面の場合と，送り手と受け手との間に既に対人関係が形成されており，受け手がその対人関係を維持したいと思っている場合とでは，後者の方が受け手の応諾が生じやすいと考えられる。その背景には，送り手と受け手との返報的な相互作用（Gouldner, 1960），類似性，好意性（Cialdini, 2009）などが関連している。以前何かしらの恩を受けた相手には，返報的に対応してあげようという気になりやすく，また，好感度の高い相手には喜んでもらえるように対応したいという気になりやすい。ということは，初対面の受け手を説得せざるをえない場合は，事前にその受け手との関係性を作っておく必要があるということである。

　チャルディーニ（Cialdini, 2009）は，人に影響を与えることを可能にする原理として，返報性，コミットメントと一貫性，社会的証明（多くの他者の反応を正しいと判断すること），好意性，権威，希少性の 6 要因を挙げているが（これらの要因が常に効果的というわけではない。オージら（Orji et al., 2015）やハルトゥとオイナス‐クッコーネン（Halttu & Oinas-Kukkonen, 2021）によれば，相対的にコミットメントと返報性の効果性が高い），チャルディーニ（Cialdini, 2016, 2021）では，さらに，「つながり（unity）」が付加されている。それは，送り手と受け手との連帯感，内集団意識とも言える。お互いが一つのまとまりであると認識しているほど，受け手は送り手からの影響を受け入れる素地ができていることになる。そこには，返報性や好意性が関連していると考えられる。そして，好意性をもたらしている一つの大きな要因は類似性（例えば，出身地，出身大学，趣味，音楽の好みなど，Byrne & Nelson, 1965）である。

　緊急性が高い場合には，初対面の相手であっても，その相手に協力を頼んで応じてもらえる可能性は高いが，平時にはなかなか応じてもらいにくい。そもそも相手がこちらの提示する情報に見向きもしないことが多い。そこで，チャ

ルディーニ（Cialdini, 2016）は，「pre-suasion（説得の事前準備）」という造語
を作り，受け手に注意を向けさせること，連想させることを指摘している。例
えば，説得というよりは依頼に近い事例であるが，飛行機離陸時の機内安全
ビデオの視聴を挙げることができる（Sharot, 2017）。機内安全ビデオは，万が
一の事故の場合に少しでも生存の可能性を高めるための重要な情報を乗客に
提供しているが，機内の乗客全員がそれに注意を向け視聴しているわけでは
ないようである。そこで，各航空会社は乗客の注意を引くために，ポジティブ
感情が喚起されるような，楽しい雰囲気を作り出す工夫をしている（例えば，
Virgin American[2)]，Air France[3)]）。他の例として，「～してくださり，ありが
とうございます」というような感謝メッセージも受け手のポジティブ感情や
返報性を喚起する働きかけ方であると言える（例えば，高野，2017；友野，
2014）。
　連想については，説得的コミュニケーションから受け手が連想する言葉，思
考，感情などを考えながら説得的コミュニケーションを作る必要があるという
ことである。Pre-suasion には，カーネマン（Kahneman, 2011）が指摘する
「認知的容易性（cognitive ease）」も関連すると考えられる。認知的容易性とは，
提示された刺激を認知しやすくなる特性であり，具体的には，刺激を繰り返し
提示すること，刺激を見やすく提示すること（例えば，適切な大きさ，フォン
ト，色の文字），事前に関連する刺激を提示しておくこと，受け手をハッピー
な情動状態にしておくことなどである。

［4］ 説得技術と説得の倫理的問題

　1）説得技術　　　受け手の態度や行動を変容させることを目的とする場合，
今まで見てきたような，言語的な説得的コミュニケーションを用いることだけ
が唯一の方法ではない。近年では，種々の電子機器（デバイス）やスマート
フォン用アプリなどが考案され，それらを用いて受け手の態度や行動を変容さ
せることも可能になってきている。フォッグ（Fogg, 2003）は，そうした方法
を「説得技術（persuasive technology）」と名づけ（captology とも呼ばれる），

---

2)　Virgin American: https://www.youtube.com/watch?v=YbvqiTTn2hs
3)　Air France: https://www.youtube. com/watch?v=NhA0aL105Nw

2006年から国際学会が開催されている。説得技術として，例えば，高齢者向けの精神的健康維持用の植物ロボットやペットロボット（McCalley & Mertens, 2007），環境に優しい移動手段である自転車利用を促すアプリ（Wunsch et al., 2015），前面モニターに Google Street View を提示することによって運動としての室内サイクリングを促すシステム（Hirose & Kitamura, 2015），室内の電気消費に注意を向けさせるアプリ（Alharbi & Chatterjee, 2015），ゲーム化した（gamification）就寝 – 起床時刻の調整を促すアプリ（Ihan et al., 2016），自動車のエコドライブを促すアプリ（Atzl et al., 2015）などが考案され，それらの効果性が検討されている。

　オージ（Orgi, 2017）によれば，こうした（向社会的な）説得技術が効果をもつためには，6つの要因を調えておく必要がある。すなわち，(a) 受け手のプライバシーを保護すること，(b) 受け手にネガティブな結果が生じないことを予め確認すること，(c) 受け手をだますことを抑止する方策を講じ，送り手 – 受け手間，受け手同士の間の信頼感を確保すること，(d) 受け手の成長のために過去の自分との競争や自己比較ができるようにすること，(e) 一度に複数の勝者が生じるようにして，過度の不適切な競争が生じないようにすること，(f) 公平な社会的比較と競争を保証することである。これらの点はいずれも説得技術の倫理的問題とも関わってくることである（Kight & Gram-Hansen, 2019 を参照のこと）。

　2）説得の倫理的問題　　そこで，説得の倫理的問題についても触れておきたい。ガスとサイタ（Gass & Seiter, 2011）は，説得において倫理的問題をクリアする条件を4つ挙げている。すなわち，(a) 送り手は，自分の説得による意図しない結果にまで責任をもつこと，(b) 受け手が説得されていることを認識できるように説得すること，(c) 受け手の自由意思を尊重し，受け手が説得を拒否できる自由を認めること，そして，(d) 説得を非言語的ではなく言語的に行うことである。その他にも次のようなことが考えられる。

　他者を説得するということは，他者のもつ態度や行動を送り手の望むように制限することである。制限による反発を避けるため，受け手に働きかける際に，予め送り手の説得意図を受け手に伝えることも考えられるが，そうすることは，

（特に，説得テーマに対する受け手の自我関与度が高い場合）受け手が構えたり，事前に説得に抵抗するための準備をしたりすることなどが予測され，説得効果が低下する可能性が高くなる（Jacks & Devine, 2000；上野，2002）。送り手は，自分の説得の効果と倫理的問題との板挟みに合うことになる。

　その際，特に問題となるのが，冒頭で紹介した説得分類のうち，送り手利益優先型のものである。送り手自身の利益を追求するために，倫理性をないがしろにし，送り手の説得意図や目的を隠蔽し，虚偽情報を提示しないまでも，送り手に有利な情報のみを提示して，受け手を不利な状況に置く誘惑に駆られがちである。また，秘密裏に送り手に有利な状況を作るために，受け手の心理的特性を用いて（受け手の知識不足を利用して）応諾を引き出すかもしれない。例えば，少しずつ受け手を説得の内容に「コミット（commit，関与）」させたり（Joule & Beauvois, 2002），選ぶのは自由と言いながら送り手の望む選択肢を選ぶよう誘導したりする（Guéguen & Pascual, 2000）。あるいは，送り手に迷惑をかけたと受け手に故意に思い込ませて罪悪感を喚起し，それを解消するよう送り手からの働きかけに応じさせる方法も指摘されている（Boster et al., 2016）。

　第三者利益優先型についても注意が必要である。先に紹介した国際・国家レベルで実施されるキャンペーンは基本的に向社会的な説得ということになるが，「向社会的」という表現に注意が必要である。向社会的と言っても，功利主義的観点から多数派利益が基本であり（Perloff, 2003），向社会的という言葉ですべての状況，人類を網羅することはできない。ということは，利害の合わない送り手が受け手よりも自分の利益を有利にするよう受け手に働きかける場合があるということである。

　すべての送り手が自分と受け手の利益を公平に考え，受け手に働きかけるとは限らない。説得の倫理的問題に関連して受け手にできることは，送り手が情報を過不足なく伝えているか，また，虚偽の情報や論拠を提示していないか，受け手の反応特性を悪用していないかなどについて検討し，自分で自分の身を守ることしかない。そのためには，受け手として，個人の反応特性を利用した働きかけを防御できるよう，対人的影響，説得に関する知識を得ておく必要があると言える（今井，2017-2018）。

3）現実の意見対立の解消　最後に，現実的な問題解決における説得について考えておきたい。上記の説得的コミュニケーションに関する諸研究においては，説得効果を高める要因を実験的に明らかにするために説得場面を単純化し，送り手から受け手へという（受け手との相互作用を考慮しない）一方向的な働きかけが設定され，研究対象とされてきた。

しかし，現実にはそのような単純な構造で問題が解決されることは少なく，意見を対立させた二者が，自分の意見や態度を主張し，何とか相手の納得や応諾を引き出そうとする状況の方が多いであろう。例えば，友人とシェアハウスで生活することを望む20代の子どもとそうした価値観をもたない親，あるいは，企業においてプロジェクトのA案とB案の採用について対立させている2つの部署の場合，双方がいかに相手の納得する論拠を相手に提示できるかにかかっている。これは，レイヴン（Raven, 1965）の挙げた情報影響力が関連している（今井，2010, 2020）。こうした場合の前提は，双方が論理的にものごとを判断しようと動機づけられており，相手の論拠に聞く耳をもち，その論拠を論理的に評価し判断できることである（その他，経済的・政治的要因，感情などが関連している場合もある）。その上で，相手よりも説得力のある（強い）論拠を数多く提示できる方が自分の意見を通す可能性が高くなる。双方の論拠の提示によって問題が解決しない場合は「交渉（negotiation）」に移って，双方が納得できる解決策をお互いに創造していく場合もあるだろう。

そうした前提が成立しない場合もある。受け手の抵抗がより大きい例として，COVID-19（新型コロナウイルス感染症）のワクチン接種陰謀論に基づく接種拒否を挙げることができる。2019年後半に発生したと考えられる新型コロナウイルスの感染拡大を防ぐために，世界的にワクチン接種が行われている。その一方で，ワクチン接種は「接種者のDNAを変化させる，マイクロチップが入っている，不妊の原因になる」という誤情報も拡散されている（読売新聞，2021）。科学的研究に基づいた，多くの人の判断からすれば，こうしたワクチン接種陰謀論は荒唐無稽に見えるが，中にはその陰謀論に追随して心底信じている人たちがいる。その態度形成プロセスを見てみると，偶発的とは言え，自発的にインターネット上の陰謀論関連の情報に接し，さらに，GoogleやYouTubeをはじめとするAIシステムによって（受け手が欲するような）陰謀

論に関連性の高い情報が自動的に収集され提示される（自分の考えに合う情報のみに接触することになる：フィルターバブル，filter-bubble）。それらを数多く処理した受け手は，徐々に陰謀論という枠組みでものごとを判断するようになる。

　そうした一連のプロセスは，破壊的カルト（反社会的な価値観をもって，教義を現実化しようと活動しているグループ）が用いる状況に似ている（Keiser & Keiser, 1984）。かつては対面で破壊的カルトによる入会への勧誘と情報提示が行われていた。しかし，現在は，種々のサイトや Twitter，Instagram をはじめとする SNS を通して簡単に特定の情報に接することができ，また，SNS のグループ機能によって直接的，間接的に説得されることになる（同じような考えをもつ人たちが集まってグループ内での考えが反響し合い強化される，エコーチェンバー，echo chamber）。受け手の自発性に基づいて形成された枠組みに対抗するには，カイザーとカイザー（1987）が指摘する，認知的再構成もしくは思考パターンの再組織化が必要になると考えられる。受け手に認知的再構成を促そうとする側は，かなり不利な状況に置かれることになる。多くの場合，強い態度を形成している受け手を一朝一夕に元に戻すことは難しい。忍耐と時間をかけながら，受け手が陰謀論に接することになった個人的な心理的背景や受け手が現在信じている考え方に理解を示しつつ，受け手の自尊心や感情にも配慮し，受け手が論理的矛盾に気づくように仕向けながら，タイミングよく少しずつ受け手のもつ考え方，枠組みを再構成していくように働きかけることになるであろう（フィルターバブルとエコーチェンバーについては，第 3 章第 4 節，pp. 199-200 も参照）。

　双方の意見が長年にわたって対立し続けている場合もある。アメリカにおいては，宗教的な背景と相俟って妊娠中絶の是非に関する問題があり，日本国内においても前述の原子力発電利用を挙げることができる。テッサーとコンリー（Tesser & Conlee, 1975）は，自説について考えれば考えるほど，その態度が極端になることを指摘しており，一般に，時間とともに意見の対立は深まりやすい。そうした場合，どのように意見の対立を解消できるのであろうか。前述のように，それぞれの側が自説を支持する事実や数値的証拠を相手に提示しても，相手はそれを無視するだけで問題を解決することは難しい傾向にある。

　こうした状況の解決に一つのヒントを与えているのが，リスク・コミュニケーションを提唱している木下 (2016, 2021) と社会構成主義者 (social constructionist) のガーゲン (Gergen, 2009) である。「リスク・コミュニケーション（risk communication)」とは，未知性と恐ろしさの 2 次元から構成されるリスク（危険性；Slovic, 1987）に関係する人々に対して，リスク対象のもつ損失（コスト）と便益に関する情報を正確に伝え，関係者双方が問題の解決に向けてアイディアを出し合えるような（共考）道筋を探す思想と技術である（木下，2021）。そこでは，共考と信頼が重要とされ，一方が他方へ一方的に説得するというのではなく，問題解決に向けた相互の積極的な関わりが求められる。木下 (2016：pp. 123-137) は，そうした際の技術として，「相手を敵視せず社会を良くする仲間として受容すること」「相手の不安感情に寄り添い，いたわりの気持ちをもつこと」「相手の考え方やロジック，それに関心の所在を正確に把握すること」「データの不確かさや弱点についても隠さずに率直に議論すること」「リスクの説明だけではなくその避け方やリスクの低減法も教えること」「ウソは絶対に言わないこと」「感情的なやりとりは絶対に避けること」などを挙げている。リスク対象について利害が一致しない双方が納得のいく解決策を模索できるような実践的な知恵が盛り込まれていると言えよう。

　他方，ガーゲンは，従来の個人の捉え方である「境界画定的存在（bounded being)」に対して，「関係規定的存在（relational being)」や「変幻自在的存在（multi-being)」という概念を提唱している。それは，個人がどのような人間，存在であるかは，他者あるいは他の存在との関係性によって変わるという捉え方である。個人は，種々のコミュニティやグループに所属し，それぞれの場で種々の役割を演じているというわけである。融通無碍，アメーバのように他者との関係性を随時変えていくというイメージである。それに関連させて，意見を対立させている双方が，今まで気づいていなかった両者間の相互関係を確認し，対話し，相手の置かれている状況や信奉しているストーリーを理解し，少しずつ歩み寄る方法を紹介している（例えば，ストーリー的調停，narrative mediation)。問題の内容について直接，議論し合うのではなかなか問題の解決には至らないので，両者の関係を調整し直すプロセスを重視するということである。その対話の中で，両者の関係性が随時変化していくという変幻自在性で

ある。大きい意見の対立の際には，それなりの時間をかけて双方の歩み寄りと
関係性の変化をもたらす，協調的，協同的な構造をお互いに作り出していくこ
とが一つの方法のようである。

■ 引用文献

Alharbi, O., & Chatterjee, S. (2015). BrightDark: A smartphone app utilizing e-fotonovela and text messages to increase energy conservation awareness. In T. MacTavish & S. Basapur (Eds.), *Persuasive Technology* (pp. 95-106). Switzerland: Springer.

Atzl, C., Meschtscherjakov, A., Vikoler, S., & Tsceligi, M. (2015). Bet4EcoDrive: Betting for economical driving. In T. MacTavish & S. Basapur (Eds.), *Persuasive technology* (pp. 71-82). Switzerland: Springer.

Boster, F. J., Cruz, S., Manata, B., DeAngelis, B. N., & Zhuang, J. (2016). A meta-analytic review of the effect of guilt on compliance. *Social Influence, 11,* 54-67.

Brehm, S. S., & Brehm, J. W. (1981). *Psychological reactance: A theory of freedom and control.* New York: Academic Press.

Briñol, P., Petty, R. E., & Barden, J. (2007). Happiness versus sadness as a determinant of thought confidence persuasion: A self-validation analysis. *Journal of Personality and Social Psychology, 93,* 711-727.

Brown, P., & Levinson, S. C. (1987). *Politeness: Some universals in language usage.* Cambridge, UK: Cambridge University Press.

Byrne, D., & Nelson, D. (1965). Attraction as a linear function of proportion of positive reinforcements. *Journal of Personality and Social Psychology, 1,* 659-663.

Chaiken, S. (1980). Heuristic versus systematic information processing in the use of source versus message cues in persuasion. *Journal of Personality and Social Psychology, 39,* 752-766.

Cialdini, R. B. (2009). *Influence: Science and practice* (5th ed.). Boston, MA: Allyn & Bacon. (社会行動研究会 (訳) (2014)　影響力の武器：なぜ人は動かされるのか　第三版　誠信書房)

Cialdini, R. B. (2016). *Pre-suasion: A revolutionary way to influence and persuade.* New York: Simon and Schuster. (安藤清志 (監訳) (2017)．PRE-SUASION：影響力と説得のための革命的瞬間　誠信書房)

Cialdini, R. B. (2021). *Influence, new and expanded: The psychology of persuasion.* New York: Harper Business.

Dillard, J. P., & Shen, L. (Eds.) (2013). *The SAGE handbook of persuasion: Developments in theory and practice* (2nd ed.). Thousand Oaks, CA: Sage.

Eisend, M. (2009). A meta-analysis of humor in advertising. *Journal of the Academy of Marketing Science, 37,* 191-203.

Fogg, B. J. (2003). *Persuasive technology: Using computers to change what we think and do.* San Fransisco, CA: Morgan Kaufmann. (高良　理・安藤知華 (訳) (2005)．実験心理学が教える人を動かすテクノロジ　日経 BP 社)

深田博己 (2002)．恐怖感情と説得　深田博己 (編著)　説得心理学ハンドブック―説得的コミュニケーション研究の最前線― (pp. 278-328)　北大路書房

Gass, R. H., & Seiter, J. S. (2011). *Persuasion, social influence, and compliance gaining* (4th ed.). Boston, MA: Allyn and Bacon.

Gergen, K. J. (2009). *Relational being: Beyond self and community.* New York: Oxford University Press. (鮫島輝美・東村知子 (訳) (2020)．関係からはじまる―社会構成主義がひらく人間観―　ナカニシヤ出版)

Gouldner, A. W. (1960). The norm of reciprocity: A preliminary statement. *American Sociological Review, 25,* 161-178.

Gray, J. B., & Harrington, N. G. (2011). Narrative and framing: A test of an integrated message strategy in the exercise context. *Journal of Health Communication, 16,* 264-281.

Guéguen, N., & Pascual, A. (2000). Evocation of freedom and compliance: The "but you are free of" technique. *Current Research in Social Psychology, 5*, 264-270.

Halttu, K., & Oinas-Kukkonen, H. (2021). Susceptibility to social influence strategies and persuasive system design: Exploring the relationship. *Behaviour & Information Technology*, DOI: 10.1080/0144929X.2021.1945685

Haugtvedt, C. P., & Wegener, D. T. (1994). Message order effects in persuasion: An attitude strength perspective. *Journal of Consumer Research, 21*, 205-218.

Hinyard, L. J., & Kreuter, M. W. (2007). Using narrative communication as a tool for health behavior change: A conceptual, theoretical, and empirical overview. *Health Education & Behavior, 34*, 777-792.

Hirose, H., & Kitamura, Y. (2015). Preliminary evaluation of virtual cycling system using Google Street View. In T. MacTavish & S. Basapur (Eds.), *Persuasive technology* (pp. 65-70). Switzerland: Springer.

Hovland, C. I., Janis, I. L., & Kelley, H. H. (1953). *Communication and persuasion: Psychological studies of opinion change.* New Haven, CT: Yale University Press. (辻　正三・今井省吾 (訳) (1960). コミュニケーションと説得　誠信書房)

Ilhan, E., Sener, B., & Hachihabigoğlu, H. (2016). Creating awareness of sleep-wake hours by gamification. In A. Meschtscherjakov, B. De Ruyter, V. Fuchsberger, M. Murer, & M. Tscheligi (Eds.), *Persuasive technology* (pp. 122-133). Switzerland: Springer.

今井芳昭 (2005). 依頼・要請時に用いられる影響手段の種類と規定因　心理学評論, *48*, 114-133.

今井芳昭 (2006). 依頼と説得の社会心理学―人は他者にどう影響を与えるか―　セレクション社会心理学 10　サイエンス社

今井芳昭 (2010). 影響力―その効果と威力　光文社

Imai, Y. (2014). Comparison between two- and three-step persuasive message styles and recipients' need for cognition. Unpublished manuscript.

今井芳昭 (2017-2018). 消費生活相談に役立つ社会心理学　ウェブ版　国民生活　No. 61-66, 独立行政法人国民生活センター　Retrieved from http://www.kokusen.go.jp/wko/data/bn-ssinrigaku.html (2021年8月3日アクセス)

今井芳昭 (2018a). 社会的促進と社会的抑制　竹村和久 (編)　社会・集団・家族心理学 (pp. 77-90)　遠見書房

今井芳昭 (2018b). 説得力―社会心理学からのアプローチ―　新世社

今井芳昭 (2020). 影響力の解剖―パワーの心理学―　福村出版

今城周造 (2005). 説得への抵抗と心理的リアクタンス―自由の文脈・決定・選択肢モデル―　心理学評論, *48*, 44-56.

Jacks, J. A., & Devine, P. G. (2000). Attitude importance, forewarning of message content, and resistance to persuasion. *Basic and Applied Social Psychology, 22*, 19-29.

Joule, R.-V., & Beauvois, J.-L. (2002). *Petit traité de manipulation a l'usage des honnêtes gens.* Grenoble, France: Presses Universitaires de Grenoble. (薛　善子 (訳) (2006)　これで相手は思いのまま―悪用厳禁の心理操作術　阪急コミュニケーションズ)

Kahneman, D. (2011). *Thinking fast and slow.* London: Penguin. (村井章子 (訳) (2012) ファスト&スロー (上・下)　早川書房)

Kahneman, D., & Tversky, A. (1979). Prospect theory: An analysis of decision under risk. *Econometrica, 47*, 263-291.

Keiser, T. W., & Keiser, J. L. (1987). *The anatomy of illusion: Religious cults and destructive persuasion.* Springfield, IL; C. C. Thomas. (マインド・コントロール問題研究会 (1995). あやつられる心―破壊的カルトのマインド・コントロール戦略―　福村出版)

Kight, R., & Gram-Hansen, S. B. (2019). Do ethics matter in persuasive technology? In H. Oinas-Kukkonen, K. T. Win, E. Karapanos, P. Karppinen, & E. Kyza (Eds.), *Persuasive technology* (pp. 143-155). Switzerland: Springer.

木村堅一 (2005). 恐怖アピールと予防的保険行動の促進　心理学評論, *48*, 25-40.

木下冨雄 (2016). リスク・コミュニケーションの思想と技術―共考と信頼の技法―　ナカニシヤ出版

木下冨雄 (2021). 深層防護とリスクコミュニケーション―大規模感染症に対する社会心理学からの貢献―心理学研究, *92*, 482-494.

Kipnis, D., Schmidt, S. M., & Wilkinson, I. (1980). Intraorganizational influence tactics: Explorations in getting one's way. *Journal of Applied Psychology, 65,* 440-452.

Knetsch, J. L., & Sinden, J. A. (1984). Willingness to pay and compensation demanded: Experimental evidence of an unexpected disparity in measures of value. *The Quarterly Journal of Economics, 99,* 507-521.

Kupor, D., & Tormala, Z. (2018). When moderation fosters persuasion: The persuasive power of deviatory reviews. *Journal of Consumer Research, 45,* 490-510.

Latané, B., Williams, K., & Harkins, S. (1979). Many hands make light the work: The causes and consequences of social loafing. *Journal of Personality and Social Psychology, 37,* 823-832.

McCalley, T., & Mertens, A. (2007). The pet plant: Developing an inanimate emotionally interactive tool for the elderly. In Y. de Kort, W. IJsselstijn, C. Midden, B. Eggen, & B. J. Fogg (Eds.), *Persuasive technology* (pp. 68-79). Heidelberg, Berlin: Springer-Verlag.

牧野幸志 (1999). 説得に及ぼすユーモアの効果とその生起メカニズムの検討　実験社会心理学研究, *39,* 86-102.

牧野幸志 (2005). 説得とユーモア表現―ユーモアの効果の生起メカニズム再考―　心理学評論, *48*(1), 100-109.

Martin, R. A. (2007). *The psychology of humor: An integrative approach.* Burlington, MA: Elsevier. (野村亮太・雨宮俊彦・丸野俊一 (2011). ユーモア心理学ハンドブック　北大路書房)

Mongeau, P. T. (2013). Fear appeals. In J. P. Dillard & L. Shen (Eds.), *The SAGE handbook of persuasion: Developments in theory and practice* (2nd ed., pp. 184-199). Thousand Oaks, CA: Sage.

岡本真一郎 (1986). 依頼の言語的スタイル　実験社会心理学研究, *26,* 47-56.

岡本真一郎 (2010). ことばの社会心理学　第 4 版　ナカニシヤ出版

O'Keefe, D. J. (1990). *Persuasion: Theory and practice.* Newbury Park, CA: Sage.

O'Keefe, D. J. (1997). Standpoint explicitness and persuasive effect: A meta-analytic review of the effects of varying conclusion articulation in persuasive messages. *Argumentation and Advocacy, 34,* 1-12.

O'Keefe, D. J. (1999). How to handle opposing arguments in persuasive messages: A meta-analytic review of the effects of one-sided and two-sided messages. In M. E. Roloff (Ed.), *Communication Yearbook 22* (pp. 209-249). Newbury Park, CA: Sage.

O'Keefe, D. J., & Jensen, J. D. (2006). The advantages of compliance or the disadvantages of noncompliance? A meta-analytic review of the relative persuasive effectiveness of gain-framed and loss-framed messages. In C. S. Beck (Ed.), *Communication Yearbook 30* (pp. 1-43). Mahwah, NJ: Lawrence Erlbaum Associates.

O'Keefe, D. J., & Jensen, J. D. (2009). The relative persuasiveness of gain-framed and loss-framed messages for encouraging diseases detection behaviors: A meta-analytic review. *Journal of Communication, 59,* 296-316.

Orji, R. (2017). Why are persuasive strategies effective? Exploring the strengths and weaknesses of socially-oriented persuasive strategies. In P. W. de Vries, H. Oinas-Kukkonen, L. Siemons, N. Beerlage-de Jong, & L. van Gemert-Pijnen (Eds.), *Persuasive technology: Development and implementation of personalized technologies to change attitudes and behaviors* (pp. 253-266). Cham, Switzerland: Springer.

Orji, R., Mandryk, R. L., & Vassileva, J. (2015). Gender, age, and responsiveness to Cialdini's persuasive strategies. In T. MacTavish & S. Basapur (Eds.), *Persuasive technology* (pp. 147-159). Switzerland: Springer.

Perloff, R. M. (2003). *The dynamics of persuasion: Communication and attitudes in the 21st century* (2nd ed.). Mahwah, NJ: Lawrence Erlbaum Associates.

Petty, R. E., & Cacioppo, J. P. (1986). The elaboration likelihood model of persuasion. In L. Berkowitz (Ed.), *Advances in experimental social psychology,* 19 (pp. 123-205). New York: Academic Press.

Petty, R. E., Briñol, P., & Tormala, Z. L. (2002). Thought confidence as a determinant of persuasion: The self-validation hypothesis. *Journal of Personality and Social Psychology, 82*, 722-741.

Raven, B. H. (1965). Social influence and power. In I. D. Steiner & M. Fishbein (Eds.), *Current studies in social psychology* (pp. 371-382). New York: Holt, Rinehart, Winston.

Samuelson, W., & Zeckhauser, R. (1988). Status quo bias in decision making. *Journal of Risk and Uncertainty, 1*, 7-59.

Sharot, T. (2017). *The influential mind: What the brain reveals about our power to change others*. London: Little, Brown.（上原直子（訳）(2019). 事実はなぜ人の意見を変えられないのか　白揚社）

Shen, F., Sheer, V. C., & Li, R. (2015). Impact of narratives on persuasion in health communication: A meta-analysis. *Journal of Advertising, 44*, 105-113.

Slovic, P. (1987). Perception of risk. *Science, 236*, 280-285.

Sunstein, C. R., Bobadilla-Suarez, S., Lazzaro, S. C., & Sharot, T. (2017). How people update beliefs about climate change: Good news and bad news. *Cornel Law Review, 102*, 1431-1443.

高野裕介 (2017). 感謝メッセージの説得効果に関する研究―ユーモアの付加による効果の検討― 2016年度慶應義塾大学大学院社会学研究科修士論文

Tesser, A., & Conlee, M. C. (1975). Some effects of time and thought on attitude polarization. *Journal of Personality and Social Psychology, 31*, 262-270.

Thaler, R. H. (2015). *Misbehaving: The making of behavioral economics*. New York: W. W. Norton.（遠藤真美（訳）(2019). 行動経済学の逆襲（上・下）　早川書房）

Tversky, A., & Kahneman, D. (1981). The framing of decisions and the psychology of choice. *Science, 211*, 453-458.

友野聡子 (2014). 社会的迷惑行為の抑止策としての感謝メッセージ　宮城学院女子大学研究論文集, *119*, 51-56.

上野徳美 (2002). 予告情報と説得　深田博己（編著）　説得心理学ハンドブック―説得コミュニケーション研究の最前線― (pp. 499-539)　北大路書房

Wheeler, L. (1966). Toward a theory of behavioral contagion. *Psychological Review, 73*, 179-192.

Wiseman, R. L., & Schenck-Hamlin, W. (1981). A multidimensional scaling validation of an inductively-derived set of compliance-gaining strategies. *Communication Monographs, 48*, 251-270.

Witte, K., & Allen, M. (2000). A meta-analysis of fear appeals: Implications for effective public health campaigns. *Health Education & Behavior, 27*, 591-615.

Wunsch, M., Stibe, A., Millonig, A., Seer, S., Dai, C., Schechtner, K., & Chin, R. (2015). What makes you bike? Exploring persuasive strategies to encourage low-energy mobility. In T. MacTavish & S. Basapur (Eds.), *Persuasive technology*, (pp. 53-64). Switzerland: Springer.

読売新聞 (2021). 虚実のはざま　第4部　深まる断絶1～5　読売新聞2021年9月9, 10, 12, 14, 15日東京版社会面朝刊

Zajonc, R. B., & Sales, S. M. (1966). Social facilitation of dominant and subordinate responses. *Journal of Experimental and Social Psychology, 2*, 160-168.

3 不快を伴うコミュニケーションの功罪

相馬敏彦

　人と人とのコミュニケーションでは，しばしば当事者が不快な経験をすることがある。相手からの言葉に傷つくこともあれば，相手の言動にイライラしたり不安を覚えたりすることもある。本節では，このような不快を伴うコミュニケーションに焦点を当て，その功罪について議論する。

　はじめに，「罪」の側面として，受け手を傷つけるコミュニケーション，すなわち攻撃行動の生じるメカニズムを説明する。そこでは，恋人や夫婦といった親密な関係で生じる DV を題材にその加害が生起するプロセスや悪影響について解説する。次いで，不快を伴うコミュニケーションの「功」の側面として，相手の非を伝えるコミュニケーションのもつ機能について考える。コミュニケーションの中で，たとえ一時的に相手を不快にさせようとも，それが，その後の親密な関係での DV のエスカレートを防いだり，組織における部下の行動を改善させたり，職場の効率や目標の達成を促進したりすることがある。これらの議論を通じて，不快を伴うコミュニケーションの社会的機能を考える。

［1］ 傷つけるコミュニケーション

　人が不快になるコミュニケーションの典型が，他者からの「攻撃（aggression）」である。そこで，まず本節では攻撃行動の生起プロセスとその影響について見ていく。

　1）攻撃行動の生じるプロセス　　他者への攻撃行動には，相手を傷つけたいという衝動が伴うことが多い。このような攻撃への衝動は，不愉快な出来事や経験（嫌悪事象）に遭遇した後に生じやすくなる。そのメカニズムとして，バーコビッツ（Berkowitz, 1990）の「認知的新連合理論（cognitive neoasociationistic theory）」では，嫌悪事象の経験後に生じる不快感情や認知活動が，人のもつネットワーク上の知識のうち，攻撃に関連した身体的，運動的，認知的な知識・観念を活性化させるためだと説明される。例えば，他者からの攻撃を受けた経験は，被害者の中で，出来事の意味についての認知的処理を通じ，攻撃に関連する知識・観念を活性化させ，加害者へ「攻撃衝動（aggressive impulse）」を強める。また「攻撃」を直接に含まないような出来事であっても，それによって不快感情の生じる出来事ならば，やはり個人の攻撃関連の知識や観念が活性化しやすくなり，その後に攻撃衝動が生じやすくなる（詳しくは大渕，2011 を参照）。

　この理論に基づくと，攻撃性の強い個人ほど攻撃衝動を生じさせやすいことも理解できる。なぜなら，攻撃性の強い者ほど，攻撃に関連した知識や観念を多く蓄積しており（Bushman, 1996），ちょっとした嫌悪事象の経験によって容易にそれらが活性化しやすいためである。よって，攻撃衝動は，攻撃性の強い者が嫌悪事象を経験した後に生じやすいと言える。

　実際，他者との関わりの中でもたらされた嫌悪事象が，攻撃性の強い個人の攻撃衝動を強く促すことが実証的にも確認されている。例えば，実験室で一緒に行ったゲームの相手から攻撃行為を受けた場合，特性的に怒りやすい人ほど相手への攻撃行動をとりやすい（Giancola, 2002）。他者から与えられた不快な行為が，受け手である攻撃特性の強い者にとっての引き金として機能し，攻撃行動を誘発するのである。

　不快をもたらす嫌悪事象の経験は，特に攻撃的な人の攻撃衝動を促す。ただ，そうだからといって，攻撃衝動をもったすべての人が，それを攻撃行動として顕在化させるわけではない。一般に，多くの文化では他者を傷つける行為は慎むことが求められる。そのため，人は攻撃衝動を抱いたとしても，それをなんとか克服して衝動的な行為を控えようとする（DeWall et al., 2007）。他者への攻撃衝動を有したとしても，多くの人はこの規範に沿って自己制御し攻撃行動を抑制しようとするのである。見方を変えれば，日常生活において攻撃行動がとられるのは，自身の衝動を制御できなかった場合だということである。

　このように，他者への攻撃行動は，攻撃的な人が嫌悪事象を経験することによって生じる攻撃衝動と，その衝動を制御できないことという2つの条件に

よって左右される。攻撃行動の実行には，「衝動的プロセス（impulsive process）」と「制御的な認知プロセス（reflective process）」の両方が関与するのである（e.g., Strack & Deutsch, 2004）。

2）親密な関係における DV 加害の生起プロセス　　上記の攻撃行動の生起する一連のプロセスは，親密な関係で生じる暴力，すなわち DV（Domestic Violence）加害の生起においても見られる。フィンケルら（Finkel et al., 2012）は，上述の攻撃行動の説明枠組みをベースに，DV 加害の要因を次の3つに整理している。「引き金要因（instigation）」，「推進因（impellance）」，「抑制因（inhibition）」である。彼らは，原語それぞれの頭文字をとって I^3 理論としてモデル化している。

引き金要因とは，挑発行為のように攻撃を誘発するような相手の態度にさらされることを指す。前項で説明した嫌悪刺激のうち，特に親密な関係内で経験するものを意味する。例えば，相手から侮辱されたり，拒絶されたり，目標追求を妨害されたり，何か盗まれたり，身体的苦痛を与えられたりすることが含まれる（Finkel, 2014: p. 40）。これらは，特に相互に協力的であるべき関係においては，それに反する行為であり，受け手の攻撃衝動を誘発しやすい。推進因とは，引き金要因の存在する状況下で個人に強い攻撃衝動を備えさせる特性的，あるいは状況的要因を指す。その典型が個人の攻撃特性である。これら2つの要因が攻撃衝動の形成に関与するのに対して，抑制因とは，自己制御のように，生じた攻撃衝動を克服する見込みを高める特性的，あるいは状況的要因を指す。

彼らは恋愛中のカップルを対象にこの理論の妥当性を検証し，おおむね予測通りの結果を示している（Finkel et al., 2012）。例えば，恋愛カップルを対象にオンラインによる日記式調査を行い，約1ヶ月にわたって毎晩パートナーに見立てた人形（voodoo doll）に何本のピンを刺したいのかを調べ，それを従属変数とし上記3要因の効果を検証している。その結果，人形に最も多くのピンを刺そうとしたのは，事前に測定されていた攻撃性が強く，回答した日の自己制御資源が少なく，かつパートナーから挑発的な振る舞いを受けたと感じられた日であった。つまり，3要因それぞれが揃って機能する場合にのみ，強い攻撃

行動が観察された（Finkel et al., 2012, 研究 3）。

　この I³ 理論は，親密な関係における DV 加害の説明を試みたものであるが，それ以外の対人関係にも適用可能である。相馬ら（2017）は，大学生が学内の他の学生と組んで協同作業（ゲーム）を行った場合にも，この理論が妥当であることを実験的に確認している。ここでは，事前に実験参加者の攻撃特性を測定した上で，作業相手の学生（サクラ）が非協力的な態度（もしくは協力的な態度）を示した場合にどのように反応するのかが調べられた。なお，攻撃行動に対する自己制御資源の程度は，協同作業直後の計数課題の成績によって測定された。他者との間で社会的調整を行うことは，それ自体が自己資源を奪い課題の成績に影響すると考えられるためである（Finkel et al., 2006）。また，攻撃行動の指標としては，作業相手に対して，作業後に嫌悪感を催す飲料を与えようとする傾向が測定された。分析の結果，攻撃特性の高い参加者が，作業相手から非協力的な態度を示され，かつ協同作業後の計数課題の成績の低い，すなわち自己制御資源が枯渇していた場合に，相手に嫌悪感を催す飲料を提供しようとする傾向が強かった。

　3）衝動的ではない攻撃行動　　ここまでに取り上げた攻撃行動は，衝動を要素にもつ攻撃であった。攻撃行動研究では，このような衝動的攻撃のうち，特に他者からの危害に対する反撃・報復として行われるものを「反応的攻撃（reactive aggression）」と言う。一方，人が何らかの対人目標のために熟慮の上で攻撃することもある。このような，自身の目標達成のための手段として行われる攻撃は「能動的攻撃（proactive aggression）」と呼ばれ，反応的攻撃とは区別される（Dodge & Coie, 1987）。

　DV 加害も，I³ 理論が説明するような反応的攻撃としての暴力の場合もあれば，加害者の目標達成の手段として暴力，つまり能動的攻撃として捉えられる暴力の場合もある。そして，先述の通り，反応的攻撃としての加害には攻撃的な特性が影響しているのに対して，後者の能動的攻撃としての加害には「サイコパス（psychopathy）特性」が関わっていることが示されている。サイコパス特性は，冷淡さ，操作性，衝動性に特徴づけられるもので，他のリスク因子（攻撃性，反社会的行動，親子関係，アルコール使用，過去の投獄）の影響を統

制しても DV 加害を強く予測することが知られている（Robertson et al., 2020）。特に，このサイコパス特性は，男性による能動的な DV 加害に強く関わる。DV 加害で有罪判決を受けて治療中の男性を対象とした研究では，反応的な DV 加害者よりも，能動的な DV 加害者のサイコパス傾向が強いことが確認されている（Stanford et al., 2008）。女性においてはこのような関連は示されておらず（Lake & Stanford, 2011），サイコパス特性と能動的攻撃との関連は，DV 加害においては男性に特徴的なようである。

［2］ DV のもたらす悪影響

　攻撃行動は，その受け手に様々な悪影響をもたらす。ここでは，DV に焦点化して，DV が被害者や周囲の関係者に与える影響を整理する。

　1）被害者への影響　　DV の被害者は，怪我や慢性的な痛みといった身体的な症状や，不安や自殺念慮，さらにはうつ病や「心的外傷後ストレス障害（Post-Traumatic Stress Disorder: PTSD）」といった精神的な問題を呈しやすい（Chmielowska & Fuhr, 2017）。ここで重要なことは，身体的な DV 被害はもちろん，精神的な DV 被害の経験（例えば，理不尽に叱責されたり侮辱されたりする）も，被害者にダメージを与えるということである。例えば，アリアガとシュカリャンツ（Arriaga & Schkeryantz, 2015）の研究では，精神的な被害の程度は，身体的な被害の程度や，関係がどの程度うまくいっているのかとは独立して，受け手の個人的な苦痛を強化することが確認されている。その理由として，被害者も含めた関係の当事者は，全般に，親密な関係に対して安心感を与えてくれることやサポーティブであることを期待しやすいため，それに反する精神的な DV 被害がかえって大きな影響をもつという。厄介なことに，被害者自身は，精神的な被害を受けて個人的苦痛が高まっていたにもかかわらず，それを大した問題だとは考えない。アリアガとシュカランツ（2015）の分析結果では，特に関係に強くのめりこんでいた（「関係コミットメント（relationship commitment）」の高い）人ほど，精神的な被害を生じさせている加害者との関係を「ストレス源」だとは報告しなかった。他方，関係にあまりのめりこんでいなかった（関係コミットメントの低い）人では，このようなバイアスは見ら

れず，精神的な被害を受けているほどその関係を「ストレス源」と報告していた。したがって，関係の継続に強く動機づけられている被害者ほど，DV が生じていてもそれを有害なものとは考えない無害幻想を示すと言える（相馬，2019）。

2）学習性無力感とそれに関連する暴力の反復スケジュール　他に被害者に生じる悪影響として，「学習性無力感（learned helplessness）」もしばしば指摘される（Walker, 1977）。これは，どのような対処をとっても断続的に繰り返し暴力をふるわれることで，被害者が「自分にはどうしようもない」というあきらめを学習し，次第に何の抵抗も示さなくなる状態を指す。このようなあきらめの状態に陥ってしまった被害者は，どれだけ暴力をふるわれても，相手を避けたり関係から離れたりしようともしなくなる。第三者から見ると，DV 被害者が自らの意思で関係に留まっていると判断しがちであるが，断続的な暴力被害の結果，被害者が学習性無力感に陥っていることもあるのである。

　このような被害者の学習性無力感の生じやすさは，暴力がどのようなタイミングで繰り返されるのかによって異なる。既に身体的な DV 被害を受けている女性を対象とする研究では（Katerndahl et al., 2014），初期調査から 12 週間にわたって，毎日暴力の程度を電話調査し，同時に信念や対処の変化が調べられた。その結果，暴力被害が生じる周期の規則性によって，女性の信念や対処が異なっていたことが報告されている。具体的には，規則的な周期で暴力被害を受けていた女性ほど，事態の深刻性を認識し，積極的に対処しようとし周囲の他者からのサポートやメンタルヘルス機関によるケアを求めていた。他方，ランダムな周期で暴力被害を受けていた女性は，暴力を予測不可能でコントロールできないものと考え，積極的に対処しようとはせず，メンタルヘルス機関によるケアも求めていなかった。いつ暴力がふるわれるかが予測しづらい中でDV 被害を受けることは，被害者に学習性無力感を形成させやすいと言える。

3）関係者への影響　ここまでは，DV 被害が被害者に生じる影響を見てきたが，DV は周囲の関係者にもダメージを与えることも知られている。その一つとして，両親の間での DV を目撃した子どもへの悪影響がある。ウッドと

ソマーズ（Wood & Sommers, 2011）のレビュー論文では，両親の DV を目撃
した子どもが，同時に両親からの虐待を受けているほど，思春期に不安や抑う
つなどの内在的な問題を生じさせやすくなったり，非行や暴力加害といった外
在的な問題を生じさせやすくなったりすることが分かっている。後者の外在的
問題としての暴力加害は，特に他者から拒絶された場面で激しくなりやすく，
幼少期の DV の目撃と被虐待経験が，他者からの受容への敏感さを高めてしま
う可能性が示唆される。他に，DV の目撃がその後の飲酒，喫煙，薬物使用，
危険な性行動への従事を促すことも示されている。

［3］非を伝えるコミュニケーションの効能

　ここまでは，攻撃行動としての DV 加害を題材に，その生起メカニズムやそ
れがもたらす悪影響について論じてきた。本項では，攻撃行動の定義を再検討
した上で，相手に非を伝えるコミュニケーションのもつ効能について議論する。
　一般に，攻撃行動とは「他者に対して苦痛や危害を与えることを意図して行
われる行動」と定義される（大渕，1993：p. 6）。DV 加害も，被害者への苦痛
や危害の付与を，加害者が多少なりとも意識している点で攻撃行動だと言える。
この狭義の定義に対し，テダスキーとフェルソン（Tedeschi & Felson, 1994）
は，「強制行為（coercive action）」についての社会的相互作用理論の中で，攻
撃とは「応諾（compliance）」を得るために他者に強いる行為（強制）であると
広く捉えて，その理解には動機づけ（社会的影響，公正，社会的アイデンティ
ティの維持や獲得）の把握が重要であると指摘している（大渕，2011）。この考
えに基づけば，自分に対して不公正な言動（例えば理不尽な要求）を行った恋
人や配偶者に対して，同様の行為を繰り返させないための主張や批判は，公正
さを守るための攻撃と言えるかもしれない。また，組織に所属する構成員が組
織目標の達成のために他の構成員に変化を促すような行為，例えば働きぶりの
悪い部下を上司が叱ったり，自組織の仕事のやり方のまずい点や誤りを他の構
成員の前で指摘したりする行為も，組織アイデンティティを守るための攻撃と
言えるかもしれない。
　このように「攻撃」というラベルを広く様々な行為に適用することについて
は異論もあるだろう。しかし，不快を伴うコミュニケーションを強制行為とい

う側面から捉えるならば，その社会的機能が浮かび上がるのは確かである。つまり，攻撃行動もしくは強制行為と言うべきコミュニケーションには，行為者個人や，行為者の所属する関係や組織を望ましい方向へと，受け手を変化させる可能性があるのである。

　この可能性を論じるため，本節では，はじめに，親密な関係における DV の抑制に果たす主張行動の効果，次に働きぶりの悪い部下に対する上司からの罰行動の効果，最後に組織の誤りや改善案を提起する「発言（voice）」（Morrison, 2011）の効果について説明し，それらの行動が効果を発揮するための条件について考える。

　1）主張行動による DV エスカレートの防止　　ここでは，はじめに DV が関係内での暴力のエスカレートの産物であることを確認する。その上で，DV の常態化していない段階では，被害者となりうる側が主張的な行動をとることで DV のエスカレートが防止しやすくなるプロセスについて説明する。

　親密な関係においては，交際当初から激しい暴力がふるわれることは少ない。関係の推移を捉えたいくつかのデータによると，当初は暴力が生じていなくても，関係の進展とともに，精神的な暴力が生じやすくなり，その後身体的暴力が生じやすくなることが示されている。例えば，サリスら（Salis et al., 2014）は，子どものいるカップルを対象に1年の間隔をおいたパネル調査データを分析し，精神的な暴力の生起や激化の後に身体的な暴力の生起・激化が生じやすいことを検証している。関係が進展し相互作用の機会が増すほど喧嘩や対立が生じやすくなり，そこから精神的暴力が生じやすくなり，さらに身体的暴力が生じる可能性が高まると言える（図2-2）。このことを間接的に裏付けるように，内閣府の行った大規模な調査でも，未婚カップルが同棲することで DV 被害が増加することが確認されている（内閣府男女共同参画局，2021）。

　ただし，どのような夫婦・恋人関係でも DV がエスカレートするわけではない。エスカレートの初期，すなわち暴力が深刻化したり常態化したりする以前の相互作用において，被害者となりうる側が主張的な行動をとることで，その後の理不尽な行為の反復や，精神的な暴力へのエスカレートを食い止めることが可能である。

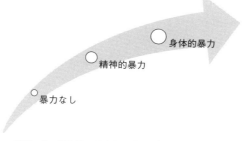

図2-2　DVのエスカレート・プロセス・モデル

　このことを示唆する研究として，オーバーロールら（Overall et al., 2009）は，既婚者を含む61組のカップル（分析対象は47カップル）に対して，互いの行動改善を目的とする議論を行ってもらい，その後本当に行動が改善されるかどうかを調べている。議論時の様子は第三者にコーディングされ，どのようなコミュニケーションのパターンがその後約1年にわたる相手の行動の変化に影響し，関係をどのように変化させるのかが，4回にわたって断続的に調査された。その結果，最初の議論の中で，明確に相手に行動改善を求めていれば，それが相手に改善を強く要求するものだったり強制したりするものだったりしても，要求を受けた相手が柔軟に対応することで相手の行動は改善されていった。このことから，DVには至っていない相互作用の中で，相手から理不尽な行為を受けたとしても，自身の正当性を相手に主張したり相手の非を指摘したりできれば，同様の行為の繰り返しやエスカレートを防げる可能性があると言える。なお，上記の行動改善はあくまでも，相手が改善の必要性を自覚し柔軟に対応した場合に見られたものであり，このことの含意については本章の最後で改めて議論する。

　上記の知見はカップル内での相互作用における行動改善の可能性を示すものであったが，DVのエスカレートそのものを検討したわけではなかった。これに対して，日本人カップルを対象とする調査では，カップルの一方の主張的な行為によって，相手による後のDV加害が抑制されることが示されている。相馬・浦（2010）は，夫婦を主対象として，約半年の間隔をおいたパネル調査を行った。調査対象者は，「日常の相互作用において相手からの理不尽な言動に

対して批判したり主張したりするかどうか（非協調的志向性）」，ならびに「相手の協力的な言動に対して賞賛したり関心を示したりするかどうか（協調的志向性）」それぞれについて回答した。また，それらとは別に，相手から受ける精神的な暴力被害の程度についても回答した。分析の結果，調査初期の段階で，非協調的な志向性と協調的な志向性それぞれが高いほど，独立して半年後に受ける暴力被害の程度が低下していた。非協調的な志向性についての結果に着目すれば，相手の理不尽な言動に対して，批判や主張することは，相手による同様の言動の反復を防ぎ，暴力をエスカレートさせないと言える。

　このように，どれだけ親密な相手であっても，相手の望ましくない言動を放置せずに，その不当性を主張して相手の非を伝えることは，少なくとも精神的な暴力の生起・反復を抑制し，DV のエスカレートを防ぐのに有効であると言える。逆に言えば，相手の非を主張しない，すなわち寛容な態度をとることは，相手の行動を改善させる機会を損ね，相手から受ける攻撃リスクを高めうる。以下では，この点を実証した研究を紹介する。

　親密な相手も含めて，他者との間で対立や葛藤が生じた場合，自身の立場を主張するばかりではなく，「寛容な態度を示すこと（forgiveness）」で関係の修復を図ろうとすることがある。しかし，このような寛容な態度が，時に相手の理不尽な振る舞いを継続させてしまうことがある。マックナルティとラッセル（McNulty & Russell, 2016）は，新婚カップルを4年間で合計4回にわたり追跡調査したところ（研究3），調査開始時点で一方が寛容な態度を示す場合，相手が調和的な性格であればその後4年の間の言語的な攻撃は抑制されるが，調和的な性格でなければ逆に言語的な攻撃が増加することが示された。そして，調和的な性格ではない相手に対しては，寛容な態度ではなく，むしろ怒りを示すことで翌日の侵害行為が改善されることが，新婚カップルを対象とする日記式調査（研究4）によっても明らかにされている。つまり，寛容な態度は，相手の性格によっては，相手からの理不尽な行為を反復させたりエスカレートさせたりすることがあることが示されたのである。

　以上，親密な関係においては，普段の相互作用の中で，相手の理不尽な言動に対して批判や主張をとることが DV のエスカレートを防ぐ上で有効だと言える。したがって，関係の当事者は，協力的で宥和的な態度をとるばかりではな

く，時には自分の立場を主張したり相手の非を指摘したりするといった行動を
とることで，安全な関係を形成することができると言える。ただし，第三者が
思うよりも，当事者がこのような主張行動をとるのは容易ではない。関係の当
事者には，関係の維持への動機が強く働き，その結果として，相手の「理不尽
さ」に気づきにくくなるからである（詳しくは相馬，2019 を参照）。

2）上司からの罰による部下の行動改善　　上司は，しばしば部下を叱る。
部下のとった行為における手抜きや間違いを指摘することで，同様の行為の反
復を防ぎ，部下のパフォーマンスを維持・向上させようとする。だが，そのよ
うな上司による部下への罰行動が，実際に部下のパフォーマンスを改善させる
とは限らない。ポザコフら（Podsakoff et al., 2006）は，上司の部下に対する賞
行動（ほめる）や罰行動（叱る）と，部下の向組織的な態度（組織のために尽
くそうとする言動）やパフォーマンスとの関連を検討した 78 の実証研究に対
してメタ分析（第 2 章第 2 節，pp. 86-87 参照）を行い，上司の行動と部下のパ
フォーマンスとの間に一体どのような関連があるのかを検証している。その結
果，部下の働きぶりに応じた賞行動は部下のパフォーマンスと正の関連をもつ
一方，部下の働きぶりに対応していない罰行動（例えば，理由もなく叱る）は
パフォーマンスと負の関連をもつことが示された。これらの結果は，予測通り
のものであった。一方，予測に反して，部下の働きぶりに応じた罰行動と部下
個人のパフォーマンスとの間に明確な関連は認められなかった。つまり，正当
な理由のある罰行動であっても，それによって部下のパフォーマンスが必ずし
も改善されるとは限らないことが示されたのである。
　一般に，組織構成員の多くは，程度に差はあれ，組織目標を達成しようとす
る動機をもつ（池田・森永，2017）。そのため，上司からの罰をきっかけに組織
目標の達成に向け自身の行動を改善させられるなら，部下のパフォーマンスは
向上するはずである。それにもかかわらず，上司からの罰は，部下のパフォー
マンスを高めるわけではなかった。
　このような結果が示された理由として，デンとリャン（Deng & Leung,
2014）は，上司に叱られた部下の中に相反する 2 つの心理プロセスが生じる可
能性を提案している（図 2-3）。それによると，働きぶりに応じた罰行動を受

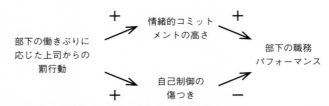

図2-3　上司から罰を受けた部下に生じる二つの心理（Deng & Leung, 2014 に基づき作成）

けた部下は，一方で，部下の働きぶりをよく見ている上司に公正さを認識し，そのような公正な上司のいる組織に対する情緒的コミットメント（愛着や一体化）を高め，その結果としてパフォーマンスを向上させる。他方，罰行動を受けた部下は，罰を受けることになった原因を自分自身の言動に向けて，業務遂行に向けて自己制御する余裕を失い，結果としてパフォーマンスが低下する。

　彼女らは，実際に，中国の企業に勤務する上司と部下を対象とする調査研究を行い，この2つの独立した正負の心理プロセスの存在を検証している。そこでは，部下の受けた罰行動の程度は，情緒的コミットメントや自己制御を通じて上司の評定する部下のパフォーマンスに影響する可能性が示されている。彼女らは，罰行動が情緒的コミットメントを介してパフォーマンスに正の影響をもつプロセス（図2-3の上側の影響プロセス）が，部下の上司に対する公正さの知覚によって調整される（左右される）ことも明らかにしている。つまり，罰を与えた上司を部下が公正だと知覚した場合に，罰行動を受けることがより高い情緒的コミットメント，ひいては高パフォーマンスにつながることを示した。また，罰行動が自己制御の傷つきを介してパフォーマンスに負の影響をもつプロセス（図2-3の下側の影響プロセス）は，部下の自己評価によって調整されることも明らかにしている。つまり，より傷つきやすい自己評価の低い人ほど，罰行動を受けることでより自己制御が傷つきやすく，その結果としてパフォーマンスが低下することを示した。

　以上のように，正当な理由をもつ上司から部下への罰行動は，部下の側がその上司に公正さを感じれば，また，部下が自己制御のための余裕を損ねたりしなければ，その後のパフォーマンスの向上に有用であると言える。

3）従業員の発言から始まる組織の変革，機能の向上　　これまで親密な相手との関係や上司と部下との関係におけるコミュニケーションについて議論を進めてきたが，ここでは組織構成員が組織内でとるコミュニケーションに焦点を当てる。

　多くの組織は，様々な「イノベーション（innovation）」を生じさせながら，最終的な目標を達成しようとする。製品や技術といった業務プロセスのイノベーションもあれば，自組織の経営慣行や構造といったマネージメント（組織管理）のイノベーションもある（Birkinshaw et al., 2008）。このようなイノベーションは，組織の構成員の「発言（voice）」をきっかけとして生じることがある。発言とは，「組織や部署の機能を向上させることを意図して，職務に関連した問題についてのアイディア，提案，懸念，意見を自発的に伝えること」（Morrison, 2011: p. 375）と定義される。チームレベルで見た場合に，その構成員が頻繁に発言行動をとることは，より高いレベルのタスクパフォーマンスと関連することが，いくつかの研究で確認されている（Frazier & Bowler, 2015; Lanaj et al., 2013）。

　この発言行動は，その志向性によって，「促進的発言（promotive voice）」と「抑制的発言（prohibitive voice）」の2つのタイプに分けられる（Liang et al., 2012）。前者は，職場組織や部署全体としての機能を改善させるための新たなアイディアや提案の表明であり，理想となる将来に近づくための発言である。それに対して，後者は，組織にとって有害でダメージを与える実践や出来事，従業員の行動についての懸念の表明であり，現状の問題を指摘する発言である。

　リャンら（Liang et al., 2019）は，チームメンバーの多くが促進的，抑制的それぞれの発言行動をとることが，チームのイノベーションに及ぼす効果について，中国の製薬会社の研究開発プロジェクトチームを対象に検証している。その結果，メンバーの多くが促進的発言行動をとるほど，チーム内での知識の利用が促され，イノベーションが生じやすいことが示された。加えて，その影響プロセスは，アイディアを実行に移す段階よりも，その手前の，アイディア生成段階にあるチームにおいて顕著に見られた。また，これらの影響とは別に，抑制的な発言はチーム内での「内省（reflection）」を促し，それによってイノベーションが促されていた。この内省を促す結果は，特にチーム全体で抑制的

な発言があまり行われていない場合，すなわち構成員の大半が発言行動をとらない中で，一部のメンバーだけが行動をとる場合に見られた。言い換えれば，チームレベルでの抑制的発言の得点が高い，すなわち構成員の多くが抑制的な発言行動をとるような場合には，発言を行うことでチーム全体の内省がさらに促されることもなければ，それによってイノベーションが一層促されたりすることも見られなかった。

　これらの発言行動は，イノベーション以外の組織機能の向上にも有効である。リーら（Li et al., 2017）の研究では，促進的発言行動はチームのイノベーションを通じて，チームの生産性を高める一方，抑制的発言行動はチーム内のモニタリングを促して，チームの安全性を高めることを示している。後者の抑制的発言行動の効果は，元の安全性が低い場合に顕著であった。この結果から，あまり安全な風土が形成されていないチームや組織において，組織の問題を指摘する抑制的発言はより効果を発揮しやすいと言える。

　上記のように，促進的な発言と抑制的な発言は，それぞれが組織の機能維持や向上に必要だと言える。これらの発言行動のうち，抑制的な発言は，組織の現状や将来に対してネガティブな要因を指摘するという点で，これまでに論じてきた非を伝えるコミュニケーションの一形態だと言えるだろう。したがって，組織にイノベーションや安全性をもたらすという点でも，非を伝えるコミュニケーションは必要だと言える。

　なお，発言行動が組織機能の維持や向上に寄与するためには，発言内容がチーム内の他のメンバーに受け入れられることが条件である点には注意が必要である。なぜなら，発言にはそれによって他のメンバーからうるさがられたり，批判されたりするリスクがあるからである。あるメンバーが発言行動をとったとしても，それが他のメンバーによって批判されたり無視されたりすることはない，と信じられることが発言行動をとる前提となるのである。このように「この組織なら対人的にリスクのあることをしても安全だ」とメンバーが信じられる状態をエドモンドソン（Edmondson, 1999）は「心理的安全性（psychological safety）」と定義している。そして，リャンら（Liang et al., 2012）は，心理的安全性を知覚できることが従業員の，特に抑制的な発言行動を促すことを明らかにしている。また，その後のチェンバリンら（Chamberlin et al., 2017）によ

るメタ分析では，心理的安全性は抑制的な発言行動のとりやすさはもちろん，
それ以上に促進的発言行動のとりやすさと強く相関することも確認されている。
周囲のメンバーからの批判や無視されるリスクのある発言行動を従業員がとる
には，この組織・チームなら発言が受け入れられるという期待が必要なのであ
る。日本においても，発言行動と類似した「率先的な変革行動（taking charge）」
が，チーム内で拒絶されにくい状況で促進されることが示されている（大上・
相馬，2016）。

4）非を伝えるコミュニケーションが効果をもつための条件　これまで，
非を伝えるコミュニケーションが，行為者自身やその関係や組織にとってポジ
ティブな効果をもちうることを説明してきた。親密な関係では，相手からの理
不尽な振る舞いに対して批判したり主張したりすることが，相手からの同様の
行為の反復やエスカレートを防ぎ，結果として DV 被害を抑制すると説明した。
また，正当な理由をもつ上司から部下への罰行動は，部下の側がその上司に公
正さを感じれば，また，自己制御のための余裕を損ねなければ，その後のパ
フォーマンスの向上に有用であると述べた。さらに，組織の業務のあり方をめ
ぐって問題だと感じたことを，上司や同僚の前で指摘することは，組織全体の
内省やモニタリングを通じて，組織のイノベーションや安全性の向上につなが
ることを示した。

　これらの知見は，他者に非を伝えるコミュニケーションの有用性を物語って
いると言える。本節の冒頭で説明した，攻撃行動を，応諾を得るために他者に
何かを強いる行為と広く捉えるならば，社会的相互作用理論（Tedeschi &
Felson, 1994）が強調するように，確かにそこには何らかの社会的機能がある
と言えよう。ただし，これらの社会的機能は，いくつかの制約の下で見られる
ものである。

　第一の制約は，非を伝える相手に，変化のための資源（可能性）が残されて
いることである。親密な関係において主張的な行動，もしくは非寛容で怒りを
示すことが相手の行動改善に有効であったのは，相手が柔軟に対応できた場合
であった（Overall et al., 2009）。また，上司による部下への罰行動が，部下の
パフォーマンスの向上に寄与するのは，部下が上司の公正さを疑わずにいて，

また元の自己評価が低くない場合であった。これらのことから，非を伝えるコミュニケーションが効能としての変化を生じさせるには，伝えられた側に変化や改善のための資源（対処の柔軟性，公正さの知覚，自己評価）のあることが条件になると言える。

第二の制約は，非を伝えるコミュニケーションの始動に関わる，行為者の期待である。組織の構成員による抑制的発言行動には，職場の中の心理的安全性の知覚が関わっていた。職場のあり方を疑問視したり改善案を提案したりしたとしても，それが他のメンバーによって受け入れられる組織だと期待できるからこそ，すなわち心理的安全性を知覚できる組織だからこそ，発言行動は生起していた。受け手の変化や改善の可能性への期待が，非を伝えるコミュニケーションの始動には重要だと言える。

非を伝えるコミュニケーションは，このような変化への期待や資源を併せもつことで社会的機能を発揮すると言える。

■ 引用文献

Arriaga, X. B., & Schkeryantz, E. L. (2015). Intimate relationships and personal distress: The invisible harm of psychological aggression. *Personality & Social Psychology Bulletin, 41*, 1332-1344.

Berkowitz, L. (1990). On the formation and regulation of anger and aggression. A cognitive-neoassociationistic analysis. *The American Psychologist, 45*, 494-503.

Birkinshaw, J., Hamel, G., & Mol, M. J. (2008). Management innovation. *Academy of Management Review, 33*, 825-845.

Bushman, B. J. (1996). Individual differences in the extent and development of aggressive cognitive-associative networks. *Personality and Social Psychology Bulletin, 22*, 811-819.

Chamberlin, M., Newton, D. W., & Lepine, J. A. (2017). A meta-analysis of voice and its promotive and prohibitive forms: Identification of key associations, distinctions, and future research directions. *Personnel Psychology, 70*, 11-71.

Chmielowska, M., & Fuhr, D. C. (2017). Intimate partner violence and mental ill health among global populations of Indigenous women: A systematic review. *Social Psychiatry and Psychiatric Epidemiology, 52*, 689-704.

Deng, H., & Leung, K. (2014). Contingent punishment as a double-edged sword: A dual-pathway model from a sense-making perspective. *Personnel Psychology, 67*, 951-980.

DeWall, C. N., Baumeister, R. F., Stillman, T. F., & Gailliot, M. T. (2007). Violence restrained: Effects of self-regulation and its depletion on aggression. *Journal of Experimental Social Psychology, 43*, 62-76.

Dodge, K. A., & Coie, J. D. (1987). Social-information-processing factors in reactive and proactive aggression in children's peer groups. *Journal of Personality and Social Psychology, 53*, 1146-1158.

Edmondson, A. (1999). Psychological safety and learning behavior in work teams. *Administrative Science Quarterly, 44*, 350-383.

Finkel, E. J. (2014). The I³ model: Metatheory, theory, and evidence. In J. M. Olson & M. P. Zanna (Eds.), *Advances in experimental social psychology* (Vol. 49, pp. 1-104). San Diego, CA: Elsevier Academic Press.

Finkel, E. J., Campbell, W. K., Brunell, A. B., Dalton, A. N., Scarbeck, S. J., & Chartrand, T. L. (2006). High-maintenance interaction: Inefficient social coordination impairs self-regulation. *Journal of Personality and Social Psychology, 91,* 456-475.

Finkel, E. J., DeWall, C. N., Slotter, E. B., McNulty, J. K., Pond, R. S., & Atkins, D. C. (2012). Using I^3 theory to clarify when dispositional aggressiveness predicts intimate partner violence perpetration. *Journal of Personality and Social Psychology. 102,* 533-549.

Frazier, M. L., & Bowler, W. M. (2015). Voice climate, supervisor undermining, and work outcomes: A group-level examination. *Journal of Management, 41,* 841-863.

Giancola, P. R. (2002). The influence of trait anger on the alcohol-aggression relation in men and women. *Alcoholism, Clinical and Experimental Research, 26,* 1350-1358.

池田　浩・森永雄太（2017）．我が国における多側面ワークモチベーション尺度の開発　産業・組織心理学研究，*30,* 171-186.

Katerndahl, D., Burge, S., Ferrer, R., Becho, J., & Wood, R. (2014). Do violence dynamics matter? *Journal of Evaluation in Clinical Practice, 20,* 719-727.

Lake, S. L., & Stanford, M. S. (2011). Comparison of impulsive and premeditated female perpetrators of intimate partner violence. *Partner Abuse, 2,* 284-299.

Lanaj, K., Hollenbeck, J. R., Ilgen, D. R., Barnes, C. M., & Harmon, S. J. (2013). The double-edged sword of decentralized planning in multiteam systems. *Academy of Management Journal, 56,* 735-757.

Li, A. N., Liao, H., Tangirala, S., & Firth, B. M. (2017). The content of the message matters: The differential effects of promotive and prohibitive team voice on team productivity and safety performance gains. *Journal of Applied Psychology, 102,* 1259-1270.

Liang, J., Farh, C. I., & Farh, J.-L. (2012). Psychological antecedents of promotive and prohibitive voice: A two-wave examination. *Academy of Management Journal, 55,* 71-92.

Liang, J., Shu, R., & Farh, C. I. C. (2019). Differential implications of team member promotive and prohibitive voice on innovation performance in research and development project teams: A dialectic perspective. *Journal of Organizational Behavior, 40,* 91-104.

McNulty, J. K., & Russell, V. M. (2016). Forgive and forget, or forgive and regret? Whether forgiveness leads to less or more offending depends on offender agreeableness. *Personality and social psychology bulletin, 42,* 616-631.

Morrison, E. W. (2011). Employee voice behavior: Integration and directions for future research. *The Academy of Management Annals, 5,* 373-412.

内閣府男女共同参画局（2021）．男女間における暴力に関する調査　令和2年度調査報告書

大渕憲一（2011）．新版　人を傷つける心―攻撃性の社会心理学―　サイエンス社

大渕憲一（1993）．人を傷つける心―攻撃性の社会心理学―　サイエンス社

大上麻海・相馬敏彦（2016）．回避志向性が従業員のテイキング・チャージに及ぼす影響：チーム報酬体制による調整効果の検討　産業・組織心理学研究，*29,* 129-138.

Overall, N. C., Fletcher, G. J. O., Simpson, J. A., & Sibley, C. G. (2009). Regulating partners in intimate relationships: The costs and benefits of different communication strategies. *Journal of Personality and Social Psychology, 96,* 620-639.

Podsakoff, P. M., Bommer, W. H., Podsakoff, N. P., & MacKenzie, S. B. (2006). Relationships between leader reward and punishment behavior and subordinate attitudes, perceptions, and behaviors: A meta-analytic review of existing and new research. *Organizational Behavior and Human Decision Processes, 99,* 113-142.

Robertson, E. L., Walker, T. M., & Frick, P. J. (2020). Intimate partner violence perpetration and psychopathy: A comprehensive review. *European Psychologist, 25,* 134-145.

Salis, K. L., Salwen, J., & O'Leary, K. D. (2014). The predictive utility of psychological aggression for intimate partner violence. *Partner Abuse, 5,* 83-97.

相馬敏彦・浦　光博（2010）．「かけがえのなさ」に潜む陥穽：協調的志向性と非協調的志向性を通じた二つの影響プロセス　社会心理学研究，*26,* 131-140.

相馬敏彦（2019）．DVの被害化に影響する親密関係でのバイアスのはたらき　被害者学研究，*29,* 130-138.

相馬敏彦・西村太志・高垣小夏 (2017). 攻撃的な人が不味い飲みものを与えるとき―挑発的な行為と制御資源による影響 パーソナリティ研究, *26*, 23-37.

Stanford, M. S., Houston, R. J., & Baldridge, R. M. (2008). Comparison of impulsive and premeditated perpetrators of intimate partner violence. *Behavioral Sciences and the Law, 26*, 709-722.

Strack, F., & Deutsch, R. (2004). Reflective and impulsive determinants of social behavior. *Personality and Social Psychology Review: An Official Journal of the Society for Personality and Social Psychology, Inc, 8*, 220-247.

Tedeschi, J. T., & Felson, R. B. (1994). Coercive actions and aggression. In *Violence, aggression, and coercive actions* (pp. 159-176). Washington, DC: American Psychological Association.

Walker, L. E. (1977). Battered women and learned helplessness. *Victimology, 2*, 525-534.

Wood, S. L., & Sommers, M. S. (2011). Consequences of intimate partner violence on child witnesses: A systematic review of the literature. *Journal of Child and Adolescent Psychiatric Nursing, 24*, 223-236.

4 欺瞞のコミュニケーション

太幡直也

「『背中に星の印がついた羊のことも探してるんだ』と僕は言った。『見たこともないよ』と羊男[1]は言った。しかし羊男が鼠と羊について何かを知っていることは明らかだった。彼は無関心さを意識しすぎていた。答え方のタイミングが早すぎたし，口調も不自然だった」（村上，1982, p. 339）

　小説，映画，テレビドラマでは，上の例のように，他者に何かを隠すために，他者をだまそうとしたりする場面や，他者が嘘をついていると感じる場面がしばしば描かれる。これは，何かを隠すために，他者を「あざむく」，「だます」という行為が日常の対人コミュニケーションでしばしば見られるからに他ならない。「隠す」ことは社会生活において不可欠な行為である（cf., 太幡ら，2021）ことを踏まえると，他者から何かを隠したいという心の働きによって生じる行為に着目することは，対人コミュニケーションの特徴を理解する上で重要であると考えられる。

　本節では，他者を「あざむく」，「だます」など，他者から何かを隠したいという心の働きに基づいたコミュニケーションを「欺瞞のコミュニケーション（deceptive communication）」とし，そうした欺瞞のコミュニケーションについて概観する。本節では，欺瞞のコミュニケーションを行う側を「送り手」，送り手を観察する側を「受け手」とし，欺瞞に関する概念の位置づけを整理する。続いて，送り手，受け手から見た，欺瞞のコミュニケーションに関するトピックを紹介する。

---

1) 「羊男」とは，羊と人間の外見の要素をもっている登場人物である。この作品では，広告代理店に勤める「僕（主人公）」は，「鼠」という人物から送られた写真に写っている星形の模様が背中についた羊を探し求めて旅をしており，その途中で「羊男」に出会う。

[1] 欺瞞に関する概念の位置づけ

「欺瞞（deception）」は，心理学においては，日常生活で「あざむく」，「だます」と呼ばれる行為をまとめた用語として用いられる。多くの研究者は，「送り手が伝えている情報が誤っている」という虚偽性，「送り手が誤った情報を意図的に伝えている」という意図性に着目し，送り手の視点から欺瞞を定義している。例として代表的な定義を挙げると，ザッカーマン（Zuckerman, M.）らは，「欺瞞者が誤っていると考えている信念や理解を，他者に生み出そうと意図された行為」としている（Zuckerman et al., 1981: p. 3）。また，ヴレイ（Vrij, A.）は，「伝達者が虚偽であるとみなす信念を事前予告なしで他者に形成しようとする，成功する可能性も失敗する可能性もある意図的試み」（Vrij, 2008 太幡ら監訳 2016：p. 20）としている。送り手の視点から欺瞞を定義しているので，送り手が伝えた情報が結果的に誤っていたとしても，送り手が「自分が伝えた情報は正しい」と思っていたならば，欺瞞にはならない（意図に関しては序章も参照）。

　欺瞞の方法として，意図的に誤ったことを言う，すなわち嘘をつくことが挙げられる。「嘘（lie）」は，国語辞典，心理学関係の専門的辞典の定義を踏まえると，他者を意図的にだますための，真実ではない言葉と定義できる（村井・島田，2013）。「嘘をつく（吐く）（lying）」とは，そのような言葉を口に出すことである。本節の冒頭の例では，背中に星の印がついた羊を探している「僕」に，「見たこともないよ」と言った「羊男」は，本当はその羊を見たことがあるのにもかかわらず，「羊男は羊を見たこともない」という誤った情報を意図的に「僕」に伝えていたのであれば，嘘をついたことになる。

　しかし，嘘をつく以外にも，欺瞞の方法はある。例えば，サッカーの試合中，激しくタックルされた選手が本当は痛くないのに痛がる演技をするといったように，言葉を使わずに誤った情報を意図的に他者に伝えようとする方法である。誤った情報を他者に伝えようとする方法を，ここでは「偽装」とする。嘘をつくことは，誤った情報を伝えるために言葉を用いる方法なので，偽装の一形態である。なお，海外の文献では，「lying」と「deception」を互換性のある語とみなし，言葉を用いない欺瞞に「lying」という語を用いている場合もある（cf., Vrij, 2008）。しかし，日本語としては，国語辞典，心理学関係の専門的辞典の

定義を踏まえると，嘘は言葉に限定し，言葉を用いない偽装は嘘とは区別すべきだろう（村井・島田，2013）。

　また，その他の欺瞞の方法として，情報を意図的に他者に伝えないようにする方法も挙げられる。具体的には，言わない，知らないふりをするといったように，情報を隠して他者に伝えない方法や，無関係の情報を追加して話題の焦点をぼかすといったように，情報をはぐらかして他者に伝えない方法である。ここでは前者を「隠蔽」，後者を「曖昧化」とする。

　ここまでに述べた，欺瞞に関する概念の位置づけは，図2-4のように整理できる。「あざむく」，「だます」と呼ばれる行為を包含する広い概念が欺瞞で，欺瞞の方法に偽装，隠蔽，曖昧化がある。そして，偽装の一形態が嘘をつくという行為であり，嘘をつくときに発せられる言葉が嘘である。

　以上に説明した欺瞞に関連する概念は，送り手の視点から，虚偽性，意図性に着目して定義されている。しかし，本節の冒頭の「羊男の発言を疑っている僕」のように，受け手の視点から見て，送り手の発言内容が嘘っぽいと感じることもある。受け手が，「情報の送り手の発言内容が欺瞞的である」と感じることは，「欺瞞性認知（perceived deceptiveness）」と呼ばれ（村井，1999），欺瞞のコミュニケーションに関する一つの研究テーマとされている。

図2-4　欺瞞に関する概念の位置づけ

［2］送り手から見た欺瞞のコミュニケーション

1）欺瞞時の心理状態　　欺瞞時には，送り手はどのような心理状態になるだろうか。ここでは，欺瞞時の行動に影響する要因としてザッカーマンら（Zuckerman et al., 1981）が挙げた，「感情」，「覚醒」，「認知的努力」，「行動統制の試み」の4つの要因について説明する。感情，覚醒については，欺瞞を見破られる不安やだますことへの罪悪感が生じ，また生理的に覚醒した状態になるとされている。また，「だます喜び（duping delight）」という感情が生じることもある（Ekman, 1985）。例えば，相手に手の内を隠す必要があるゲームでは，だます喜びが生じやすいだろう。認知的努力については，嘘を考えることや自分の振る舞いに気を配る必要があるため，認知的負荷がかかりやすいとされている。行動統制の試みについては，欺瞞を見破られないよう，自分の振る舞いを意図的に統制しようとするとされている。嘘をついたときの心理状態に着目した研究では，真実を話したときに比べ，感情，認知的負荷，行動統制の試みが生じやすいことが報告されている（Caso et al., 2005; Vrij et al., 2010）。

　また，欺瞞時には，気づかれたくない事柄を他者に気づかれているか否かを推測すると考えられる。このような推測によって生じるのが，「懸念的被透視感（sense of unwanted transparency）」である。懸念的被透視感は，「他者と相互作用している状況において，自分で直接的に伝えていないのに，気づかれたくない事柄を相互作用している相手に気づかれているかもしれないと感じる感覚」と定義される（太幡，2017：p. 20）。懸念的被透視感を感じたとき，気づかれたくない事柄を気づかれないようにする対処反応が生じやすくなると考えられる。しかし，懸念的被透視感による反応によっては，かえって不自然な印象を与える場合もある。例えば，認知的負荷によって，懸念的被透視感が生じた際に，焦りを反映した非言語的反応が表出されやすくなり，また，的確さの低い発言がなされやすくなることで，不自然な印象を他者に与えやすくなることが示されている（太幡，2008；図2-5）。懸念的被透視感による反応によって不自然な印象を与えることで，隠したい事柄を気づかれてしまうことも考えられる。送り手からすれば，自分の推測を自らの反応によって現実のものとしてしまう，「自己成就予言（self-fulfilling prophecy）」（Merton, 1948）を生じさせていることになる。

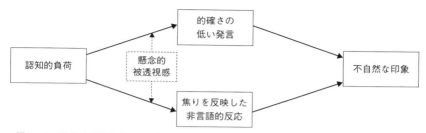

図 2-5　懸念的被透視感による自己成就予言の生起プロセスの一例（太幡，2017 をもとに作成）

2）嘘をつく回数　私たちの日常では，欺瞞はどの程度見られるのだろうか。ある調査では，日常生活の社会的相互作用のうちの約 22 〜 25％で欺瞞が見られることが報告されている（George & Robb, 2008）。

欺瞞のうち，嘘をついた回数については，1 日に嘘をついた回数が様々な方法で測定されている。日記法により，社会的相互作用の中でついた嘘を回答者に記録させた方法では，アメリカの調査における大学生は平均 1.96 回（標準偏差 1.63），一般成人は平均 0.97 回（標準偏差 0.98）であった（DePaulo et al., 1996）。また，日本の調査における男子大学生は平均 1.57 回（標準偏差 1.11），女子大学生は平均 1.96 回（標準偏差 1.77）であった（村井，2000）。嘘をついた回数を回答者に自己報告させた方法では，アメリカの調査における一般成人は平均 1.65 回（標準偏差 4.45）であった[2]（Serota et al., 2010）。また，イギリスの調査における一般成人は，「悪意のない嘘（white lie）」は平均 1.66 回（標準偏差 2.37），「大きな嘘（big lie）」は平均 0.41 回（標準偏差 1.83）であった[3]（Serota & Levine, 2015）。回答者に昨日の出来事を詳細に記述させた後に，ついた嘘の内容を記述させた方法では，日本人の大学生は平均 0.54 回（標準偏差 0.70）であった（太幡，2020）。これらの研究から，私たちが 1 日に嘘をつく回数の平均は，0.5 回から 2 回程度と推定される。

---

2)　この調査では，24 時間以内に嘘をついた回数の平均が測定されていた。

3)　嘘の分類の仕方はいくつかある。例えば，デパウロら（DePaulo et al., 1996）は，「全くの嘘（outright lie）」（真実と全く異なっている嘘），「誇張表現と過小表現（exaggeration and minimization）」（事実より大げさ，あるいは控えめに表現する嘘），「巧妙な嘘（subtle lie）」（事実の一部を隠したり，内容を曖昧にしたりする嘘）に分類している。

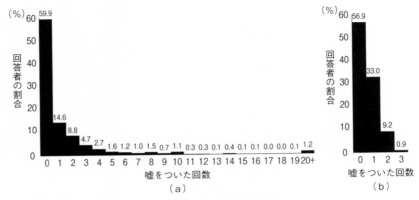

図2-6 1日に嘘をついた回数の分布

注）（a）は Serota et al.（2010）の結果（*N*=998）,（b）は太幡（2020）の結果（*N*=109）である。なお,（a）は掲載された値に基づいて筆者が改変した。（b）は元データから筆者が作成した。

　しかし, 1日に嘘をついた回数を測定した研究では, 最も多く得られた回答は「0回」であった。回答された回数の分布（図2-6）を見てみると, セロータら（Serota et al., 2010）では59.9%, 太幡（2020）では56.9%の回答者から,「0回」という回答が得られたことが読み取れる。

　多くの人が嘘をめったにつかない理由は,「自己概念維持理論（theory of self-concept maintenance）」（Mazor et al., 2008）から説明できる。この理論では, 一般的には自分が正直であることを好むため, 自分が正直であるという認識を維持できる程度にしか嘘をつかないと仮定されている。アリエリー（Ariely, 2012）は, 他者に気づかれずに不正ができる状況であっても, 多くの者はほんの少ししかごまかさないことを一連の研究で明らかにしている。

　一方で, 図2-6からは, ごく一部の回答者からたくさん嘘をついたという回答が得られたことも読み取れる。セロータら（Serota et al., 2010）は, たくさん嘘をつくごく一部の人を,「少数の大嘘つき（a few prolific liars）」と名づけた。

　それでは, どのような人が嘘を多くつくのだろうか。ここでは, 嘘のつきやすさと関連する個人的特徴のうち, パーソナリティについて紹介する。まず, 社会的に望ましくない特徴とされるダークトライアド（Dark triad）のうちの,

「マキャヴェリアニズム（Machiavellianism）」（目標達成のために他者を操ろう
とする傾向），「サイコパシー（psychopathy）」（利己的で継続的な反社会的行
動，衝動性を示す傾向）が高い人ほど，嘘をつくことに伴う罪悪感が低いため，
嘘を多くつくことが示唆されている（Daiku et al., 2021）。また，嘘をつくこと
に対する認識（嘘をつくという行為全般をどのように考えているか）の個人差
も，嘘のつきやすさと関連することが示されている。太幡（2020）は，嘘をつ
くことに対する否定的認識の低い人ほど，昨日1日についた嘘の回数を多く回
答したことを明らかにしている。

［3］受け手から見た欺瞞のコミュニケーション

　1）他者の欺瞞に気づく手がかり　　私たちは他者の欺瞞に気づいているの
だろうか。先述した日記法による調査（村井，2000）では，1日に他者が嘘を
ついたと思った回数は，日本人の男子大学生は平均 0.36 回（標準偏差 0.44），
女子大学生は平均 0.36 回（標準偏差 0.42）であった。この値は，1日に嘘をつ
いた回数の平均よりも小さいため，受け手は，送り手の欺瞞に気づくことは少
ないと考えられる。対人コミュニケーションでは，明確な根拠がない限りは伝
えられる情報を真実として受け取る，「真実バイアス（truth bias）」が存在して
いる（Vrij, 2008）ことは，送り手が欺瞞に気づくのは難しいことを暗示してい
ると言えよう。

　しかし，欺瞞性認知という概念が示すように，時には，他者が欺瞞的である
のではと怪しむことがある。これまでに，受け手に疑念を与える，送り手の行
動が示されている。日常生活で他者が隠し事をしていると思った手がかりを抽
出した研究では，話題を避ける，沈黙する，視線をそらすという行動が，手が
かりとして多く言及されたことが報告されている（Tabata, 2010）。また，欺瞞
性認知に関する研究では，会話の諸格率（Grice, 1975）（第1章第1節，p. 15）
のうちの「曖昧な表現を避けよ」という様態の格率を逸脱した曖昧な発言や，
生起頻度，立証可能度が低い事柄を言及する発言は，欺瞞性が高いと判断され
やすいことが明らかにされている（村井，1998）。さらに，受け手が送り手に対
して疑念を示していると，送り手の瞬目（緊張に関連すると想定される非言語
的行動）が増大し，結果的に受け手の欺瞞性認知が高まることも示されている

（品田，2019）。他者が何か隠していると感じる段階や，欺瞞性認知が高まる段階は，他者を疑う初期段階，いわゆる「初期疑惑（initial suspicion）」（倉澤，1995）にあたると考えられる。日常生活の対人コミュニケーションでは，初期疑惑が生じてから，その他者の欺瞞を細かく精査する段階に至るだろう。

　2）欺瞞の手がかりに関する信念　　私たちは，他者のどのような行動を欺瞞と結びつけているのだろうか。本節の冒頭の例では，「僕」は，「見たこともないよ」と言った「羊男」が嘘をついていると判断した理由として，「羊男」が「答え方のタイミングが早すぎた」，「口調も不自然だった」ことを手がかりとしていたことが描写されている。「僕」は，これらの手がかりを欺瞞と結びつけていたことになる。

　嘘をつくときなど，欺瞞時にどのような行動が特徴的に見られるかについての（素朴な）考え方は，「欺瞞の手がかりに関する信念（beliefs about cues to deception）」と呼ばれる。欺瞞の手がかりに関する信念の代表的なものとして，視線回避が挙げられる。例えば，ボンド（Bond, C. F., Jr.）を中心とした58か国の研究者による国際欺瞞研究チームの研究（The Global Deception Research Team, 2006）では，回答者に，「人が嘘をついているとわかる手がかりは何か？」という質問に自由に回答させた。その結果，視線回避が，最も多くの人（64%）に言及されており，51か国で一番多く言及されていたことが報告されている。

　視線回避以外にも，欺瞞の手がかりに関する信念は多くの人で共通している。欺瞞の手がかりに関する信念として言及されやすい行動を表2-2に示す。これらの行動の多くは緊張と関連すると想定される行動であることから，欺瞞時には緊張の兆候を示すと考えられていると言える。また，警察官や捜査官などの他者の欺瞞を見抜く「専門家」と，一般の人の信念には違いが見られないことも報告されている（Hartwig & Granhag, 2014; Vrij, 2008）。

　3）欺瞞の手がかりに関する信念と欺瞞時の実際の行動の関連　　欺瞞の手がかりに関する信念と実際の行動が一致しているならば，他者の欺瞞は高い確率で見破ることができるだろう。しかし，実際には，欺瞞を正確に見破るのは

表2-2　欺瞞の手がかりに関する信念として言及されやすい行動
(Hartwig & Granhag, 2015 に基づいて作成)

非言語的手がかり	音声的, 周辺言語的手がかり	言語的手がかり
視線回避	言いよどみ	もっともらしくない発言
落ち着きのない動き	言い間違い	一貫性のない発言
姿勢の変化	高い声	直接的ではない発言
例示動作	速い発話速度	関連のない発言
手, 指の動き		
足, 脚の動き	潜時（話し出すまでの時間）	
頭の動き	沈黙	
まばたき		

注）記載されたそれぞれの手がかりについて, 欺瞞時にはその行動が多く表出されるという信念が述べられる傾向がある。

難しいようである。例えば, ボンドとデパウロ（Bond & DePaulo, 2006）は, 虚偽判断（他者が嘘をついているか否かの判断）に関する様々な研究で得られた24,483人分のデータをメタ分析（第2章第2節, p. 87参照）し, 平均正答率は53.98％であったことを示している。偶然レベルよりもほんの少し高い確率でしか, 嘘は見抜けないことになる。また, 彼らは, 嘘の平均正答率は47.55％であったのに対し, 真実は61.34％であったことも報告している。真実を正しく真実だと判断する方が嘘を正しく嘘だと判断するよりも正答率が高いのは, 真実バイアスを反映したものであると想定されている。

　嘘を見破るのが難しい理由は, 欺瞞の手がかりに関する信念が, 欺瞞時の実際の行動とは異なっているからである（e.g., DePaulo et al., 2003）。ここでは, ヴレイ（Vrij, 2008）が多くの研究結果に基づいて整理した, 欺瞞時の実際の行動（客観的指標）と, 多くの人が抱いている欺瞞の手がかりに関する信念（主観的指標）を対比させて説明する（表2-3）。表2-3から, 取り上げられている24の手がかりの多くについて, 客観的指標と主観的指標が異なっていることが読み取れる。例えば, 欺瞞の手がかりに関する信念の代表的なものとして挙げられる視線回避については,「注視」の行を見ると, 客観的指標では欺瞞と関連していない。欺瞞時には視線を避けると一般的に信じられているものの, 実際は, 視線をそらす傾向も, 注視する傾向も見られないことになる。表2-3で主観的指標の列に「＜」か「＞」の記号がある16の手がかりのうち, 客観

表 2-3　**欺瞞の客観的，主観的指標**（Vrij, 2008 に基づいて作成）

	客観的指標（実際）[a]	主観的指標（信念）[b]
音声的手がかり		
言いよどみ	−	＞
言い間違い	−	＞
高い声	＞	＞
発話速度	−	−
潜時	＞	−
会話の間の持続時間	＞	−
会話の間の頻度	−	＞
視覚的手がかり		
注視	−	＜
笑顔	−	−
身体操作	−	＞
例示動作	＜	−
手と指の動き	＜	＞
脚と足の動き	＜	＞
胴体の動き	−	＞
頭の動き	−	−
姿勢の変化	−	＞
まばたき	−	＞
言語的手がかり		
否定的発言	＞	−
自己言及	−	＜
直接性	＜	＜
回答時間	＜	−
妥当な回答	＜	＜
一貫性	−	＜
矛盾	−	＞

a：記号の説明：
　＜真実を話す人に比べて嘘をつく人に少ない
　＞真実を話す人に比べて嘘をつく人に多い
　−欺瞞と関連していない
b：記号の説明：
　＜真実を話す人に比べて嘘をつく人に少ないと信じられている
　＞真実を話す人に比べて嘘をつく人に多いと信じられている
　−欺瞞と関連させていない

的指標も同じ記号がついている手がかりは，高い声，直接性，妥当な回答のみである。中には，手や指の動き，足や脚の動きのように，欺瞞時には増えると一般的に信じられているものの，実際には減っている手がかりすら見られる。逆に，潜時（話し出すまでの時間）や会話の間の持続時間の長さ，例示動作の少なさ，否定的発言の多さや発言の長さは，実際には虚偽判断の手がかりになりうるのに，欺瞞の手がかりに関する信念には含まれていない。これらをまとめると，欺瞞の手がかりに関する信念の多くは誤っていると結論づけられる。

　このように欺瞞の手がかりに関する信念の多くが誤っている理由の一つとして，欺瞞の手がかりに関する信念は緊張の兆候に関する行動が多いものの，欺瞞時に緊張の兆候を示すとは限らないことが挙げられる。例えば，悪意のない嘘や，だます喜びを感じる嘘をつくときには緊張しにくいだろう。また，欺瞞が見破られないよう，欺瞞時に緊張していることを示す行動を抑えようとすることも多いだろう。逆に，「疑われている」と感じることで，真実を話す送り手が緊張の兆候を示してしまうこともあるだろう。これらの結果，緊張の兆候に着目しても，他者の欺瞞を見破りにくくなってしまうのである。

　それでは，多くの人が共通して誤った信念を抱いているのに，その信念が修正されにくいのはなぜだろうか。この理由の一つとして，「確証バイアス（confirmation bias）」が挙げられる。確証バイアスとは，自分の期待に沿う情報に選択的に注意を向け，期待に沿うように情報を解釈してしまうというバイアスである（Darley & Gross, 1983）。確証バイアスの点から考えれば，例えば，「嘘つきは視線をそらす」という信念を抱いていると，他者が嘘をついているか否かを，視線をそらしたか否かのみで判断しやすいと言えよう。視線に注目していても虚偽判断の正確性を高めるわけではないものの，偶然に嘘を見破ることができることもあるため，嘘を見破った経験から，「嘘つきは視線をそらす」という信念が修正されにくいのである。加えて，日常生活では他者が嘘をついていたことにすぐに気づくことは少なく，たとえ気づく場合でも時間が経ってからであることが多い（Park et al., 2002）ため，自分の信念が誤っていることに気づく機会が少ないことも，誤った信念が修正されにくい原因の一つとなっている。

　それでは，他者の欺瞞を見破る可能性を高めるには，どのようにすればよい

だろうか。まず，欺瞞の手がかりに関する信念の多くは誤っていると考えられることを踏まえると，視線回避などの誤った手がかりに着目して虚偽判断をしないようにする必要がある。そのためには，虚偽判断を意識的に行うのではなく，直観に頼る方が効果的であると考えられる。なぜなら，実際には誤っていることが多い，欺瞞の手がかりに関する信念は，意識的な認知過程（統制処理第2章第1節, p. 68）の産物であるため（Hartwig & Granhag, 2015），虚偽判断を意識的に行うときに用いられやすくなると想定されるからである。虚偽判断の正確性は，自動処理に基づいて直観的に判断した方が熟慮して判断するよりも高いことが報告されている（Albrechtsen et al., 2009）。

　加えて，言語的行動に着目して虚偽判断をすることも，他者の欺瞞を見破る可能性を高める一助となるだろう。表2-3では言語的手がかりは客観的指標になっているものがやや多いことから示唆されるように，言語的行動は非言語的行動に比べて虚偽判断に有効な指標とされている（e.g., Vrij et al., 2019）。取調べでは，対象者の虚偽判断のために，対象者に話をさせ，言語的手がかりを表出させることを試みる面接技法が開発されている（e.g., Vrij et al., 2021）。

　さて，本節の冒頭の例で，「羊男」が嘘をついていると判断した「僕」の判断は正しかったのだろうか。「口調も不自然だった」ことを理由の一つに挙げている「僕」は，漠然とした印象から直観的に判断したようである。さらに，口調に関係すると思われる「高い声」は，表2-3では，欺瞞時に実際に多く見られる行動とされている。実際に「僕」の判断が正しかったのか否かは，村上（1982）を読んで確認してほしい。

［4］おわりに

　本節では，「何かを隠したい」という心の働きに基づいた欺瞞のコミュニケーションについて，欺瞞に関する概念の位置づけを整理した上で，欺瞞のコミュニケーションに関するトピックを紹介した。欺瞞のコミュニケーションの視点からも，対人コミュニケーションの様々な特徴が見えてくる。欺瞞のコミュニケーションは，対人コミュニケーションを複雑なものにしていると同時に，彩りを与えていると言えよう。

■ 引用文献

Albrechtsen, J. S., Meissner, C. A., & Susa, K. J. (2009). Can intuition improve deception detection performance? *Journal of Experimental Social Psychology, 45*, 1052-1055.

Ariely, D. (2012). *The honest truth about dishonesty: How we lie to everyone - especially ourselves.* New York: Harper Collins.（櫻井祐子（訳）(2014).　ずる―嘘とごまかしの行動経済学―　早川書房）

Bond, C. F., Jr., & DePaulo, B. M. (2006). Accuracy of deception judgments. *Personality and Social Psychology Review, 10*, 214-234.

Caso, L., Gnisci, A., Vrij, A., & Mann, S. (2005). Processes underlying deception: An empirical analysis of truth and lies when manipulating the stakes. *Journal of Investigative Psychology and Offender Profiling, 2*, 195-202.

Daiku, Y., Serota, K. B., & Levine, T. R. (2021). A few prolific liars in Japan: Replication and the effects of Dark Triad personality traits. *PLoS ONE, 16*(4), e0249815.

Darley, J. M., & Gross, P. H. (1983). A hypothesis-confirming bias in labelling effects. *Journal of Personality and Social Psychology, 44*, 20-33.

DePaulo, B. M., Kashy, D. A., Kirkendol, S. E., Wyer, M. M., & Epstein, J. A. (1996). Lying in everyday life. *Journal of Personality and Social Psychology, 70*, 979-995.

DePaulo, B. M., Lindsay, J. L., Malone, B. E., Muhlenbruck, L., Charlton, K., & Cooper, H. (2003). Cues to deception. *Psychological Bulletin, 129*, 74-118.

Ekman, P. (1985). *Telling lies: Clues to deceit in the marketplace, politics and marriage.* New York: W. W. Norton.（工藤　力（訳編）(1992).　暴かれる嘘―虚偽を見破る対人学―　誠信書房）

George, J. F., & Robb, A. (2008). Deception and computer-mediated communication in daily life. *Communication Reports, 21*, 92-103.

Grice, H. P. (1975). Logic and conversation. In P. Cole & J. L. Morgan (Eds.), *Syntax and semantics*, Vol. 3. *Speech acts* (pp. 41-58). New York: Academic Press.

Hartwig, M., & Granhag, P. A. (2015). Exploring the nature and origin of beliefs about deception: Implicit and explicit knowledge among lay person and presumed experts. In P. A. Granhag, A. Vrij, & B. Verschuere (Eds.), *Detecting deception: Current challenges and cognitive approaches* (pp. 125-154). Chichester, UK: John Wiley & Sons.（荒川　歩・石崎千景・菅原郁夫（監訳）(2017).　虚偽検出―嘘を見抜く心理学の最前線―　北大路書房）

倉澤寿之 (1995).　嘘の知覚における初期疑惑の成立について　白梅学園短期大学紀要, *31*, 143-151.

Mazor, N., Amir, O., & Ariely, D. (2008). The dishonesty of honest people: A theory of self-concept maintenance. *Journal of Marketing Research, 45*, 633-644.

Merton, R. K. (1948). The self-fulfilling prophecy. *Antioch Review, 8*, 193-210.

村井潤一郎 (1998).　情報操作理論に基づく発言内容の欺瞞性の分析　心理学研究, *69*, 401-407.

村井潤一郎 (1999).　恋愛関係において発言内容の好意性が欺瞞性の認知に及ぼす影響　心理学研究, *70*, 421-426.

村井潤一郎 (2000).　青年の日常生活における欺瞞　性格心理学研究, *9*, 56-57.

村井潤一郎・島田将喜 (2013).　嘘の心理学　村井潤一郎（編）　嘘の心理学 (pp. 1-16)　ナカニシヤ出版

村上春樹 (1982).　羊をめぐる冒険　講談社

Park, H. S., Levine, T. R., McCornack, S. A., Morrisson, K., & Ferrara, M. (2002). How people really detect lies. *Communication Monographs, 69*, 144-157.

Serota, K. B., & Levine, T. R. (2015). A few prolific liars: Variation in the prevalence of lying. *Journal of Language and Social Psychology, 34*, 138-157.

Serota, K. B., Levine, T. R., & Boster, F. J. (2010). The prevalence of lying in America: Three studies of self-reported lies. *Human Communication Research, 36*, 2-25.

品田瑞穂 (2019).　聞き手の態度が欺瞞性認知に及ぼす影響　心理学研究, *89*, 638-644.

太幡直也 (2008).　認知的負荷が懸念的被透視感によって生起する反応に与える影響　心理学研究, *79*, 333-341.

Tabata, N. (2010). Cues for inferring secrets held by others during social interactions. *Psychological Reports, 106*, 170-174.

太幡直也（2017）．懸念的被透視感が生じている状況における対人コミュニケーションの心理学的研究　福村出版

太幡直也（2020）．嘘をつくことに対する認識尺度の作成　心理学研究, *91*, 34-43.

太幡直也・佐藤　拓・菊地史倫（編）（2021）．「隠す」心理を科学する―人の嘘から動物のあざむきまで―　北大路書房

The Global Deception Research Team. (2006). A world of lies. *Journal of Cross-Cultural Psychology, 37*, 60-74.

Vrij, A. (2008). *Detecting lies and deceit: Pitfalls and opportunities* (2nd ed.). Chichester, UK: John Wiley & Sons.（太幡直也・佐藤　拓・菊地史倫（監訳）（2016）．嘘と欺瞞の心理学―対人関係から犯罪捜査まで　虚偽検出に関する真実―　福村出版）

Vrij, A., Ennis, E., Farman, S., & Mann, S. (2010). People's perceptions of their truthful and deceptive interactions in daily life. *Open Access Journal of Forensic Psychology, 2*, 6-49.

Vrij, A., Hartwig, M., & Granhag, P. A. (2019). Reading Lies: Nonverbal Communication and Deception. *Annual Review of Psychology, 70*, 295-317.

Vrij, A., Mann, S., Leal, S., & Fisher, R. P. (2021). Combining verbal veracity assessment techniques to distinguish truth tellers from lie tellers. *European Journal of Psychology Applied to Legal Context, 13*, 9-19.

Zuckerman, M., DePaulo, B. M., & Rosenthal, R. (1981). Verbal and nonverbal communication of deception. In L. Berkowitz (Ed.), *Advances in experimental social psychology* (Vol.14, pp. 1-59). New York: Academic Press.

第 3 章

社会の中でのコミュニケーション

1

噂

竹中一平

　2019年末に発生した新型コロナウイルス感染症（COVID-19）は，多くの感染者や死者を出し，経済的社会的に大きな影響を及ぼすとともに，多数の真偽不明な情報も生み出した。日本において感染者がじわじわと増加していた2020年2月には，新型コロナウイルスの予防のための使い捨てマスクの需要の増加に伴って「マスクとトイレットペーパーの原料は同じ」であり，「新型肺炎の影響でトイレットペーパーが今後なくなる」といった真偽不明な情報が，主にSNS上で広がった（江口・栗林，2020）。ワクチン接種が拡大した2021年には，「ワクチンを打つと不妊になる」「ワクチン接種後，体が磁気を帯びて金属がくっついた」といった真偽不明な情報も広がった（喜多ら，2021）。

　真偽不明な情報の流布は，新型コロナウイルス感染症に限定されたものではない。2011年3月11日に発生した東日本大震災は，福島第一原発の事故を引き起こすとともに，津波によって東日本を中心に未曾有の被害を生じさせた。一般的に，地震をはじめとした大規模災害，戦争，ウイルスによるパンデミック等，社会的混乱が生じた際に，多数の真偽不明な情報が流布する（廣井，2001）。東日本大震災も例外ではなく，多くの真偽不明な情報が流布した（荻上，2011）。有名なものとして例えば，地震発生直後に生じた千葉県のコスモ石油製油所の爆発に伴い，「有害物質が雲などに付着し，雨などと一緒に降る」といった真偽不明な情報が主にTwitter上で拡散した。

　地震や災害のような非日常的な事態に限らず，日常生活の中でも真偽不明な情報は頻繁にやりとりされている。「最近○○くんと△△さんって付き合っているらしいよ」といった他愛もない話が，身近な友人関係の中で広がることがある。話が広がった後で，お節介な誰かが直接本人に尋ねて実際に付き合っていることが明らかになることもあれば，全くの勘違いであることが明らかにな

ることもあるだろう。いずれにせよ，発端となった「最近○○くんと△△さんって付き合っているらしいよ」の時点では真偽不明な情報である。

　日常生活における真偽不明な情報の流布は，身近な友人関係のような狭い範囲にとどまらず，より広範囲に流布する場合もある。例えば，「黄色の新幹線に出会うと幸せになる」という真偽不明の情報がある（朝日新聞，2010）。ここで対象となっている黄色い新幹線は，「ドクターイエロー」と呼ばれる新幹線の設備を検査するための実在の車両のことである。運行情報が非公開であることから遭遇が難しく，もともとインターネットの鉄道関連サイトで「見ると幸せになれる」と縁起物のように扱われていた。これがいつの間にか一般的に解釈されるようになり，「出会うと幸せになる」という話につながったのだろう。

［1］噂とは何か

　1）噂の定義　　ここまで紹介してきた真偽不明な情報を，本節では「噂（rumor）」と呼ぶ。オルポートとポストマン（Allport & Postman, 1947）は，噂を「正確さを証明することができる具体的なデータがないままに，口から耳へと伝えられて，つぎつぎに人々の間に言いふらされ，信じられてゆく，できごとに関する命題」（p. ix；訳文は川上，1997：p. 3による）と定義した。また，ディフォンツォ（DiFonzo, 2008）は，「話し手と聞き手にとって重要か関心が高いとみなされ，真実と証明されずに世間に流布している情報」（江口訳：p. 73）であると定義した。これらの定義に基づけば，噂は以下の3つの側面から捉えることができる。第一に，正確さを証明することができる具体的なデータがなかったり，真実と証明されなかったりするように，曖昧さが高い真偽不明な情報である。第二に，曖昧さが高いにもかかわらず，人々に信じられている情報である。第三に，一定範囲の社会において重要であったり関心が高かったりするために，人々の間に言いふらされその社会に広がった情報である。

　加えて，情報が伝わること，すなわち「伝達」と「伝播」に関しても確認をしておこう。「口から耳へと伝えられる」といった表現で示されるように，話し手から聞き手にある情報が伝わることを本節では「伝達（communication）」と呼ぶ。この伝達が一定範囲の社会で発生し，「言いふらされ」たり「世間に流布」したりすることを，本章では「伝播（transmission）」と呼ぶ。噂は，コ

ミュニケーションの一環として個人間で行われる情報伝達の側面と，主にその個人が含まれる社会的ネットワークにおいて広がっていく情報伝播の側面とをもつ現象であるとまとめられる。

　　2）噂の類似概念　　噂は，それを扱う研究者が注目する側面によって異なる用語で呼ばれる場合がある。一方で，日常語として使用される場合はその区別は明確ではないため注意が必要である。

　　内容に関心をもつ人々の範囲に注目し，「流言」と「うわさ」とを使い分ける場合がある。流言は，噂の中では比較的広い範囲に広がり，多くの人々が共通に関心をもつ内容である。一方で，身近な友人関係や地域の共同体といった比較的狭い範囲で広がる場合うわさと呼ばれる。なお，このうわさを「噂」と表現する場合もあるが，本章では区別のために類似概念を包括した一般的な用語を「噂」とし，比較的狭い範囲で広がるものを「うわさ」と呼び分ける。廣井（2001）は，流言とうわさとの違いについて考察し，流言の特徴として「情報内容の一般性」と「伝播範囲の普遍性」とを挙げている。つまり，ある程度の規模の社会で共有されるような一般性をもった情報が比較的広い範囲に伝播した場合に流言と呼ばれることが多い[1]。

　　内容面から区別される場合もある。「ゴシップ（gossip）」と呼ぶ場合，（狭い範囲で広まる噂，すなわち）「うわさ」の中でも比較的身近な範囲内で話され，特に人に関連する内容であることが多い。ファインとロスノウ（Fine & Rosnow, 1978）は，ゴシップを「ある人の資質や行動についてのその場の意見」（p. 161；訳文は川上，1997：p. 69 による）と定義し，その特徴を「多くは人から聞いたことに基づいており，自分とのかかわりでは取るに足りないし，特に重要というものでもない」内容であると考えた。比較的狭い範囲で広がることから，うわさの中にゴシップを含む場合もある。一方で，有名人のゴシップのように比較的広い範囲で伝播した人に対する噂を指す場合もあり，伝播範囲はあまり重視されないようである。

1）　ただし海外の研究ではこの区別はなく，英語ではいずれも rumor と呼ばれている。日本語での「うわさ」と「流言」の区別は，それぞれの語の日本語のニュアンスの相違も関連していると見られる。

　噂を語る目的から区別される場合もある。「都市伝説（urban legend）」は，民俗学者であるブルンヴァン（Brunvand, 1981）によって積極的に使われ出した用語で，友だちの友だちくらいの関係の人に起きたと信じられている事柄であり，事実かどうかよりも物語として楽しむことに重点が置かれた噂である。三隅（1991）は，都市伝説を流言と比較して，語り手の自己表現や，物語をすることによる楽しみなどを重視する噂であると考察した。また，「デマ（demagogy）」は自然発生的に生じる噂とは異なり，送り手の政治的，経済的，社会的な意図を実現するために流される真実でない情報である（川上，1999）。悪意をもった中傷や故意の捏造といったように，送り手のネガティブな意図を前提とした場合にデマと呼ばれる。しかしながら，実際にはネガティブな意図を特定することは難しく，噂とほぼ同じ意味で使用される場合も多い。

　近年新たに出現した用語として「フェイクニュース（fake news）」がある。この言葉は2016年のアメリカ大統領選挙で勝利したドナルド・トランプ元大統領が，記者会見において質問を継続した記者を非難して「フェイクニュースはおまえだ！（You're Fake News!）」と発言したことから頻繁に使用されるようになった。フェイクニュースという言葉自体はもともと虚偽の報道のことを指す。そのため，主にマスメディアやソーシャルメディアが事実と異なる情報を報道したという点で，個人の伝える情報である噂と区別される。一方で，ドナルド・トランプ元大統領は，自身に否定的な報道機関を指してこの言葉を使っており，2021年時点においては用語として十分に意味が固定されていない状態であると捉えられる（第3章第4節，pp. 200-202も参照）。

［2］噂の発生と伝播

　前節で説明したように噂には様々な種類がある。そのため，噂の発生や伝播について考える際にも，噂を捉える側面に注意する必要がある。例えば，新型コロナウイルスの感染拡大状況に関する噂と黄色い新幹線に関する噂とでは，その発生条件や伝播に関わる要因は異なる部分があると考えた方がよいだろう。本節では，噂を語る目的の側面から，情報としての噂と娯楽としての噂の2種類に分けて扱う。前者は主に流言やうわさが該当し，後者は主に都市伝説が該当する。

1）情報としての噂　　オルポートとポストマン（Allport & Postman, 1947）は，噂が広がるために必要な要素として，題材とされている事柄の重要さと，その事柄に関する曖昧さの２つの要因を取り上げた。前者は，噂を話す人々にとって，題材とされている事柄が自分自身や自分の身近な人にどの程度重要であったり関心があったりするかを指す。後者は，その事柄に関する事実関係がはっきりしていなかったり，十分な情報が得られていなかったりする状態を指す。そして彼らは，社会における噂の流布量は，重要さと曖昧さの積によって決まると考えた。つまり，両者のうちいずれか一方が欠けた場合，噂は発生しないことを意味する。

　例えば，2021年当時，日本国内における新型コロナウイルスの感染拡大は，日本に居住，滞在する人々にとって非常に重要な関心事であった。一方で，日本全体の感染者数や死亡者数の推移は厚生労働省のホームページにおいて随時更新されており，そこに曖昧さはなかった。重要さは高いものの曖昧さは低い状態にあることから，日本全体という規模では新型コロナウイルスの感染者数や死亡者数に関して大規模な流言は発生しないことが予測される。

　ところが，身近な範囲で見ると事情は異なってくる。それほど感染は拡大していないものの，感染拡大が懸念されていた2020年2月に，山口県宇部市にある企業を対象として，従業員に感染者が発生したという噂が主にインターネット上で広がった（朝日新聞，2020a）。同様の噂はその後も各地で現れ，3月上旬には山形県の飲食店（朝日新聞，2020b），4月上旬には岐阜県の飛騨市（朝日新聞，2020c），4月中旬には島根県松江市のスーパー（朝日新聞，2020d）や千葉県の病院やスーパー（朝日新聞，2020e）を対象に，感染者の発生について噂が流れた。確かに日本全体という範囲で見れば感染者数等の情報は開示されており，自治体レベルでも同様の報告はなされていた。一方で，個人に注目した場合，その個人の生活圏，つまり近隣の企業やスーパー，病院等で感染者が発生したかどうかは曖昧なままであった。そのため，重要さが高く，かつ曖昧さも高い状態が個人の生活圏において生じることになり，各地で具体的な場所を特定した感染者発生に関する噂が広がることにつながった。

　発生した噂のどのような要素が噂の伝達を促進し，広範囲に拡大させていくのだろうか。ペッツォとベックステッド（Pezzo & Beckstead, 2006）は，大学

内で発生した細菌性髄膜炎による学生の死亡事件に関する噂（研究 1）と，ワシントンで発生したライフルによる無差別狙撃事件に関する噂（研究 2）という，実際に発生した 2 つの事件に関する噂を題材とし，噂の信用度と不安に注目した研究を行った。調査対象はいずれも大学生であった。いずれの事件に関しても対象者にとっては重要さが高く，かつ曖昧さも高いものであった。研究 1 の結果（図 3-1）から信用度の効果は直線的であり（図 3-1 の A），信用度が高いほど噂が伝達されやすいことが分かった。一方で，不安の効果は上に凸の曲線的（図 3-1 の B），つまり中程度の不安の場合に最も伝達されやすいことが分かった。これらから，単に不安が高まれば噂が伝達されやすいというわけではないこと，そして信用度が噂の伝達に及ぼす影響は不安の程度によって異なること（図 3-1 の A と A' と A" とで直線の傾きが異なる）が明らかになった。

　研究 2 ではさらに不安の効果を詳細に検討するために，不安を状況に対する不安と噂自体が喚起する不安とに分けて検討した（研究 1 ではこれらの不安を

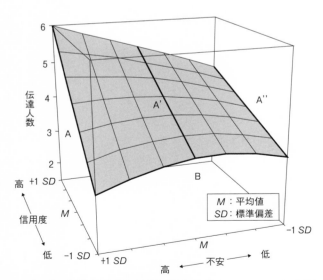

図 3-1　噂の伝達に及ぼす信用度と不安の影響（研究 1）（Pezzo & Beckstead, 2006 に基づき作成）

分けず,「不安を感じる程度」としてまとめて扱っていた)。分析の結果(図3-2),信用度に関しては,状況に対する不安を考慮しても研究1と同様に直線的な効果が示された(図3-2のAとA'とA")。つまり,信用度が高いほど噂は伝達されやすく,状況に対する不安が高いほどより伝達されやすかった(図3-2のAとA'とA"との傾きはほぼ平行であり,切片はこの順番で高くなっていった)。一方で,不安に関しては少し複雑であり,状況に対する不安の程度によって噂が喚起する不安の効果が異なっていた(図3-2のBとB'とB"とで直線の傾きが異なっていた)。これは少し奇妙なことである。一般的に不安の元となるものが状況であろうが噂の内容であろうが,個人の中ではそれらが加算されて不安として感じられるはずである。言い換えると,状況に対する不安が高いほど,かつ噂が喚起する不安が高いほど噂は伝達されやすいはずである(図3-2のBの直線はいずれも左側の方が右側よりも伝達人数が多い,およそ平行な直線になるはずである)。このことについて彼らは,重要さに関する個人の認識の違いがこの結果に影響した可能性を指摘しているものの,こ

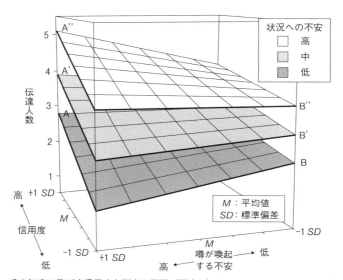

図3-2　噂の伝達に及ぼす信用度と不安の影響(研究2)(Pezzo & Beckstead, 2006 に基づき作成)

の研究の結果のみでは解釈が難しく，より詳細な検討が必要なものとなっていた。

　ペッツォとベックステッドの研究から分かることは，2つの研究に一貫して信用度が高いほど噂は伝達されやすいことである。さらに，詳細な検討が必要ではあるものの，研究2を踏まえれば状況への不安が高いほど信用度の効果は高まると言えよう。ディフォンツォ（DiFonzo, 2008）は，噂は，曖昧な状況や脅威に直面しているか将来の脅威が予想される状況で生じると考えた。そして，いずれの場合であっても噂を用いて集団で仮説を立て，評価し，検証しながら曖昧な状況を解消しようとしたり，それによって脅威に対抗しようとしたりすると指摘した。噂を用いて問題解決を試みる場合，その内容が信用できることは非常に重要だろう。加えて，問題となっている状況に対して不安を感じるほどその問題をより迅速に解消しようとし，結果として信用できる噂がより伝達されやすくなると考えられる。

　2）娯楽としての噂　　娯楽として語られる噂は，その社会的影響，特に悪影響が小さいことからこれまで十分に研究がなされていない。その中でも，1970年代後半から日本全国の小中学生を中心に広がった「口裂け女」の噂は，マスメディアによって取り上げられ注目されたことで活発な研究が行われた。細部のバリエーションは様々であるが，基本的な内容は「道を歩いていると，顔にマスクをした女性が近づいてきて，私キレイ？と聞く。ウンと答えると，マスクを外し，耳もとまで裂けた口を見せ，これでもキレイ？と聞く。怖くなって逃げ出すと，猛烈なスピードでどこまでも追っかけてくる」というものであった（木下，1994：p. 60）。小中学生を対象とした木下の調査から，怖いもの見たさ，つまり不安と好奇心に基づく感情が広く共有されたことが，この噂の発生を支えたものと解釈された。このことから，ディフォンツォ（2008）が指摘するような問題解決を目的としたコミュニケーションではなく，「相手と語る行為それ自体を楽しむコミュニケーション」（木下，1994：p. 83）として口裂け女の噂が語られたことが推察される。

　娯楽目的で話される噂は，どのような要素がその伝達を促進するのだろうか。竹中（2014）は，相手と語る行為自体を楽しむこと，すなわちコミュニケー

ションの娯楽機能に注目した。大学生が日常会話で話すうわさ（狭い範囲で伝わるのでこのように表記）を対象とし，いくつかのタイプにうわさを分けて扱った。各タイプについて，うわさ自体が喚起する不安や，内容の曖昧さ，重要さ（興味・関心），もっともらしさ（信用度）とともに，娯楽機能や情報機能がうわさの伝達に関連するかどうかを検討した。ここでは“怪談や幽霊，有名人のうわさ，都市伝説など，本当か分からないが面白い内容のうわさ話”に関する分析結果を紹介しよう。うわさの内容の評価に関しては重要さのみがうわさの伝達と関連し，機能の評価に関しては娯楽機能のみが関連していた。この結果から，日常会話において娯楽的な話題として話されるうわさの場合，不安や曖昧さといったうわさの内容に対する話し手の感情や認識はうわさの伝達にほとんど関連しないことが推測された。一方で，興味や関心を示す重要さはうわさの伝達に関連しており，この点は口裂け女に関する木下の調査結果とも一貫していた。また，娯楽機能の高いうわさ，すなわち相手が楽しんでくれるかどうかという，聞き手の認識を踏まえた話題の選択が行われていた。

　噂によって「相手と語る行為を楽しむ」のであれば，聞き手がその内容を楽しんでくれるかどうかは非常に重要だろう。聞き手側の要素をより重視することが，問題解決を目指し，信用度の高い噂が伝達されやすい「情報としての噂」と，相手と楽しむことを目指し，相手が盛り上がってくれる噂が伝達されやすい「娯楽としての噂」の大きな違いであるとまとめられる。

［3］噂の内容の変化

　噂のもつ興味深い特徴の一つが，伝播に伴う内容の変化である。冒頭で紹介した千葉県のコスモ石油製油所の爆発に伴う流言では，当初「有害物質がすごそう」といった漠然とした懸念を示すツイートが，「危険物が雨に混ざっているらしい」というツイートへと変化し，最終的に「コスモ石油の爆発で有害物質が雲に付着している」という内容へと変わっていった（荻上，2011）。こういった噂の内容の変化はどのようにして生じるのだろうか。

**　1）取り付け騒ぎに関する噂の研究**　　噂の発生源から伝播の様相までを追跡できたという点で非常に有名な日本の研究を紹介しよう。1973 年に，愛知県

豊川市にある豊川信用金庫小坂井支店において取り付け騒ぎが発生した。この取り付け騒ぎは，直後からの警察の捜査によって，女子高校生 3 名を発信源とする噂によって引き起こされたものであることが明らかになった（伊藤ら，1974a, 1974b）。

　取り付け騒ぎに至る経緯は以下の通りである（伊藤ら，1974a：pp. 74-75）。発端となった女子高校生のうち一人は豊川信用金庫に就職が内定していた。三人で通学中に，その女子高校生に対して友人の一人が，「信用金庫なんてあぶないわよ」と冷やかして言った。言われた女子高校生が，帰宅後に下宿先のおばに対してその話をした。この時点で「豊川信用金庫」が出てきたかは不明であったが，おばはその後，実兄の妻に電話して「豊川信用金庫があぶないといううわさがある」ので調べてほしいと伝えた。この女性は翌日美容院でその話をし，そこには偶然小坂井町（現在豊川市に合併）にあるクリーニング店の店長が居合わせた。この店長は帰宅後に妻にその話をした。

　数日後，クリーニング店で電話をしていた男性が「豊川信用金庫に行ってすぐに 120 万円を下ろす」ように言っているのを聞いた妻が，「豊川信用金庫があぶない」という話を思い出して急いで預金を引き出すとともに，友人や知人，取引先にそのことを伝えた。さらに偶然その相手の中にアマチュア無線家がおり，無線仲間に対して一斉に伝えたことで豊川信用金庫があぶないという話が大きく広がり，取り付け騒ぎへと発展した。

　取り付け騒ぎが生じた 12 月 13 日に豊川信用金庫小坂井支店に客を運んだタクシー運転手への聞き取りから，昼頃は「豊川信用金庫はあぶないらしい」という話であったが，14 時半頃には「豊川信用金庫はあぶない」に変化し，16 時半頃には「豊川信用金庫はつぶれる」になり，夜には「もうあすはあそこのシャッターはあがるまい」という表現に変わったことが報告されている。このようにして，女子高校生たちによる「信用金庫はあぶない」という就職活動に関わる話から，いつの間にか豊川信用金庫の支店の閉鎖に関わる話へと内容が変化していった。

**　2）噂の変化に関する 3 つのプロセス**　オルポートとポストマン（Allport & Postman, 1947）は，噂の伝播に伴う内容の変化について検討するために伝

言ゲーム実験を行った。この実験では，いくつかの場面を描いたイラストが刺激として使用された。1番目の実験参加者はこのイラストをしばらく眺め，そこに描かれた特徴を記憶するように求められた。その後，1番目の実験参加者は，2番目の参加者に対して記憶したイラストの内容を口頭で伝えるように求められた。以下，同じように2番目の参加者が3番目の参加者に伝え，3番目の参加者が4番目の参加者に伝えるといった形で，よくある伝言ゲームのようにイラストの内容が伝わっていき，その内容の変化が記録された。

　実験の結果に基づき，噂の伝播に伴う内容の変化には，「平均化（leveling）」，「強調化（sharpening）」，「同化（assimilation）」の3つのプロセスがあることが分かった。第一に，平均化とは情報が伝達される中で細部が省略され，少数の中心的な要素だけが残るプロセスである。「かもしれない」や「らしい」といった曖昧な表現が省略され，実際は真偽が確認されていない曖昧な情報でも，伝えられる中で確認済みの確定情報へと変化する。「豊川信用金庫はあぶないらしい」という話が，いつの間にか「豊川信用金庫はあぶない」へと変化することが，典型的な例である。第二に，強調化は平均化と対になるプロセスであり，平均化された中心的な要素が強調される。特に，数や量，程度などが強調され，大げさな表現へと置き換わることが多い。「豊川信用金庫はあぶない」から「つぶれる」，そしてその日で閉鎖されることを示唆する「あすはシャッターがあがらない」という表現への変化は，まさに事態が時間を経るごとに強調されていったことを示している。第三に，同化は情報を伝える個人がもつ「安定した枠組み」に沿った形へと内容が変化するプロセスである。当初女子高校生の間では「信用金庫はあぶない」という就職活動に関する一般的な話であったものが，女子高校生とおばとのやりとりを境にして「豊川信用金庫があぶない」という特定の銀行の健全性の話へと変化した。就職を前にした女子高校生にとって就職活動は中心的な関心事である一方，下宿先のおばや美容院のスタッフにとっては預金の方がより関心が高い。そのため，おばへと話が伝わった段階で，より安定した枠組みである銀行の預金に関わる話にすり替わってしまったと考えられる。

　オルポートとポストマンの実験は，噂の伝播に伴う内容の変化を3つにまとめたものとして非常に有名である。その一方で，実験の手続きや結果の解釈に

ついていくつかの批判もなされている（川上，1997）。伝播に伴う内容の変化
に 3 つのプロセスがあることは分かっているものの，各プロセスの発生条件や
プロセス間の相互作用，変化の様相の詳細など，明らかにされていない点も多
い。

［4］ 噂の社会的影響

　噂，特に流言は広範囲に広がり，多くの人に伝わることからその社会的影響
は大きい。本節では噂に関連したものとして取り上げられることの多い「風評
被害」について，噂と共通点はあるものの実際は異なる現象であることを説明
する。その後，社会的影響の大きい有害な噂を管理する試みについて紹介する。

　1） 噂と風評被害　　風評被害は「ある事件・事故・環境汚染・災害が大々
的に報道されることによって，本来『安全』とされる食品・商品・土地を人々
が危険視し，消費や観光をやめることによって引き起こされる経済的被害」と
定義される（関谷，2003：p. 87）。「風評」は噂を意味する用語であるため，言
語的表現として噂によって引き起こされる被害と解釈されがちである。しかし
実際は噂によって引き起こされる現象ではなく，何らかの事件や出来事をきっ
かけとし，安全を追求する消費者の心理やマスメディアによる報道の影響等に
よって発生する噂とは別の現象である（関谷，2011）。

　風評被害に関する研究を紹介しよう。東日本大震災に伴う福島第一原発事故
によって生じた福島県産の農作物に対する風評被害が課題となっている（関谷,
2016）。原発事故後，放射性物質の飛散が確認され，それに伴って出荷制限措
置がとられた。2016 年当時，政府の基準をはじめとしていくつかの基準ができ
ていたが，福島県産に関しては事実上「検出限界以下」という最も厳しい基準
のものしか流通していなかった。放射性物質検査の結果，検出限界以下とされ
た食品は安全であるにもかかわらず経済的被害が発生していた。その原因とし
て，流通経路の変化や，安値を前提とした業務用途の拡大等の影響も大きいが,
買い控えに代表されるように消費者心理の影響も大きい。関谷の全国調査では,
福島県産を避けている人は約 3 割であり，その理由として，放射性物質検査へ
の不安の影響が最も大きいことが示された。また，福島県における県民対象の

調査からは，福島県産を避けている人は約 2 割であり，「全量全袋検査」が実施されていることや「現在，野菜から測定される放射性物質は検出限界値以下であること」を知らない人ほど，福島県産を積極的に拒否することが示された。これらの結果から，検査体制の事実を正確に伝えていくことが福島県産の買い控えを解消するための方策として提案されている。

　風評被害と噂は別の現象ではあるものの，何らかの事件や出来事によって生じた不安や曖昧さを背景とした現象であるという点で共通している。そのため，現象として同時に発生する場合も多いだろう。例えば，原発事故という未曾有の災害は，関連する個人に対して大きな不安と曖昧さを生じさせた。この不安や曖昧さを解消するためのコミュニケーションの連鎖が噂である。一方，不安や曖昧さに基づいて消費が控えられ，結果として生じる経済的被害が風評被害となる。もちろん，噂によって不安が高まり，その結果消費が控えられる可能性や，経済的被害に関連した噂が生じることもあるだろう。このようにして，相互に影響を及ぼす可能性は十分あるものの，現象としては別であるとまとめられる。

2）有害な噂のコントロール　　噂の中でも特に流言やデマは，それが流布する社会に対して有害な影響を及ぼすことがあるため，有害な噂を管理しようとする試みは古くから行われてきた。第二次世界大戦中の噂を管理しようとしたアメリカの戦時情報局（OWI）は，流布した個々の噂を訂正することを目的とするのではなく，噂の発生に影響する状況の曖昧さを低減することにより，社会全体として噂の発生を抑制することを目指した（Allport & Postman, 1947）。そのため，マスメディアから流されるニュースの質を改善し，事実を明確に伝え，それによって人々のニュースに対する信頼を向上させることを試みた。この考え方は現在にも引き継がれている。例えば，新型コロナウイルス感染症に関して積極的に感染者数や重症者数を開示したり，ウイルスの性質やワクチンの効果・副反応等について情報提供したりすることによって状況の曖昧さを低減し，有害な噂の発生の抑制につながっているものと考えられる。加えて，事実を明確に伝えることは，個別の噂に対する反論としても有効であること（DiFonzo, 2008）や，風評被害の抑制としても有効であること（関谷，

2016）が指摘されている。

　エスポジトとロスノウ（Esposito & Rosnow, 1983）は，企業を対象とした有害な噂への対処について，以下の3つの手順を提案した。第一に，事実・情報収集の段階である。この段階では，噂が流布している範囲を確かめ，噂の中にどの程度の事実が含まれているのかを把握し，不安と曖昧さの源が何なのかを明らかにする。これらを把握することによって，次の段階である公式見解の表明に関わる計画を立てられる状態になる。第二に，公式見解の準備と情報発信計画の立案の段階である。この段階では，事実に基づき，5W1Hに回答するような内容を作成する。そして，公式見解を含めた情報発信のための計画を立案する。第三に，第二段階で立案した計画に基づいて行動する段階である。この段階では，情報発信計画に基づいて事実を発信していくことになる。ケースバイケースであるが，噂が流布する地域が限定できたり，噂の発生源が特定できたりすれば，それに合わせた対応も可能となる。さらに，キンメル（Kimmel, 2004）は，エスポジトとロスノウがまとめた初期の危機対応としての噂への対処の後に，有害な噂の影響を評価し，その後の企業の対応を検討する段階を設けることを提案している。

　近年では，インターネット上の噂に対して，自動的に注意喚起を行う仕組みも検討されている（柿本ら，2018；梅本ら，2021等）。これらの研究では，噂の発生自体をコントロールするのではなく，発生した噂に対して，それが真偽不明であることの気づきを与え，真偽確認を促すことによって噂の悪影響を低

図3-3　噂を検出した際のブラウザ上の表示（梅本ら，2021）

減しようとしている。梅本ら（2021）は，インターネットを閲覧するための Web ブラウザである Google Chrome の拡張機能を用いて，インターネット上のテキスト情報に対して噂を検出したことや，具体的に検出した噂がどういう内容なのか，説明ページへのリンクを表示させる仕組みを開発した（図 3 - 3）。これらの試みにより，閲覧した噂の真偽を明らかにしたり，曖昧さや不安を低減することによって，その後の伝達を抑制したりすることが期待される。

■ 引用文献

Allport, G. W., & Postman, L. (1947). *The psychology of rumor*. New York: Henry Holt.（南　博（訳）(1952). デマの心理学　岩波書店）

朝日新聞 (2010). 「出会うと幸運」黄色新幹線　ハイテクで線路点検　朝日新聞 9 月 3 日夕刊, 1.

朝日新聞 (2020a). 「感染事実ない」ネットデマ否定　宇部興産，新型肺炎巡り　朝日新聞 3 月 1 日朝刊, 19.

朝日新聞 (2020b). ネットにデマ「感染隠している」　飲食店の経営者，米沢署に被害届　新型コロナ　朝日新聞 4 月 4 日朝刊, 19.

朝日新聞 (2020c). 「感染者が出た」はデマ　飛騨市，無線放送で注意喚起　新型コロナ　朝日新聞 4 月 9 日朝刊, 21.

朝日新聞 (2020d). スーパー，新型コロナ感染デマ　売り上げ減，対応負担　松江　朝日新聞 4 月 18 日朝刊, 19.

朝日新聞 (2020e). 医院やスーパー，感染デマ標的に　売り上げ激減，電話も殺到　新型コロナ　朝日新聞 4 月 19 日朝刊, 17.

Brunvand, J. H. (1981). *The vanishing hitchhiker: American urban legends and their meanings*. New York: W. W. Norton.（大月隆寛・菅谷裕子・重信幸彦（訳）(1988). 消えるヒッチハイカー　新宿書房）

DiFonzo, N. (2008). *The watercooler effect: An indispensable guide to understanding and harnessing the power of rumors*. New York: Avery.（江口泰子（訳）(2011). うわさとデマ—口コミの科学—　講談社）

江口英佑・栗林史子 (2020). トイレットペーパー，品薄　デマ拡散，在庫は十分なのに　朝日新聞 2 月 29 日朝刊, 34.

Esposito, J. L., & Rosnow, R. L. (1983). Corporate rumors: How they start and how to stop them. *Management Review, 72*(4), 44-49.

Fine, G. A., & Rosnow, R. L. (1978). Gossip, gossipers, gossiping. *Personality and Social Psychology Bulletin, 4*, 161-168.

廣井　脩 (2001). 流言とデマの社会学　文藝春秋

伊藤陽一・小川浩一・榊　博文 (1974a). デマの研究—愛知県豊川信用金庫 "取り付け" 騒ぎの現地調査（概論・諸事実稿）—　総合ジャーナリズム研究, *11*, 70-80.

伊藤陽一・小川浩一・榊　博文 (1974b). デマの研究—愛知県豊川信用金庫 "取り付け" 騒ぎの現地調査（考察・分析編）—　総合ジャーナリズム研究, *11*, 100-111.

柿本大輔・宮部真衣・荒牧英治・吉野　孝 (2018). 流言拡散防止のための情報確認行動促進システムの構築　ヒューマンインタフェース学会論文誌, *20*, 1-11.

川上善郎 (1997). うわさが走る—情報伝播の社会心理—　サイエンス社

川上善郎 (1999). デマ　中島義明・安藤清志・子安増生・坂野雄二・繁桝算男・立花政夫・箱田裕司（編）　心理学辞典 (p. 614)　有斐閣

Kimmel, A. J. (2004). *Rumors and rumor control: A manager's guide to understanding and combatting rumors*. New Jersey: Lawrence Erlbaum Associates.

木下冨雄 (1994). 現代の噂から口頭伝承の発生メカニズムを探る—「マクドナルド・ハンバーガー」と「口裂け女」の噂—　木下冨雄・吉田民人（編著）　応用心理学講座 4　記号と情報の行動科学 (pp. 45-97)　福村出版

喜多俊介・桑原卓志・田中俊之（2021）．虚実のはざま　第4部　深まる断絶（5）　誰にでも落とし穴　デマ消す研究必要　読売新聞9月15日朝刊，36.

三隅譲二（1991）．都市伝説―流言としての理論的一考察―　社会学評論，*42*, 7-31.

荻上チキ（2011）．検証　東日本大震災の流言・デマ　光文社

Pezzo, M. V., & Beckstead, J. W. (2006). A multilevel analysis of rumor transmission: Effects of anxiety and belief in two field experiments. *Basic and Applied Social Psychology, 28*, 91-100.

関谷直也（2003）．「風評被害」の社会心理―「風評被害」の実態とそのメカニズム―　災害情報，*1*, 78-89.

関谷直也（2011）．風評被害―そのメカニズムを考える―　光文社

関谷直也（2016）．東京電力福島第一原子力発電所事故後の放射性物質汚染に関する消費者心理の調査研究―福島における農業の再生，風評被害払拭のための要因分析―　地域安全学会論文集，*29*, 143-153.

竹中一平（2014）．類型別にみたうわさの伝達に関連する要因―内容属性と機能の評価からのアプローチ―　武庫川女子大学紀要（人文・社会科学編），*61*, 43-52.

梅本美月・吉野　孝・平林（宮部）真衣（2021）．Webページに含まれる流言情報への気づきを与える提示方法の検討　情報処理学会論文誌，*62*, 183-192.

2 消費者行動とコミュニケーション

花尾由香里

［1］消費者を取り囲むコミュニケーション

　私たち人間は，誰もが商品やサービスを購入・消費し，生活を営む消費者である。消費者は，企業からの商品訴求や販売促進に関わるコミュニケーションに絶えずさらされている。商品は，単に良いものを作っただけでは売れない。その商品の名前や特徴を知ってもらい，魅力を伝えることが必要である。そのため，企業は，様々な媒体や手段を通して，消費者へメッセージを伝えている。

　1）広告（advertisement）　　企業のコミュニケーション活動として，代表的なのは広告であるが，一口に広告と言っても，その種類や伝達方法は多種多様である。テレビ，新聞，雑誌，ラジオなどのマスメディア広告をはじめ，インターネット広告，交通広告（電車やバスなどの乗り物内，駅構内等の広告），街頭広告，店頭広告など，様々な媒体が使われている。最近では，SNSを利用して，企業と消費者が直接的にコミュニケーションを行ったり，フォロワー数の多い「インフルエンサー（influencer）」と呼ばれる消費者に商品を紹介してもらうなどの機会も増えているが，これらも広告の一形態と言える。

　2）販売促進（sales promotion：セールス・プロモーション）　　クーポン配布やプレゼントが当たるキャンペーンなどを行うことも企業の重要なコミュニケーションである。これまで商品に興味がなかった消費者に商品を知ってもらったり，購入を促すきっかけとなる。販売促進は幅広く，サンプルを配布したり，店頭での試食等を行ったり，イベントを実施するなど，様々な販売促進活動を通して，企業のコミュニケーションが行われている。

3）PR 活動（public relations：パブリック・リレーションズ）　オリン
ピックやその他各種のスポーツイベント等のスポンサーになることや，社会支
援活動を行うことも，企業の重要な情報発信になる。例えば，オリンピックの
スポンサーになれば，世界的に企業の認知度は高まり，消費者からの信頼度が
増す。また，社会支援活動を行い，環境問題に取り組む姿勢をアピールしたり，
利益の一部を寄付する活動をしたりすることによって，企業のイメージアップ
につなげることができる。

　このように，消費者は，様々な企業からのメッセージに取り囲まれている。
さらに近年では，企業のコミュニケーションの捉え方が幅広くなり，「統合型
マーケティングコミュニケーション（Integrated Marketing Communications：
IMC）」という概念が普及しつつある。IMC とは，「企業が生産・販売する商品
の特徴，価格，どの店舗で売るかなども消費者へのメッセージである」という
ものである。例えば，環境支援活動に力を入れているというメッセージを発し
ている企業が，ゴミを増大し，リサイクルもできないパッケージで商品を量産
していては，消費者からの信頼は得られないであろう。または，高級さを売り
にしているブランドが，バーゲンセールを年に何度も行い，アウトレットスト
アで安売りされていては，高級なイメージは確立されないであろう。
　消費者は，企業のあらゆる活動を見ているのである。広告や販売促進だけが
コミュニケーションではない。企業の販売する商品，活動，姿勢すべてが，消
費者へのメッセージとして伝わり，コミュニケーションとなりうるのである。
企業は，これまで以上に消費者とのコミュニケーションを総括的に捉え，一貫
性のあるメッセージを発していくことが重要である。

［2］企業による説得的コミュニケーション

　企業が消費者に対して行うコミュニケーションは，多くの場合，商品の魅力
を伝えたり，イメージアップを狙ったり，購入を促すなどの「説得」を目的と
している。私たちが日常の会話で友人・知人と行っている情報伝達や挨拶，も
しくは，会話そのものを楽しむコミュニケーションとは異なり，広告等の企業
から発せられるメッセージは，企業が意図した方向に消費者の態度や行動を導

くことを目的としている。つまり，企業から消費者へ発せられるコミュニケーションの多くは，説得的コミュニケーションである。

　これまで社会心理学では，説得的コミュニケーションとその効果について，多くの研究蓄積がなされてきた（説得に関する基礎的な研究については，第2章第2節）。それらの研究成果は，企業が消費者に対して行うコミュニケーション戦略にも応用されている。ここでは，実際に，企業が消費者に対して行っている広告等の説得的コミュニケーションの事例を含めながら解説する。

　1）メッセージの送り手に関わる戦略　　説得的コミュニケーションの効果があるかどうかには，まず，どのような人がそのメッセージを発したかという送り手側の要因が影響を与える。企業側が戦略的にコントロールできることとしては，広告でメッセージを伝えるタレントの起用を工夫したり，専門的な知識を有した販売員に店頭での接客を担当させることなどがある。

　同じメッセージを伝える場合でも，誰がそのメッセージを発したかによって，受け手に与える印象は異なる。例えば，パソコンを購入しに売り場へ行った際，パソコンの知識をあまりもたない販売員が接客し説明するのと，パソコンの知識が豊富な販売員が接客し説明するのとでは，顧客に与える印象は異なる。専門的な知識を駆使して，詳細に説明した方が，良い態度が形成され，購買意図も高くなる（Harmon & Coney, 1982）。

　広告においても，スポーツ用品の宣伝にプロスポーツ選手を起用したり，歯ブラシの宣伝に歯医者を起用するなど，送り手の専門性を利用したものが多く存在する。

　メッセージの送り手が，信頼に足りうる人物であり，正直に真実を述べているかどうかも説得の効果に影響を与える。専門性の高い送り手であったとしても，広告の出演料など，企業から何らかの報酬をもらっている場合には，企業にとって都合の良い情報だけを伝えていると消費者に推測されることが多い。利害関係のある送り手は，信頼性が低く受け止められる傾向がある。

　企業の戦略には，メッセージの信頼性を高めるため，利害関係がないように思われる第三者を送り手とする手法がある。マスコミに取材をして情報提供をしてもらう方法は，「パブリシティ（publicity）」と呼ばれ，プロモーション戦

略の一つである。また，前述のようにインフルエンサーである一般消費者を利用する手法も，近年よく使われるようになった戦略である。

**　2）メッセージの伝え方に関わる戦略**　　送り手の要因とともに，メッセージをどう伝えるかという問題も，説得の効果に影響を与える。誰かを説得しようと試みた際に，言い方次第で相手の反応が変わってしまうことは，多くの人が経験したことがあるだろう。企業が消費者に説得的コミュニケーションを行う場合も同様であり，広告・宣伝では，消費者を説得するために様々な伝え方の工夫が行われている。

　よく見かける手法としては，一面提示と両面提示がある。一面提示とは，対象の良い点だけを伝える手法であり，両面提示とは，良い点と悪い点の両方を併せて伝える手法である。例えば，広告等で，商品が高品質であると良い点だけを伝えるのは一面提示であり，高品質であるが，他社製品に比べて価格が高いなどの良くない点も併せて伝えるのは両面提示である。一般的に，マスメディアを媒体とする広告では，両面提示が使われることは少ない。多数の消費者が見聞きする広告の場合，これまで商品の悪い点を知らなかった人に，あえて欠点部分を知らせてしまう恐れがあり，逆効果になる恐れがあるからである。両面提示による説得は，店頭での販売員による接客など，顧客の特性に合わせて伝え方を変更できる場合に有効な戦略となりうる。

　恐怖喚起コミュニケーションも用いられることが多い。恐怖喚起コミュニケーションとは，消費者の恐怖心をあおり，商品やサービスを購入すれば，その恐怖を避けることができると説得する方法である。例えば，がん保険に入ることを勧める場合，いきなり保険に入ることを説得するよりも，がんを患うと治療や入院に多大なお金がかかることを説明し，その後，がん保険に入ることを勧めた方が，説得の効果は高くなるであろう。しかし，恐怖心を強くあおりすぎると，逆効果になる場合がある（Ray & Wilkie, 1970）。人にとって，恐怖は不快な感情であり，広告から強い恐怖を感じると，その広告自体を避けることが起こりうるためである。

　健康関連商品の広告では，消費者の罪悪感を利用して，購買意図を高めようとするメッセージも使用されている。不健康な食事や生活は，自ら健康を害す

る行為であると伝え，罪悪感を感じさせることによって，健康関連商品への購買意図を促進することができる（Coulter & Pinto, 1995）。恐怖喚起コミュニケーションと類似した手法であるが，罪悪感は，自らの行為を悔いる心理であり，行動を改めさせて新たな商品の購買を誘導するものであり，恐怖心を取り除くために商品の購買を促す恐怖喚起コミュニケーションとは，異なるものである。

　消費者の気分を高揚させ，購買意図を高めるために，販売員などが客を褒める行為もよく見かけられる。販売員の褒め言葉が過剰であったり，下心があると感じられると，お世辞と受け止められ，客側は，意識的にその言葉を割り引いて評価する。しかし，お世辞と分かっていても気分が良くなったり，商品を購入してしまうことがある。お世辞の回数が多く，時間が長いほど，ポジティブな効果が得られる（Chan & Sengupta, 2010）。

　説得を行う際に，何回程度，同じメッセージを伝えるのかということも重要な問題である。人は，基本的に自由な選択を求めるため，しつこい説得は嫌われる。他者から考えや行動を強要されていると感じたり，自由が制限されていると感じたとき，反発したり，逃避行動をとったりする。これを「リアクタンス（reactance）」と呼ぶ（Brehm, 1966）。店頭で商品を見比べているときに，販売員が近づいてくると逃げたくなったり，購入を勧められると買いたくなるのは，正にリアクタンスが生じている例である。

　リアクタンスが生じる心理を逆手にとったマーケティング戦略もある。あえて商品が入手困難であることを強調したり，今だけしか買えないなど，購入を制限することによって，消費者の購入意図を高めようとするものである。人には，禁止されると，逆にやってみたくなる心理が働くことがある。これは，暴君として知られるローマ皇帝カリギュラに因んでカリギュラ効果とも呼ばれる（菊原，2017）。口コミをプロモーション戦略として利用する場合（後述）にも，「発売前の新商品だから，内緒にしておいて」などと伝え，かえって話したくなるリアクタンス心理を利用し，口コミを広めてもらおうとすることもある。

　広告や宣伝には，曖昧な表現を意識的に使う場合もある。「〜たっぷり」「〜ひかえめ」「〜風味」「〜が気になる方に」など様々な不明瞭な表示を見かける。カロリーや塩分などの成分表示をする際に，「たっぷり」「ひかえめ」

などの言葉を使用する場合は，厚生労働省によって基準値が定められているが，そのことを知っている消費者はほとんどいない。消費者自身も曖昧であると認識しながらも，購入の決め手になる表現として注目しがちである（花尾，2011）。

　さらに，曖昧な表現は，過剰な効果の期待をさせてしまうことがある。例えば，化粧品に「シミを防ぐ」という表現が使用されている場合に「シミが減る」と期待してしまったり（吉川ら，1993），食品に「マグロ風味」と表示してあるだけなのに，マグロが具材として入っていると思い込んでしまうことがある（菅原・岡本，1992）。企業は，消費者に対して，誤解のない表現を使用していく義務がある。同時に，消費者も曖昧な表現に乗せられないように，注意力や判断力を養っていく必要があるだろう。

［3］企業と消費者間のコミュニケーションの変化

　前述のように，企業は消費者に様々な工夫を行い，絶えず情報発信をしている。企業がメッセージの送り手となり，消費者が受け手となるという構図は，現在でも主流ではあるが，インターネットや SNS が普及するにつれて，コミュニケーションの形態は変化しつつある。

　インターネットが普及する以前においては，企業と消費者間のコミュニケーションは，企業側が情報源となり，媒体を通して，消費者へメッセージを一方向的に伝達するという形態が一般的であった（図3-4）。企業が伝えたい内容や目的に応じてメッセージを計画的に発信し，様々な媒体を通して消費者側に伝える。その後，消費者から得られた反応が，商品の売上や評判につながり，

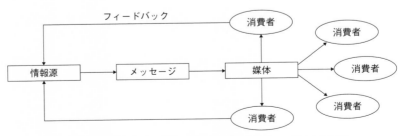

図3-4　従来のコミュニケーションモデル（Solomon，2019 より作成）

送り手　　　　　　　　　　　　　　　　受け手

送り手　　コミュニケーション　　受け手
　　　　　　媒体

送り手　　　　　　　　　　　　　　　　受け手

図 3-5　近年のコミュニケーションモデル（Solomon, 2019 より作成）

企業にフィードバックされるという流れである。

　このようなコミュニケーション形態は，近年，大きく様変わりしている。企業と消費者間のコミュニケーションは，双方向的な情報のやりとりが行われるようになり，送り手と受け手の区別が，曖昧になりつつある（図 3-5）。消費者同士のコミュケーションも増加し，一般消費者による情報が，企業による情報よりも，購入意思決定に重要な影響を与える情報源として利用されることも多い。

［4］インターネット普及による影響

　近年では，多種多様な媒体を利用して，企業と消費者間のコミュニケーションが行われるようになったが，中でも，インターネットの普及による影響は大きい。図 3-6 は，消費者の各種メディアの平均利用時間を示したものである。平日は，テレビよりもインターネットの方が，わずかながら利用時間が多くなっている。また，平日・休日に関わらず，テレビをつけながら，インターネットの各種サービスも並行して利用する人が多いのも特徴である。インターネット上の各種サービスの利用時間については，図 3-7 に示した。メールを読む・書く，動画投稿・共有サービスを見る，ソーシャルメディアを見る・書くという行為に，多くの時間が費やされていることが分かる。さらに，ブログやウェブサイトを見る・書く，オンラインゲーム・ソーシャルゲームをすることなどにも，比較的多くの時間が費やされている。オンラインにも様々なサービスが存在するが，これらのほぼすべてにおいて，企業の広告や宣伝活動が実施されている。

　企業と消費者間のコミュニケーションのあり方が，双方向的，かつ，マル

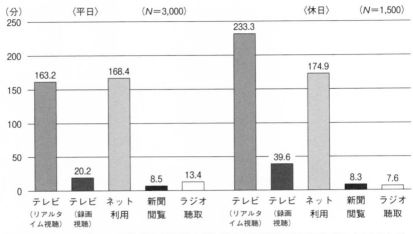

図3-6　主なメディアの平均利用時間（全年代）（総務省情報通信政策研究所，2021をもとに作成）

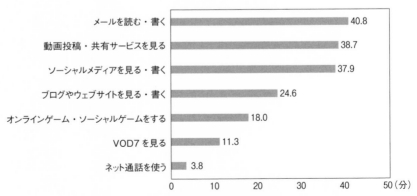

図3-7　インターネットの利用項目別の平均利用時間（全年代・平日）
（総務省情報通信政策研究所，2021をもとに作成）

ティメディア化が進みつつある中で，企業と消費者には，それぞれどのような
メリット，デメリットが生じているのかを整理した。

　1）企業側のメリット　　双方向的なコミュニケーションが進んだことによ
る1つめのメリットは，消費者の反応を簡単に，かつ，即時に得られるように
なったことである。それにより，広告の効果を測定したり，その結果に応じて，
戦略修正を行うことが容易にできるようになった（Kotler & Keller, 2016）。
　2つめは，消費者とのコミュニケーションを貴重なデータとして活用できる
ようになったことである。顧客の個人特性を把握したり，考えや意見を取り入
れることによって，商品開発や戦略立案へのヒントとして活かせるようになっ
た。
　3つめは，コミュニケーションを取りたいターゲット層を見つけやすくなっ
たことである。インターネットで商品情報を検索したり，各種サービスに申し
込む消費者は，関心が高い場合が多い（Kotler & Keller, 2016）。そのデータを
利用することによって，より購入可能性の高い消費者へアプローチすることが
できるようになった。
　4つめは，消費者個人に合わせた情報を送ることが可能になったことである。
購入履歴や情報検索のデータを活用することによって，伝える情報を適宜変更
し，それぞれの消費者が好む情報を提供することができるようになった。この
ことは，以前から企業のマーケティング戦略として重要視されていた，消費者
個人にパーソナライズされた情報を送り，対応をしていくという「One to One
マーケティング」（Peppers & Rogers, 1993）の実行へ，一歩近づいたことにな
る。

　2）企業側のデメリット　　コミュニケーション形態の変化により，企業は
様々な戦略上のメリットを得ているが，同時に，デメリットも生じている。1
つめは，多様な媒体でコミュニケーションが行われるようになったことにより，
企業が情報をコントロールすることが困難になったことである。企業から消費
者へ一方向的にメッセージを送る広告等では，企業が伝えたい情報だけを伝え
ることが可能である。しかし，様々な送り手によって情報発信が行われるよう

になった現在では，企業にとって都合の悪い情報が，瞬時に世界中に広まって
しまうこともある。情報がいったん広まってしまうと，その後，企業がそれを
訂正しようとしても，簡単にはいかないことが多い。

　2つめは，消費者に情報をブロックされたり，避けられることが多くなった
ことである（Kotler & Keller, 2016）。特に，インターネット上においては，数
秒もたたないうちにサイトから離れたり，広告を非表示にされてしまうことが
ある。企業が多大なコストをかけて作った広告でも，消費者を惹きつけること
ができなければ，無駄な努力に終わってしまう。

　3）消費者側のメリット　　コミュニケーション形態の変化は，消費者にも
多くのメリットをもたらした。1つめは，情報探索の利便性が向上したことで
ある。商品の実売価格やデザイン，どの店舗で買うのが得かなど，以前は，時
間を費やして，何軒も店舗を回らなければ分からなかった情報が瞬時に入手で
きるようなった。さらに，インターネットでは，商品の比較を行うことも容易
になり，自分の「ニーズ（欲求，needs）」に合った商品を見つけやすくなった。
　2つめは，情報選択の自由度が増したことである。企業側からの情報に加え，
専門的な知識を有した個人の意見や，購入者の率直な感想を参考にしたり，相
談サイトなどで，見ず知らずの人に購入の相談に乗ってもらうこともできる。
インターネットの情報であっても，商品の写真だけでなく，動画や使い方，自
分が商品を装着したときの仮想画像などを見て，商品選択の参考にできるよう
になった。
　しかし，実際の店舗で商品の実物を見て，選びたいという人も多い。商品
選びは実店舗で行い，購入候補となった商品から，インターネットで安く売
られているものを探すという消費者も増えている。実店舗がまるでショールー
ムのように利用されているので，「ショールーミング現象（showrooming
phenomenon）」と呼ばれる（Solomon, 2020）。
　3つめは，消費者の情報発信力が向上したことである。インターネットが普
及する前は，企業側の対応や商品に不満があって苦情を申し出ても，適当にあ
しらわれてしまうこともあった。訴訟を起こしたくても費用がかさむため，泣
き寝入りをせざるをえない消費者も多く存在した。しかし，インターネットが

普及したことにより，ウェブサイトや SNS などを通して誰もが発言をすることができるようになり，個人の発言が，世論や企業を動かすこともできるようになった。

　4 つめは，企業との情報格差が縮小したことである。商品を生産する専門家や技術者がおり，販売・宣伝戦略にも長けたプロ集団である企業と，一般消費者の間には，情報力という点において大きな差がある。消費者が個人で得られる情報は限られており，そのため，企業の欺瞞的説得に惑わされることも少なくない。しかし，インターネット上では，企業と利害関係のない専門家の意見や実際に購入した人の意見など，専門的で多面的な情報が入手できるようになった。情報の信頼性や信憑性を判断する能力は必要とされるものの，幅広い情報を収集することが可能である。消費者の情報リテラシー能力も向上しており，企業が欺瞞的説得を戦略として利用することには限界がある。

　4）消費者側のデメリット　　消費者にとって，情報革新は，大きなメリットをもたらした一方，いくつかのデメリットも生じさせている。1 つめは，様々な媒体を通して多様な情報を得られるようになった反面，不確実な情報に接する機会も増えている。法律の改正や運営サイト側の監視によって，不当な表示から消費者を守ろうとする努力はなされているものの，すべてを管理するまでには至らない。消費者は，自らの知識や判断力を養い，情報を見抜く力が必要とされている。

　2 つめは，個人情報の漏えいやサイバー犯罪に巻き込まれるケースが増大していることである。個人消費者を対象にしたサイバー犯罪は増加傾向にあり，ノートン（Norton, 2021）によれば，1 年間で約 1800 万人以上の日本人がサイバー犯罪の被害に遭っており，金額にすると約 220 億円もの損害が生じたと推定される。しかしながら，日本では，諸外国に比べ，個人においても企業においてもサイバー犯罪に対する危機意識が薄く，法整備も遅れているのが現状である（花尾，2016）。

　3 つめは，情報過多によって，迷惑に思う消費者や混乱する人が増加していることである。インターネットを開けば広告が表示され，メールや SNS では大量の広告が届き，ゲームをすれば広告に邪魔される。企業からの情報にう

んざりしている消費者は多く，最近では，「パーミッション・マーケティング
（permission marketing）」（Gordon, 1999）が求められている。これは，情報を
手当たり次第に送るのではなく，予め消費者から，送ってもよい情報の「許
可（permission）」を得ておき，必要とされる情報のみを送るという戦略であ
る。

［5］近年の口コミにおける変化

　1）対面口コミとe口コミ　　コミュニケーションの形態が多様化したこと
で，「口コミ（word-of-mouth communication）」にも変化が見られるように
なった。口コミとは，本来，口頭によって行われるコミュニケーション全般の
ことを意味し，マスコミュニケーション（マスコミ）に対する語として使用さ
れている。1960年代頃から企業のマーケティング戦略の一つとして注目され
るようになり，「消費者間で行われる商品やサービスについての情報交換」
（Arndt, 1967a: p. 3）を意味する言葉として定着した。インターネットが普及
する以前は，対面形式での口頭による情報伝達が主であったが，近年では，購
買サイト等の評価欄やSNSを通じての文字による口コミが増加している。イ
ンターネット上の口コミは，「e口コミ」と略されることもある。

　口コミは，企業との利害関係がない一般消費者が発した情報であるため，真
実を伝えていると推測されやすく，信頼性が高い情報として受け止められるこ
とが多い。そのため，企業が意図的・計画的に情報を伝達する広告などよりも，
消費者の購買選択に，より強い影響を及ぼすとされている（Arndt, 1967b）。し
かし，e口コミの場合には，対面的な口コミとは少し様相が異なる。対面口コ
ミとe口コミの差異について，4つの点が挙げられる（第1章第3節も参照）。

　1つめは，送り手と受け手の関係性の差異である。対面口コミでは，情報の
送り手と受け手が既知の関係であることが多いが，e口コミの場合は，双方と
もに匿名性が高い場合が多い（杉谷, 2019）。口コミの発信者が，どのような人
物であるかを知らないため，受け手側は，その人物の専門的知識が高いかど
うかによって，信頼できる情報であるかを判断する傾向がある（Wallace,
1999）。

　2つめは，対面口コミでは，送り手の非言語的手がかりに受け手が接するこ

とができるため，受け手は，口コミの情報内容を総合的に判断することができる。それに対して，e 口コミにおいては，文字中心で情報伝達が起こるため，情報の真偽を確かめる手がかりが少ない。しかし，動画などで，非言語的な手がかりが得られる場合には，送り手の感情や態度は伝わることがある（杉谷，2009）。

　3 つめは，対面口コミは，送り手と受け手が対面している場で，同時性の高い情報交換が行われるが，e 口コミの場合には，時差がある場合が多いことである。e 口コミでは，口コミを投稿した送り手が，後から編集作業を行ったり，加筆修正を加えることもできるため，より消費者を惹きつける内容に変更することも可能である。

　4 つめは，e 口コミの場合は，企業側による情報操作の可能性が存在することである。企業が，ポイント付与やプレゼントなどを誘因として，購入者に投稿を促したり，サクラを雇って，高評価レビューを投稿させることなどが，度々話題になっている。対面口コミの場合は，企業が情報操作をしようとしても実現できないことが多いが，e 口コミにおいては，頻繁に見られる。このような現状に対して，e 口コミの「やらせ」に惑わされないように注意喚起したり，「やらせ」を見破る方法などをアドバイスするサイトも存在する。消費者側も，口コミによる情報をすべて鵜呑みにするのではなく，口コミ情報を取捨選択することの重要さを認識し始めている。

　2）口コミが消費者の意思決定に及ぼす影響　　インターネット上の口コミには，「やらせ」も存在するが，近年では，消費者が購入の意思決定をする際に，重要な情報源として利用されているのも事実である。情報通信白書（総務省，2016）によれば，買い物をする際に，インターネット上のレビューを 60％以上の消費者が参考にしているという。この傾向は，20 歳代から 60 歳代のすべての世代において見られた（図 3 - 8）。KDDI エボルバ（2021）の調査では，ネット上の良い口コミを読んで購入を決めたことがある人は 98.4％，悪い口コミで購入をやめたことがある人は 98.0％（図 3 - 9）とされ，いずれにおいても，消費者の購買意思決定に大きな影響を及ぼしていることが示されている。

　しかし，すべての商品を購買するときに，口コミが重要視されるわけではな

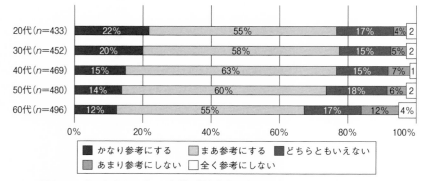

図3-8　ネット上のレビューをどの程度参考にするか（総務省，2016をもとに作成）

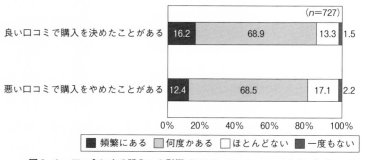

図3-9　口コミによる購入への影響（KDDIエボルバ，2021をもとに作成）

い。にんじんやじゃがいもを買うたびに，口コミを検索する人はいないであろう。消費者が，口コミを情報源として重視するかどうかは，商品の特性や購買状況によって変化する。

　口コミやレビューを確認することが多い商品は，家電製品，情報通信機器，化粧品，飲食サービスなどである（図3-10）。これらの商品に共通する点は，比較的値段の高い商品であること，商品技術が複雑であること，商品（店舗）の種類が多く，どれを選択したかによって結果が大きく異なることなどである。消費者は，不確実性やリスクが高い場合に，他者の口コミを参考にして，失敗しない購買選択をしようとする（Solomon, 2019）。また，商品の数や種類が多くて自分で探すのが面倒なときも，口コミを参考にして選択肢をしぼり，手間

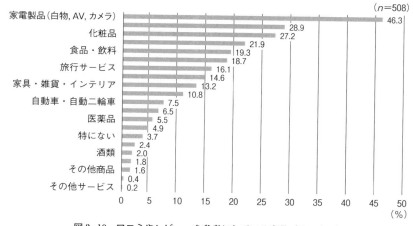

図 3 -10　口コミやレビューを参考にしている商品（3 つまで）
（三菱 UFJ リサーチコンサルティング，2018 をもとに作成）

を省くケースもよく見られる。

3）オピニオンリーダーの変化　　消費者間の口コミには，多くの人に情報を伝えるオピニオンのリーダーが存在する。「オピニオンリーダー（opinion leader）」は，その商品（カテゴリー）に精通しており，他の消費者に情報伝達やアドバイスを行い，態度や行動に影響を及ぼす個人のことである（Rogers，1983）。対面口コミが一般的であった時代には，オピニオンリーダーから一般の消費者へ一方向的に情報伝達されることが想定されていたが，e 口コミが増加した現在では，オピニオンリーダーと他の消費者との双方向的な情報のやりとりが行われるようになった（図 3 -11）。さらに，オピニオンリーダーから情報を受け取った消費者間での情報交換も行われるようになった。

　企業では，他の消費者へ強い影響力をもつオピニオンリーダーに働きかけ，プロモーション活動に利用しようとする試みがなされてきた。友人紹介のキャンペーンを行ったり，高額購入者に新商品をプレゼントしたり，オピニオンリーダー尺度なども開発されたが，実際に探し出すことは困難であった。e 口コミが増加するようになると，フォロワー数の多い個人を特定することが可能

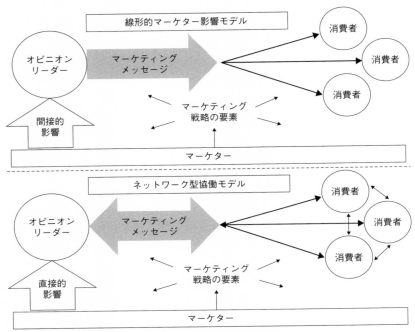

図3-11 オピニオンリーダーの口コミへの影響のモデルの変化（Kozinets et al., 2010 をもとに作成）

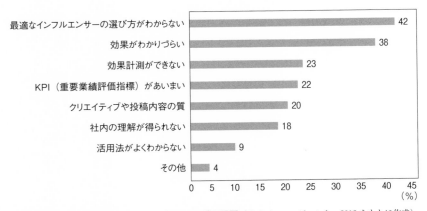

図3-12 インフルエンサー・マーケティングの課題（サイバーエージェント，2018 をもとに作成）

になり，プロモーション戦略として活用されることが多くなった。インターネット上のオピニオンリーダー（インフルエンサー，p. 155，p. 158）については，効果が分かりづらかったり，効果計測ができないなどの課題が残されている（図 3 -12）。

■ 引用文献

Arndt, J. (1967a). *Word of mouth advertising: A review of literature*. New York: Advertising Research Foundation.

Arndt, J. (1967b). Role of product-related conversations in the diffusion of a new product. *Journal of Marketing Research, 4*, 291-295.

Brehm, J. W., & Sensenig, J. (1966). Social influence as a function of attempted and implied usurpation of choice. *Journal of Personality and Social Psychology, 4*(6), 703-707.

Chan, E., & Sengupta, J. (2010). Insincere flattery actually works: A dual attitudes perspective. *Journal of Marketing Research, 47*(1), 122-133.

Coulter, R. H., & Pinto, M. B. (1995). Guilt appeals in advertising: What are their effects? *Journal of Applied Psychology, 80*(6), 697-705.

サイバーエージェント（2018）．インフルエンサーの活用状況に関するアンケート調査　プレスリリース 2018 年 6 月 20 日　Retrieved from https://www.cyberagent.co.jp/news/detail/id=21673

菊池智明（2017）．トップ営業マンが使っている買わせる営業心理術　明日香出版社

Gordon, S. (1999). *Permission marketing*. New York: Simon & Schuter. (谷川　漣（訳）（2011）．パーミッション・マーケティング　海と月社)

花尾由香里（2011）．商品表示における比較表現と数値情報に関するあいまいさの認知と購買への影響　日本応用心理学会第 78 回大会発表論文集，63.

花尾由香里（2016）．インターネットバンキングのセキュリティに対する消費者意識　産業・組織心理学会第 32 回大会発表論文集，265-266.

Harmon, R. R., & Coney, K. A. (1982). The persuasive effects of source credibility in buy and lease situations. *Journal of Marketing Research, 19*(2), 255-260.

KDDI Evolva（2021）．EC・通販ユーザー動向調査レポート　Retrieved from https://www.k-evolva.com/news/detail20210630.html

吉川肇子・菅原康二・岡本真一郎（1993）．広告表現からの推論（1）　日本社会心理学会第 34 回大会発表論文集，246-247.

Kotler, P., & Keller, K. L. (2016). *Marketing management* (15th ed.). Harlow, Essex: Pearson Education.

Kozinets, R. V., de Valck, K., Wojnicki, A. C., & Wilner, S. J. S. (2010). Networked narratives: Understanding word-of-mouth marketing in online Communities. *Journal of Marketing, 74*(2), 71-89.

三菱 UFJ リサーチ&コンサルティング（2018）．口コミサイト・インフルエンサーマーケティングの動向整理　Retrieved from https://www.caa.go.jp/policies/policy/consumer_policy/policy_coordination/internet_committee/pdf/internet_committee_180927_0002.pdf

Norton LifeLock（2021）．ノートンサイバー犯罪調査レポート　プレスリリース 2021 年 5 月 17 日　Retrieved from https://prtimes.jp/main/html/rd/p/000000004.000069936.html

Peppers, D., & Rogers, M. (1993). *The one to one future building relationships one customer at a time*. New York: Currency Doubleday. (ベルシステム 24（訳）（1995）．ONE to ONE マーケティング―顧客リレーションシップ戦略　ダイヤモンド社)

Ray, M. L., & Wilkie, W. L. (1970). Fear: The potential of an appeal neglected by marketing. *Journal of Marketing, 34*(1), 54-62.

Rogers, E. M. (1983). *Diffusion of innovations*. New York: Free Press.

Solomon, M. R. (2019). *Consumer behavior: Buying, having, and being* (13th ed.). Harlow, Essex: Pearson Education.

総務省（2016）．平成 28 年版情報通信白書　日経印刷

総務省情報通信政策研究所（2021）．令和 2 年度情報通信メディアの利用時間と情報行動に関する調査報告書　Retrieved from https://www.soumu.go.jp/main_content/000765258.pdf

菅原康二・岡本真一郎（1992）．広告表現からの推論に関する研究　日本社会心理学会第 33 回発表論文集，244-245.

杉谷陽子（2019）．消費者行動の規定要因 3：社会的影響　永野光朗（編）　産業・組織心理学講座第 5 巻　消費者行動の心理学（pp. 107-123）北大路書房

杉谷陽子（2009）．インターネット上の口コミの有効性―製品の評価における非言語的手がかりの効果　上智経済論集，*54*, 47-58.

Wallace, P.（1999）．*The psychology of the internet.* New York: Cambridge University Press.

3 文化とコミュニケーション

中尾　元・内田由紀子

[1] はじめに

　文化とコミュニケーションというテーマが扱う内容は，広範にわたる。例えば「異文化間コミュニケーション（cross-cultural communication）」という分野一つとってみても，言語学，社会学，文化人類学，心理学からのアプローチが行われている（Berry et al., 2002）。異文化間コミュニケーション研究に限らず，全体としては様々な領域の研究法や理論により，多様に検討されてきた。

　本節では，文化とコミュニケーションに関して，文化人類学と心理学からの定義を概観した上で，文化が人々のコミュニケーション様式に与える影響を検討する。その後，異文化間心理学に焦点を当て，特に異文化接触における課題とそれを乗り越える方略として検討されてきた「異文化間能力」について論じる。

[2] コミュニケーションの代表的な定義

　コミュニケーションとは，2者あるいはそれ以上の個体間で言語，非言語のメッセージを交換し合い，互いに影響を与え合う過程である（山本，1999）。対人的なコミュニケーションで重要な要素には，言語的（verbal）・明示的（explicit）なやりとりだけではなく，様々な非言語的（nonverbal）・非明示的（implicit）な要因も含まれる（Heine, 2015）。この前提に立つと，「コミュニケーションとは，あるシステムから別のシステムへの言語記号および非言語記号による情報の移動を含む過程である」という深田（1999：p. 4）の包括的な定義の汎用性が高いであろう。

1）言語行動と非言語行動　　コミュニケーションの構成要素は，「言語行

動（verbal behavior）」と「非言語行動（nonverbal behavior）」とで構成されている（Klopf, 1995）。言語，非言語の諸特徴の詳細については，第1章第1，2節を参照されたい。ここでの「言語」とは単に日常的に交わされる会話としての言語だけでなく，特定の文化集団内で伝達が可能な，記号やシンボル（例：標識や案内図用の記号など，特定の社会・文化の取り決めや慣例に基づくマークや図表も含まれる）といった，広い意味でのシステムの総体を意味している。

　コミュニケーションの相互行為の中では，非言語的なものは6割以上の比重を占めている（Birdwhistell, 1970）。例えば身体的ジェスチャー（例：頷きや特定の仕草が意味するものなど）や身体特徴，声量や声質，話すときの人との距離の取り方，互いの時間感覚など，様々なものが含まれる。また，コミュニケーションにおいては交わされる情報だけでなく，情報の捉え方そのもの（認知枠）も会話に影響を与える。例えば，コンドン（Condon, 1980 近藤訳 1980）によれば，日本に生まれ育った人が「花見の光景」として認識する写真に関して，それを日本に馴染みのない人々に見せて何の写真か尋ねた場合，多くの人々は「ござに座るために人々が脱いだ靴」の写真であると回答したという。この例は，生活経験を通して培われてきた社会文化的な枠組みの相違により，同じ写真であっても異なる箇所に注意が向き，中心的となる対象物も異なることを示している。

［3］文化の定義

　文化とは字義的な定義としては人々の「生活様式」のことであるが，下記のように様々な研究分野で定義づけや概念化がなされてきた。

1）文化人類学の立場からの文化の代表的な定義　　文化人類学の分野における有名な定義は，クローバーとクラックホーン（Kroeber & Kluckhohn, 1952）によるものであり，「社会や集団の歴史を通じて築かれた慣習や意味構造，そして素朴理論やシンボルの総体」（p. 181）として文化は定義づけられ，そのようなシンボル（象徴）を通して「獲得され伝達される，明示的・黙示的な行動のパターン」（p. 181）でもあるとされてきた。この定義によれば，私たちが

普段意識をしているかどうかにかかわらず，私たちの行為やものの考え方を一定程度方向づける習慣や社会的ルールの総体として文化を捉えることができる。

　また，文化を教示もしくは模倣によって獲得し，共有された諸概念と考察している論考もあるように（Thornton, 1988），文化とは個人のみで成立するものではなく，世代間によって伝達・共有され，同世代同士で共有される何らかの規範や行動パターンである。

　このように，文化は直接／間接的に人々のものの見方や行動を方向づける象徴や価値観の総体であり，それが集団に共有され，世代的にも伝達・継承されるという特徴を示している。

2）心理学の立場からの文化の代表的な定義

心理学的なアプローチでは，上記の文化人類学の社会的に共有された事象としての文化という定義を受け入れた上で，それらが個別のこころのあり方に与える影響を実証的に捉えようとし，さらには人々が個人あるいは集団として新たに文化を維持したり再生産したりする過程にも注目をしている。

　文化心理学の立場から，北山（1998）は，文化をクローバーとクラックホーン（1952）と同じく，「社会・集団の歴史を通じて築かれた習慣及び公の意味構造・日常的現実の総体」（p. 6）であると論じている。この定義は，個人の行動パターンに影響を与えるものでありながら，あくまで公の意味構造や日常的・社会的現実の総体として文化を検討しているものである。この文化心理学の立場で特徴的なのは，「文化とこころの相互構成（mutual constitution of culture and psyche）」（Shweder, 1991）という観点である。これは単純に文化差を検討しようとするだけではなく，こころと文化が「どのように」互いを社会的現実として構築し合ってきたか，そのプロセスを検討することを目的としている。これは，一連の研究の中で従来普遍的と思われてきた心理傾向が，実際にはそれぞれの社会・文化的な価値観や制度を反映して形成されていることを実証する視点である。この文化心理学の観点は，次に見る行動主義とは異なり，人々が日常的に用いる言語的な理解や習慣の中に存在する「意味」を重視してきた（Bruner, 1990）。これは，人を単に物理的環境において受動的に生き

る存在としてではなく，自分たちが張り巡らした「意味の網の目（web of significance）」（Geertz, 1973: p. 5）に取り囲まれて主体的に価値を形成し，他者と共有しながら生きていく存在として捉えている。そして文化心理学的な研究は，そのような「意味」の網の目がいかに社会的に構築されてきたかを様々な実験や調査を通じて具体的に示していくことを目指している。

　かつて行動主義の立場から，スキナー（Skinner, 1969）は，文化について，行動を引き起こし，維持する「社会的強化の随伴性（contingencies of social reinforcement）」であると述べている。佐藤（1976）も，それぞれの社会における随伴関係の集まりが文化であると述べている。例えば，「知り合いに道ですれ違った」ときに，「言葉を発せずさりげなく会釈をすること」が挨拶とされる文化圏と，「言葉を発して握手をすること」が挨拶とされる文化圏があるとする。行動主義的な文化論に基づけば，「知り合いにすれ違う」ことに対応する社会的行為として慣例的とみなされるものが，一方では「さりげない会釈」でありながら，他方では「握手」であるため，文化が異なれば，それぞれの行為同士の結びつきである随伴性が異なるということになる。この立場は文化の「意味」には踏み込まず，行動間のコーディネーションの一つの累計学習として文化を捉えている。

　このような行動主義の文化論は，観察可能な会釈や握手という行為そのものをもってして文化と考えるのではなく，何らかの行為と行為との随伴性を形成しているものが文化であると考える点が特徴的である。同時に，新しい文化について学ぶことは，新たな社会的強化の随伴性について学ぶことであるため，現在の「異文化トレーニング（cross-cultural training）」（Landis & Bhawuk, 2020）や「文化的アフォーダンス[1]（cultural affordance）」（Ramstead et al., 2016）の観点ともつながっている。

　文化については，他にこころの「可塑性（plasticity）」の観点を含めた発達論からの定義がある。渡辺（2002）は，箕浦（1984）の文化の臨界期説を参考にしつつ，文化を，「精神発達過程の特定の時期で，環境との相互作用により，可塑的に形成され，その後の行動・知覚・認知・動機・情動・態度などを，基

1）　北山らは，特定の心理傾向や反応，そして一連の感情を誘発する可能性をもっている文化的資源や環境のことを文化的アフォーダンスと呼んでいる（Kitayama et al., 2006）。

本的に方向づける中核的な反応の型で，ある特定の集団の成員に有意性をもって共通に見られるもの」（p. 31）としており，個人の発達に応じた学習課題を通じて形成される共通的な行為として定義づけている。

　カウンセリング心理学の立場からは，社会的な地位や民族性などの「デモグラフィック変数（demographic variables）」が，いかに人々の心理傾向に影響を与えるかという観点に立ち，文化を「個人にとって意味のある，性別や社会経済的な背景，宗教，人種，民族性，地域や国の出身，そして性的志向を含むもので，個人のアイデンティティや行動，世界観や価値，態度や信念を特徴づけ形成する，集団に準拠する顕著な要因」（p. 52）であるとしている（Fuertes & Ponterotto, 2003）。文化人類学のアプローチでも，人々の行為やものの考え方を一定程度方向づける慣習や規範の総体が文化として論じられたが，ここでもアイデンティティや態度など，具体的な心理傾向に文化が影響を与えることが重要視されている[2]。

3）コミュニケーション分野の立場からの文化の代表的な検討

　コミュニケーション分野の諸研究は，コミュニケーションが「文化的コンテクスト（文脈）（cultural context）」に多大に影響される点に注目してきた（Condon, 1980 近藤訳 1980）。ここでの文化的コンテクスト（文脈）とは，言語のみによっては表現されない背景情報や前提知識を含むものであり，「非言語行動」として手のジェスチャーや顔の表情などが文化的コンテクストとして用いられることも多い。言語を用いた厳密で子細な伝達よりも，むしろ前提知識や共有理解に基づくような言い回しなどを用いることにより，文化的要素が強く反映されやすい。

　その上で，ホール（Hall, 1976）やバーンスタイン（Bernstein, 1964）はコミュニケーションと文化コンテクストの関係を論じている。ホール（Hall, 1976）によれば，文化は人と外界との間に高度に選択的な認知的スクリーンを提供する役割をもつ。このスクリーンは，人が特定の情報に注意を向ける一方で，その他を無視するよう選定する後天的なプログラムである。この認知的な

---

[2]　本章では詳述しないが，価値や態度，役割など，人の主観的な反応を中心に文化を論じたトリアンディス（Triandis, 1972）の認知主義的文化論がある。

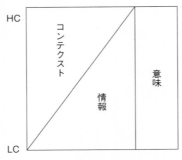

HC：高コンテクスト（high context）
LC：低コンテクスト（low context）

図3-13 文化コンテクスト（文脈）と情報の相互作用（Hall, 1976）

フィルター機能により，人は世界を構造化し，情報過多に陥らずに済んでいる。そしてホール（Hall, 1976）は，コミュニケーションにおける文化的コンテクストへの依存度に着目をし，世界にある様々な文化を「高コンテクスト（High Context: HC）」あるいは「低コンテクスト（Low Context: LC）」なコミュニケーションをもつとして分類している。

　図3-13は，ホール（Hall, 1976）が提唱したモデルである。このモデルでは，コミュニケーションにて交わされる意味を構成している要因として，状況や文脈である「（文化）コンテクスト」と，言語コードである「情報」のいずれに依存するのかの程度について図示化がなされている。

　例えば高コンテクストの文化になるほど，言語コードではなくその会話がなされた状況や文脈，非言語行為等に一層依存することになる。「あれとって」とか「この間あそこに行ったんだって」「いつものでお願いします」のように主語を脱落させたり，対象語（指示対象）を曖昧にしたりしても，意思が疎通できてしまうような関係性に依存するコミュニケーションである。一方，低コンテクストになるほど，意味の伝達や解釈がコンテクストによってではなく，言語コードに一層依拠することになる。例えば主語を脱落させることはなく，指示対象となるものについても「あれ」「それ」よりは具体的に言語化することで，より誤解をなくし，仲間内以外の誰にでもある程度伝わるようなコミュニケーションである。

　前提として，高コンテクストの文化圏では実際にその共同体の成員が多くの

共通の情報を共有しているというマクロ状態（例えば居住流動性の低さなどにより，長く同じメンバーと顔を合わせ続ける頻度が高い状態）にあるか，あるいは成員の大多数が同じ情報を共有しているに違いないと考えるような認知を共有していることが挙げられる。このような高コンテクストのコミュニケーションは後述する日本など東アジアの集団主義的な文化に見られるとされる（Hall, 1976）。一方，低コンテクストの文化では，その文化での共同体の成員に共通の情報があまり共有されていないという前提状態（例えば移民が多いなどの，多様なバックグラウンドをもつ人々が集団成員であるような状態）がある。そのため，コミュニケーションにおける意味の伝達の際には，できうる限り第三者的な視点からも明確で具体的な言語コードが用いられる形となる。そしてこのようなコミュニケーションは，後述する北米などの個人主義的な文化に見られるとされる（Hall, 1976）。後述するように，この高コンテクストおよび低コンテクストを中心とした文化差については，様々な実証研究が行われてきている。

　ちなみにここで言う「個人主義（individualism）」および「集団主義（collectivism）」とは，ホフステッド（Hofstede, 1991, 2001）や，トリアンディス（Triandis, 1995）などによって概念化されたものである。個人主義とは，個人の達成や動機づけ，選択や感情などを集団におけるそれらよりも重視し，自らが所属する集団からある程度分離したユニークな存在として自身のアイデンティティを考える傾向（Smith et al., 2013）として概念化されてきた。

　一方で集団主義とは，集団内での協調性や調和，集団全体としての達成や動機づけ，選択，感情を個人におけるそれらよりも重視し，自身のアイデンティティに関しては集団への持続的な帰属意識によって特徴づけられる傾向のことである（Smith et al., 2013）。

4）個人主義 - 集団主義とコンテクストとの関連　　個人主義社会では低コンテクストのコミュニケーション様式が顕著に見られる。個人主義社会はその背景に民族や流動性による多様性があるため，共通のコードでお互いに話す必要があるのに対し，集団主義社会はお互いが共有している情報が多く，コンテクストに依存したコードが使われるためと考えられる。

　例えば嘉志摩と嘉志摩（Kashima & Kashima, 1998）は，71の文化にて使用
されている39の言語を比較し，「私」や「あなた」といった単数の人物が主語
である文章での主語脱落（主語が省略されること）について文化傾向の観点か
ら検討した。主語脱落については，様々な言語の文法上の制約が影響をするこ
とを考慮に入れつつ，主語脱落が起こる文化では個人主義の程度が低い傾向が
あることが示された。先のホール（Hall, 1976）に基づけば，集団主義的な傾向
が高ければ，高コンテクストとして相手と文脈を共有している分，誰が文章の
動作主であるのかを話す必要がないと解釈することも可能であろう。嘉志摩と
嘉志摩（Kashima & Kashima, 1998）の解釈としては，主語は自他の関係性を
決める指標の一つであり，主語が省略されたことで，話し手が自他のどちらを
強調したいかに自由度が与えられるという。この他，不確実性の回避の傾向や，
責任の所在など様々な観点からの議論がなされており，研究の方法論からも慎
重な解釈が求められている（Kashima & Kashima, 2005では解析について一部
修正が行われている）。

　また，文化差の観点ではないにせよ，共有されたコードの度合いやコンテク
ストが日常的なコミュニケーション様式に影響を与えることに関する論考は，
古くからなされている。バーンスタイン（Bernstein, 1964）は，言語の表現様
式に着目をし，「制限コード（restricted code）」と「精密コード（elaborated
code）」といった区分でコミュニケーションの様式について説明をしている。
制限コードとは，言語コードの使用を極力避け，顔の表情やジェスチャー，声
のイントネーションなどの非言語コード，そして対人関係における隠れたメッ
セージや意味合いなどの社会的コンテクストによって意味の伝達や解釈を行う
コミュニケーションの様式である。この制限コードを共有している集団内におい
ては意味の伝達や解釈は容易であるが，集団の外部者にとっては理解が難しい
場合が多いとされる。一方，精密コードとは，非言語コードや社会的コンテク
ストに依拠せずに，言語コードそのものを中心として意味の伝達や解釈が行わ
れるコミュニケーションの様式である。ここでは，送り手は言語コードに情報を
含ませて，聞き手は言語コードで表現された意味をそのまま受け取る形となる。
そのため，精密コードでは意味合いが社会的なコンテクストによって影響を受
けにくいため，集団の内外で同様の表現の様態が見られることとなる。これら

の区分は，コミュニケーションの様式の文化差を論じるのに示唆的であろう。

［4］人々のコミュニケーション様式に文化背景が与える影響について

　ここまで，様々な立場からの文化論や，コミュニケーション分野における文化の捉え方について概観をしてきた。以下では，コミュニケーションに影響を与える文化の役割の実証研究を概観する。とりわけ先のホール（Hall, 1976）の高コンテクストおよび低コンテクストの理論（［3］3））を下敷きとしながら，文化心理学や言語論，感情研究や組織研究などの研究分野で行われてきた実証研究について概観する。

　特定の文化的な背景が人々のコミュニケーションの取り方にどのように影響を与えるかを知ることで，先述した文化心理学の観点である，こころと文化の相互構成について検討することができるであろう。

1）文化と高 – 低コンテクストに関する実証研究　　ホルトグレイブス（Holtgraves, 1997）は，先のホール（Hall, 1976）のモデルを受けて，会話での間接的表現の程度を測定する心理尺度を開発している。この尺度は，話し手として間接的な会話の仕方（よりコンテクストに依存する会話の仕方）をする程度と，聞き手として他の人が言ったことの間接的意味を探索する程度とを分けて測定するものである。例えば韓国人の方がアメリカ人よりも間接的なコミュニケーションをとる程度が調査で見られている。

　同様の心理尺度を用いて，サンチェス – バークスら（Sanchez-Burks et al., 2003）は，韓国と中国の経営学を専攻する学生を対象に調査を行い，会話での間接的表現の程度は先述した集団主義的な傾向によって媒介されることを明らかにした。

　尺度に関しては，ホールのモデルに基づきながら高コンテクストおよび低コンテクストのコミュニケーション様式を検討する心理尺度が開発されてきており，間接的な言語表現に対する解釈の傾向や，沈黙に対する態度について，アメリカ，日本，韓国，ハワイ，オーストラリア等で測定する研究がなされてきている（Gudykunst et al., 1996）。

　このような非言語的な手がかりに文化差が考えられる点について，石井ら

（Ishii et al., 2003）や北山と石井（Kitayama & Ishii, 2002）は，人々がどれだけ非言語的なコミュニケーションに依拠して情報処理を行うかを比較文化的な実験で検討している。

　実験では日米の参加者に，快（例：感謝やリフレッシュに関連した言葉）−不快を意味する言葉（例：苦渋，不服に関連した言葉）が音声で提示されるが，これらの言葉は快感情の響きのある声の語調（トーン）か，不快な響きのある声の語調を伴って提示されるものであった。参加者は，声の語調（トーン）を無視して単語の意味が快感情のものか不快感情のものかを回答する場合と，単語の意味を無視して声の語調（トーン）が快か不快かを回答するかのいずれかの条件で課題を行うように教示された。そして単語の意味と声の語調とで齟齬がある場合の，参加者の反応時間が分析の対象とされた。すると，アメリカ人参加者にとっては，単語の意味を無視しながら音声の語調（トーン）について判断をすることの方が，認知的に困難であったことが示された。この結果は，アメリカ人は話された単語の意味に対して日常的に注意を向けている傾向を示している。対照的に，日本人では音声の語調（トーン）を無視しながら単語の意味について判断することの方が，より認知的に困難であったことが示されており，言語の意味に頼らない，文脈依存的なコードを用いたコミュニケーションが行われていることが示唆された。

　しかしこの結果は，日本とアメリカの文化的な価値観に基づくコミュニケーション様式の文化差ではなく，日本語や英語の言語的な特性上の問題である可能性があった（例えば日本語の方が同音異義語が多いなどの特徴である）。この点を検討するため，石井らは日本人と同じく集団主義的な文化とされながら，タガログ語と英語との両言語を使用するフィリピンのバイリンガルの人たちを参加者として実験を行った。その結果，英語を用いたときにも，タガログ語を用いたときにも，いずれの場合でもフィリピンでは語調情報を無視しにくいという，先の日本と同様の結果が得られた。この結果により，意味情報と語調情報のいずれに注意を向けるかは，言語的な特性よりもむしろ文化的な傾向として説明されることが示された。

　同様の傾向は，日本とオランダとの比較で感情コミュニケーションの研究を行った田中らの研究（Tanaka et al., 2010）でも見られた。この実験では，相手

の顔を通して読み取った情報と相手の声を通して読み取った情報とをどのように結び付けて相手の感情を判断するかを検討したところ，日本人は相手の感情を判断する際に，自動的に声の調子に注意を向ける傾向が強いことが示された。

　また，先に論じた非言語行動について検討をするため，宮本とシュヴァルツ（Miyamoto & Schwarz, 2006）は，例えば留守番電話の機能のように「機械を相手に音声でメッセージを吹き込む行為」について比較文化的な調査を行っている。このような行為は，コミュニケーションをとる相手が不在のため，話している相手がどのように反応をしているかの手がかりが存在せず，相手からのフィードバックもないため，一般論として好まれないコミュニケーションとされる。しかしながら好まれない理由に文化差が見出されている。例えば，アメリカ人がメッセージを吹き込む行為を好まないのはメッセージを残した相手が保存されたメッセージを確認しないかもしれないからであるという。その一方で，日本人にとっての理由は，相手からのフィードバックなしにしゃべるのが困難であるからとのことであった。

　宮本とシュヴァルツはさらに検討を続ける中で，このような相手からの反応が読めないために非言語的なコンテクストが存在しない状況において，日本人はアメリカ人と比べて認知的に，より負荷がかかっている可能性を論じている。これは，複雑な認知課題を解きながらメッセージを吹き込む心理実験により，本来の認知課題の成績には文化間で差がなかったのに対し，メッセージを吹き込む場面では日本人の方が課題の成績が有意に低下したことによって検証されている。

　最後に，経営学の分野における緻密な観察に基づいた事例的研究として，井上（1993）の日本企業の分析がある。井上の比較文化論は，従来の個人主義－集団主義のパラダイムや，情報の送り手－受け手といった独立的な二者間の情報伝達のプロセス，そして欧米発の経営組織論などに依拠していない点で，注目を集めてきた。井上は，欧米的な企業は「ジョブ（職務）構造」の組織である一方，日本では「データベース構造」の組織であるという。これらの比喩が意味する内容は下記のようなものである。

　「ジョブ構造の組織とは，そのジョブさえやれば，他はいっさいやるにおよばずという，ジョブの範囲と，それに伴う責任の所在が，言葉・契約として明

確化されている組織である。（中略）データベース組織では，データベースに
データを入れるように，他人とのかかわりあいの中で，仕事の情報，仕事に対
する納得感，組織情報，社員相互の信頼感などが，混然一体となったデータと
して，関係の中に非言語的に累積され続ける。このデータベースの累積情報の
中から，各人がジョブをくみとって行動する組織である」（井上，1993）。

　一方で日本的なデータベース構造的組織では，言葉はあくまで「キーワー
ド」であり，データベースを共有している人々同士が，キーワードを通じて非
言語的なやりとりをしているとされる。いわゆる「以心伝心」などは，このよ
うなデータベース型の特徴である。

　もしもデータベースが共有できなかったり機能していない場合は，人は対人
的な距離をとり，「一人相撲をするようなコミュニケーション」や「閉じこも
り的」で非集団的な「離人的対人関係」が見られるようになるという。このよ
うな組織において，人々を動機づけるのはジョブ的な（前述のように，責任や
職務の範囲が契約等で明確化された形態の）トップダウンの経営論やリーダー
シップ論ではなく，時間的に長いスパンで行われる人事評価や，この会社のこ
の部門で，この上司や先輩や同僚の中にいたら鍛えられて，人間的にも伸び，
必ず報われるという信頼感（井上，1993）であるとされる。

　井上の論考は，日本型のコミュニケーションを考える上で示唆に富んでいる。
特に，データベースが共有できない際に日本人が非集団的になる傾向などは，
ひきこもりなどの現象の文化論的な論考（cf., 河合・内田，2013）にも関連づ
けられる。また，ジョブを「汲み取る」傾向などは，対人関係の中で相互の期
待を汲み取り合うことに関わる「甘え」（土居，1971）にも関連づけられる。同
じデータベースや文脈を共有するという傾向は，先の高コンテクストの議論と
通底するが，それとともに，そのようなデータベースの構築を可能にする要因
として，そのような社会の人々の「流動性（mobility）」の低さや，歴史的に見
た文化的な「異種混交性（heterogeneity）」の低さも検討する必要があろう。

［5］その他のテーマと研究方法論

　これまで，コミュニケーションや文化の定義，そして言語 - 非言語行為を中
心としたモデルと実証研究について概観をしてきた。これまでの文化比較の研

究とは別のパラダイムをもつ視点として，異なる文化背景をもつ者同士が接触する際のメカニズムはどのようであろうか。このテーマに関しては広範にわたる研究があるため，本章では「異文化接触（cross-cultural contact）」において問われる心理的な課題や，異文化に対応するための資質として概念化されてきた「異文化間能力（intercultural competence）」について概観する。

1）異文化接触において生じる心理的な課題と異文化間能力　異文化接触は，「ある程度の文化化を経た人が，他の文化集団やその成員と持つ相互作用」（渡辺，1995：p. 84）と定義される。主に異文化間心理学の領域から，異なる文化背景をもつもの同士が接触する際のメカニズムや心理的課題，そして課題の方略が検討されてきた。

　ブリスリンらの研究（Brislin et al., 1986）は，異文化接触に典型的な問題領域を①強い感情，②知識領域，③文化的相違の基礎の3つに分類し，合計18の項目を挙げている。①は，自分の行動が適切かどうかの不安感や，確証がもてない予測，そしてはっきりとしないメッセージを受け取るなどの曖昧さなどである。②は，費やす時間や空間的間合いの適切さ，社会的役割や階層，価値などである。③は，情報に関するカテゴリー化や内集団－外集団の区分，行動の原因の判断である帰属，学習スタイルなどである。異文化接触では，これらの内容に代表される形で，勝手が異なる故の戸惑いや心理的な混乱，そして社会的なやりとりの課題が生じ，対応が求められることもあろう。これはいわゆるカルチャーショックに準じた心理的な課題となる。

　このような課題を乗り越えるための方略として，異文化間能力という研究分野がある。異文化間能力とは，自らとは異なる基準や文化背景をもつ人と関係を築くことができる能力や資質の総称である。これは異文化適応よりも抽象的な次元で，様々な異文化の意見・価値・態度の衝突をどのように乗り越え，統合させる態度や資質をもつかを問う，心理学的な構成概念である。これまで，「文化を超えて効果的に機能するための個人の能力」（Whaley & Davis, 2007: p. 565）という包括的な定義がなされてきた。中尾（2019）は，既存の研究を踏まえ，次のような5つの理論的・実証的系譜を論じている。①異文化に対する興味，知的好奇心，ユーモア，開かれた態度などの特性論，②態度や世界観，③

社会的関わりでの柔軟さや,「切り替え（frame-switching）」など実際に取りうる行動, ④異文化感受性や変容学習などの発達論, ⑤関係を構築し調整する能力や判断保留などの統合的立場, である。

　これらの系譜と合わせて, 主に異文化トレーニングの文脈から,「文化的気づき（culture awareness）」を高めることも異文化間能力の一つとして検討されてきた。例えば文化的覚知法というトレーニングは, 学習者が自らの文化と対照的な価値観をもつ文化と対峙し, そこでの比較により, 自らの文化によって形づくられている自らのうちにあり普段気がつかない価値観や行動様式, 感情様式に対する気づきを高める方法である（Stewart & Pryle, 1966；渡辺, 2002）。この背景には, 自らの文化的前提となる価値観についての気づきが深まれば, 異なる文化に接触したときに経験する様々な問題に感情的に巻き込まれずより冷静に対処できるという考え方がある（渡辺, 2000）。先に触れた異文化接触の問題領域のように, 異文化での心理的課題は個人差の要因も関わるため, 誰しもにとって同様の客観的な性質をもつものではない。そのため, 自らの経験の中で何が「文化的な課題（intercultural hurdles）」（Leung & Cheng, 2014）であったかを「概念化する言語化や意識化の過程（problematization/conscientization）」自体に, 自らの文化的背景や価値観の前提, そして社会的関係性に意識を向け, 自己への気づきを高める過程が伴う。この自己意識化は, カウンセリングの理論に基づき, 判断材料としてものごとのあり方の意思決定や自らのあり方の自己決定を促し, それがひいては自己実現へとつながると考えられている（渡辺, 2002）。この意味で, 様々な職種や文化圏における文化的課題の事例を学ぶことや自身の経験の概念化は, この文化的気づきを高める異文化間能力の題材となる。

［6］おわりに

　2020年の初めより, コロナ禍に伴ってリモートワークやオンライン教育の機会が飛躍的に増加した。このようなプラットフォームは, グローバル化を新しい形態で推し進めていると考えられる。この点, 異文化接触の機会は増えているが, 文化背景の異なる者同士の関係構築のためには, 単に言語を翻訳し, 翻訳ツールさえ使えばよいということではなく, 先に述べたような非言語情報

の用いられ方を知るためのより統合的な文化理解が必要となってくるであろう。

　また，本章で見たコンテクストの検討のためには，実際の異文化接触の場を記述的に検討するアプローチも可能である。すなわち，必ずしも文化同士を比較する発想ではなく，人々の接触の際にどのようなことが「立ち現れる（stand out; emerge）」のかに着目し，「（異）文化性」をはじめとして，社会的文脈や「権力関係（power relations）」がどのように構築されているのかを検討する立場である。これは，ポストモダンの系譜に立つ「批判理論（critical theory）」（Holliday, 2010）等で論じられている。

　本節で論じた文化やコミュニケーションに関する諸テーマが今後どのような様相を生むのか，更なる研究が重要になってくるであろう。

■ 引用文献

Bernstein, B. (1964). Elaborated and restricted codes: Their social origins and some consequences. *American Anthropologist, 66*(6), part 2, 55-69.

Berry, J. W., Poortinga, Y. H., Segall, M. H., & Dasen, P. R. (2002). *Cross-cultural psychology: Research and applications* (2nd, revised ed.). Cambridge University Press.

Birdwhistell, R. (1970). *Kinesics and context.* Philadelphia, PA: University of Pennsylvania Press.

Brislin, R. W., Cushner, K., Cherrie, C., & Young, M. (1986). *Intercultural interactions: A practical guide.* Thousand Oaks, CA: Sage.

Bruner, J. S. (1990). *Acts of meaning.* Cambridge: Harvard University Press.

Condon, J. C. (1980). *Cultural dimensions of Communication.* (近藤千恵（訳）(1980). 異文化間コミュニケーション　サイマル出版会)

土居健郎 (1971). 「甘え」の構造　弘文堂

Fuertes, J. N., & Ponterotto, J. G. (2003) Culturally appropriate intervention strategies. In G. Roysircar, P. Arredondo, J. N. Fuertes, J. G. Ponterotto, & R. L. Toporek (Eds.), *2003 Multicultural counseling competencies: AMCD* (pp. 51-58). Alexandria, VA: American Counseling Association.

Geertz, C. (1973). *The interpretation of culture.* New York: Basic Books.

Gudykunst, W. B., Matsumoto, Y., Ting-Toomey, S., Nishida, T., Kim, K., & Heyman, S. (1996). The influence of cultural individualism-collectivism, self-construals and individual values on communication styles across cultures. *Human Communication Research, 22,* 510-543.

深田博己 (1999). コミュニケーションの心理学の構築へ向けて　深田博己（編著）コミュニケーション心理学：心理学的コミュニケーション論への招待 (pp. 143-157) 北大路書房

Hall, E. T. (1976). *Beyond culture.* New York: Doubleday.

Heine, S. (2015). *Cultural psychology* (3rd ed.). W. W. Norton & Company.

Hofstede, G. (1991). *Culture and organizations: Software of the mind.* London: McGraw-Hill.

Hofstede, G. (2001). *Culture's consequences: Comparing values, behaviors, institutions and organizations.* Thousand Oaks, CA: Sage Publications.

Holliday, A. (2010). *Intercultural communication and ideology.* Thousand Oaks, CA: Sage.

Holstein, J. A., & Gubrium, J. F. (1995). *The active interview (Qualitative research methods).* Sage.

Holtgraves, T. (1997). Styles of language use: Individual and cultural variability in conversational indirectness. *Journal of Personality and Social Psychology, 73,* 624-637.

Ishii, K., Reyes, J. A., & Kitayama, S. (2003). Spontaneous attention to word content versus emotional tone: Differences among three cultures. *Psychological Science, 14*(1), 39-46.

井上正孝（1993）．人はデータベースである─日本型組織の原動力　市井社

Kashima, E. S., & Kashima, Y. (1998). Culture and language: The case of cultural dimensions and personal pronoun use. *Journal of Cross-Cultural Psychology, 29* (3), 461-486.

Kashima, E. S., & Kashima, Y. (2005). Erratum to Kashima and Kashima (1998) and reiteration. *Journal of Cross-Cultural Psychology, 36*(3), 396-400.

河合俊雄・内田由紀子（2013）．「ひきこもり」考　創元社

北山　忍（1998）．自己と感情─文化心理学による問いかけ　共立出版

Kitayama, S., & Ishii, K. (2002). Word and voice: Spontaneous attention to emotional speech in two cultures. *Cognition and Emotion, 16,* 29-59.

Kitayama, S., Mesquita, B., & Karasawa, M. (2006). Cultural affordances and emotional experience: Socially engaging and disengaging emotions in Japan and the United States. *Journal of Personality and Social Psychology, 91*(5), 890-903.

Klopf, D. (1995). *Intercultural encounters: The fundamentals of intercultural communication* (3rd ed.). Englewood, CO: Morton Publishing Company.

Kroeber, A. L., & Kluckhohn, C. (1952). Culture: A critical review of concepts and definitions. *Papers of the Peabody Museum, 47,* 643-656.

Landis, D., Dharm, P. S., & Bhawuk, D. P. S. (Eds.) (2020). *The Cambridge handbook of intercultural training.* Cambridge, UK: Cambridge University Press.

Leung, K., & Cheng, G. H. L. (2014). Adaptability and intercultural interaction in the work context: A cultural tuning perspective. In D. Chan (Ed.), *Individual adaptability to change at work: New directions in research* (pp. 156-174). New York: Routledge.

箕浦康子（1984）．子供の異文化体験─人格形成過程の心理人類学的研究　思索社

Miyamoto, Y., & Schwarz, N. (2006). When conveying a message may hurt the relationship: Cultural differences in the difficulty of using an answering machine. *Journal of Experimental Social Psychology, 42,* 540-547.

中尾　元（2019）．異文化間能力の前提，資質の類型と実証的課題─これまでの枠組みと今後の展望について─　異文化間教育学, *50,* 111-123.

Ramstead, M. J. D., Veissière, S. P. L., & Kirmayer, L. J. (2016). Cultural affordances: Scaffolding local worlds through shared intentionality and regimes of attention. *Frontiers in Psychology, 7,* 1090.

Sanchez-Burks, J., Lee, F., Choi, I., Nisbett, R., Zhao, S., & Koo, J. (2003). Conversing across cultures: East-west communication styles in work and non-work contexts. *Journal of Personality and Social Psychology, 85,* 363-372.

佐藤方哉（1976）．行動理論への招待　大修館書店

Shweder, R. (1991). Cultural psychology: What is it? In R. A. Shweder (Ed.), *Thinking through cultures: Expeditions in cultural psychology* (pp. 73-110). Cambridge, MA: Harvard University Press.

Silverman, D. (2017). How was it for you? The interview society and the irresistible rise of the (poorly analyzed) interview. *Qualitative Research, 17*(2), 144-158.

Skinner, B. F. (1969). *Contingencies of reinforcement.* Printice-Hall.

Smith, P. B., Fischer, R., Vignoles, V. L., & Bond, M. H. (2013). *Understanding social psychology across cultures: Engaging with others in a changing world* (2nd ed.). Thousand Oaks, CA: Sage.

Stewart, E. C., & Pryle, J. B. (1966). An approach to cultural self-awareness. *Professional paper, 14-66,* George Washington University.

Tanaka, A., Koizumi, A., Imai, H., Hiramatsu, S., Hiramoto, E., & De Gelder, B. (2010). I feel your voice: Cultural differences in the multisensory perception of emotion. *Psychological Science, 21*(9), 1259-1262.

Thornton, R. (1988). Culture: A contemporary definition. In E. Boonzaier & J. Sharp (Eds.), *South African keywords: The uses and abuses of political concepts.* Cape Town: David Phillip.

Triandis, H. C. (1972). *The analysis of subjective culture.* New York: Wiley.

Triandis, H. C. (1995). *Individualism and collectivism.* Boulder, CO: Westview Press.

渡辺文夫（1995）．心理学的異文化接触研究の基礎　渡辺文夫（編）異文化接触の心理学（pp. 79-96）　川

　　島書店
渡辺文夫（2000）．『関係は本質に先立つか』―異文化接触における統合的関係調整能力とその育成のための
　　教育法　東海大学教育開発研究所（編）　コミュニケーション教育の現状と課題　英潮社
渡辺文夫（2002）．異文化と関わる心理学　サイエンス社
Whaley, A. L., & Davis, K. E.（2007）. Cultural competence and evidence-based practice in mental health
　　services: A complementary perspective. *The American Psychologist, 62,* 563-574.
山本雅美（1999）．コミュニケーションの文化心理学　深田博己（編著）　コミュニケーション心理学：心理
　　学的コミュニケーション論への招待（pp. 143-157）　北大路書房

SNS でのコミュニケーションと心理

北村　智

　SNS は 2000 年代半ば以降，主要なインターネットサービスとして認識されるようになってきた。特に 2010 年代に入って広く利用されるようになったスマートフォンとともに利用が増加したと言われる（総務省，2017）。本節では SNS を通じたコミュニケーションについて社会心理学的観点から概説する。まず SNS のコミュニケーションサービスとしての特徴を簡単に説明する。その上で，SNS 利用における利用と満足，社会的比較，社会関係資本に関するこれまでの研究について紹介する。そして，SNS にまつわる社会的な課題とも言える，エコーチェンバーとフィルターバブル，フェイクニュース，炎上に関して説明する。

［1］SNS とは

　1）SNS は何の略語か　　SNS は略語であるが，元の語についてはいくつかの考え方がある。一般に「ソーシャル・ネットワーキング・サービス（Social Networking Services）」の頭文字をとったものとして認識されている。しかし「ソーシャル・ネットワーク・サイト（Social Network Sites）」の略語とする場合もある（boyd & Ellison, 2007）。最初の S が「ソーシャル（social）」を表す点はどの考え方でも共通しているが，N はネットワーキングとネットワークがあり，最後の S はサービスとサイトがある。

　まず，サービスとサイトについてはそれほど重要ではない。スマートフォンがインターネット利用の中心となっている現在，サービスとして捉える方が妥当な状況になっている。「サイト（site）」は website を意味しており，当初の SNS はブラウザでの利用が中心であったが，スマートフォンなどでは独立したアプリから利用するサービスとなっているからである。

　一方で，ネットワーキングとネットワークについては，コミュニケーションの観点から重要な相違を含んでいる。「ネットワーキング（networking）」とする場合には未知の他者同士の関係を開始・形成していくことに重点を置くことになり，「ネットワーク（network）」とする場合には利用者がオフラインでの既存のソーシャル・ネットワークをオンライン上で明確化・可視化できることを強調することになる（boyd & Ellison, 2007）。SNSはどちらの使われ方もありうるため，両方とも正しいが，その選択によって強調される点が異なることには注意が必要である。なお，本節では両義的な語としてSNSを用いている。

　2）SNSの定義　　学術的観点からSNSを捉えていく上で，その定義は重要となる。定義によって対象を限定しなければ，あらゆるオンライン・コミュニケーションをSNSでのコミュニケーションと捉えることも可能になってしまう。極端に言えば「Webが本質的に持っている，情報管理の分散性とハイパリンクを用いた相互連携のアーキテクチャは，SNSの特徴そのもの」（大向，2015：p. 70）という見方もできる。

　コミュニケーション学分野ではボイドとエリソン（2007）の定義が知られている。彼女らはSNSを「個人が①境界線のあるシステム内で公開または半公開のプロフィールを構築し，②つながりを共有する他のユーザーのリストを明確にし，③自分のつながりのリストとシステム内の他の人が作ったつながりのリストを閲覧し，横断することができるウェブベースのサービス」と定義した（p. 211）。その後，彼女らはこの定義をアップデートし，「SNSはネットワーク上のコミュニケーションプラットフォームであり，参加者は，①ユーザーが提供したコンテンツ，他のユーザーが提供したコンテンツ，およびシステムレベルのデータから構成される一意に識別可能なプロフィールをもち，②他のユーザーが閲覧および横断できる接続を公に表明することができ，③サイト上のつながりから提供されたユーザー生成コンテンツ（User Generated Content: UGC）のストリームを（で）消費，生成，および／または相互作用することができるもの」とした（Ellison & boyd, 2013: p. 158）。

　これらの定義のポイントは自分の「つながりリスト」の作成・構築と，他者の「つながりリスト」を閲覧し，それをたどって他の利用者のプロフィールや

投稿を閲覧していくことができる点である。主要なサービスでは Facebook，
Twitter，Instagram，TikTok などがこの定義に当てはまる。一方で，この定
義に準じれば，他の利用者の「友だち」のリストをサービス上で閲覧すること
ができない LINE などのメッセージングアプリは SNS から除外される。しか
し LINE は主要な SNS として一般では扱われるため（e.g., 総務省，2017），定
義には注意が必要である。

　なお，SNS とともによく使われる言葉である「ソーシャルメディア（social
media）」は，Web 2.0 に思想的・技術的に基づく UGC の生成と交換を可能に
するインターネット上のアプリケーション群（Kaplan & Haenlein, 2010）とさ
れる。つまり，SNS はソーシャルメディアの一種であり，ソーシャルメディア
には SNS 以外も含まれる。例えば Wikipedia は SNS ではないがソーシャルメ
ディアに含まれる。

　3）SNS の展開　　ボイドとエリソンの定義に当てはまるものとして最初に
認知された SNS は，1997 年に開設された SixDegrees.com だという（boyd &
Ellison, 2007）。しかし，このサービスは 2000 年 12 月 30 日に終了した。この
2000 年前後はいくつかのオンライン・コミュニティサービスが SNS 機能をも
つようになった（boyd & Ellison, 2007）。

　2000 年代に入って，多くのユーザーを獲得して一定の成功を収める SNS が
登場した。2002 年に開設された Friendster は，SNS として多くのユーザーを
得ることに成功した最初の事例と言われる（大向，2015）。2003 年には
MySpace がスタートし，音楽に関する交流を中心に成功を収め，現在，世界最
大の SNS と言える Facebook は，2004 年にハーバード大学専用の SNS として
開設された（boyd & Ellison, 2007）。2006 年から 2011 年にかけてコミュニケー
ション学分野の主要ジャーナル 6 誌に掲載された SNS 研究論文のうち，最も
多く研究対象となっていたのは Facebook（44.3%）で，MySpace（13.1%）が
それに次ぐ SNS であった（Zhang & Leung, 2015）。

　日本では 2004 年に GREE と mixi がサービスを開始した。mixi は 2004 年 9
月に，GREE は同年 10 月にそれぞれ 10 万 ID を突破したが，2005 年 7 月に
mixi は 100 万 ID を突破して会員数で GREE を大きく引き離した（佐々木，

2018)。2000 年代に日本国内では mixi が主要な SNS となり，mixi を対象とした SNS 研究も行われた（e.g., 小寺，2009；Takahashi, 2010)。

　2010 年代に入ると，日本では Twitter が人気を博すようになった。Twitter は 2006 年に米国でスタートしたマイクロブログサービスであるが，前述の定義に照らして SNS ともみなされる（北村ら，2016)。また，2010 年代にはスマートフォンの普及が進み，スマートフォンからの SNS 利用も広まっていった。2010 年に公開された Instagram は写真投稿 SNS として米国で始まったサービスであり，スマートフォン用アプリとして当初からリリースされた（Siegler, 2010)。また，中国の ByteDance 社は 2016 年に Douyin（抖音）というショート動画共有 SNS を中国国内でリリースし，2017 年以降，TikTok の名称で国際的に展開するアプリとしてローンチした（ByteDance, 2017)。

　2022 年現在，日本国内における主要な SNS として挙げられるのは Instagram，Twitter，Facebook，TikTok の 4 つであろう。13〜69 歳を対象にした総務省の調査によれば，2021 年 12 月時点での利用率は Instagram が 48.5%，Twitter が 46.2%，Facebook が 32.6%，TikTok が 25.1% であった（総務省情報通信政策研究所，2022)。2000 年代に人気を博した mixi の利用率は同調査で 2.1% となっており，海外企業によって国際的に展開されている SNS が日本国内でも主流となっている。

　4）SNS の特徴　　北村ら（2016）は SNS としての Twitter を社会心理学的メディア研究の観点から捉えた場合の特徴を 5 つの観点から述べている。

　1 点目は「カスタマイズ可能性と情報発信可能性（川上ら，1993）の高さ」である。カスタマイズ可能性とは利用者の需要やニーズに応じた情報環境の選択可能性のことを指し，発信可能性とは利用者がそのメディアを通じて情報を受け取るだけではなく，情報発信者として参加できる可能性のことを指す。これらはインターネット全般の特徴でもあるが，個人による情報発信の容易性が高まり，その情報が環境を構成する SNS は特にこの特徴が際立っている。

　2 点目は「永続的個人化」（Schafer et al., 2001）である。SNS では個人のプロフィールとつながりリストを有するため，各利用者は固有のアカウントをもつことになる。永続的個人化とはそのアカウントで登録した情報やそれまでの

利用情報に応じて，アカウントごとに異なる内容が表示される仕組みである。SNS では利用者の意思決定による個人化と，機械処理による自動的個人化が含まれる。この2つは後述するエコーチェンバー，フィルターバブルの論点と特に関わってくる。

　3点目は「対人コミュニケーションとマス・コミュニケーションの境界線の溶解」である。SNS は個人ユーザーが他の個人ユーザーとつながり，コミュニケーションするサービスであり，「人と人」がコミュニケーションするメディアとして研究される対象である。だが，その一方で現在の SNS には企業・組織の公式アカウントや新聞社・テレビ局がニュースを発信するアカウントなどが存在しており，個人ユーザーのつながる対象が必ずしも個人ユーザーではなくなっている。また，個人ユーザーの投稿もニュースの共有や「口コミ（words-of-mouth; WOM）」であったりするために，情報閲覧・入手の手段として SNS が活用されることも一般的である。この点で，SNS はマス・コミュニケーション研究の延長線上で扱われるようにもなっている。

　4点目は「オンラインとオフラインの重なりの選択性」である。ボイドとエリソン（boyd & Ellison, 2007）が既知のネットワークの明確化・可視化を強調したように，SNS はオフラインの人間関係を元に行うオンライン・コミュニケーションサービスとして利用することが可能である。実名制で知られる Facebook だけでなく，日本の mixi も当初は招待制で始まっており，オフラインの人間関係を元にしたサービスという色彩をもっていたと言える。一方で，「オフラインで形成されるものとは異なる縁」としてパソコン通信の研究で強調された「情報縁」（川上ら，1993）のように，SNS ではオンラインとは独立したネットワーキングが行われることもある。

　5点目は「解放されたオンライン・コミュニティ」という特徴である。電子掲示板やチャットグループ，メーリングリストなどのオンライン・コミュニティとは異なる特徴を SNS はもつ。オンライン・コミュニティにおける集合的コミュニケーションでは，「電子的に共有された場」が存在し，参加者は同じ場を共有して見ることになる。一方で，SNS の場合はタイムラインやニュースフィードといった自分の画面に表示される情報は自分のつながりによって構成される。つながりのリストが完全に共通していれば同じく構成された情報を

見られるが，他のユーザーとつながりのリストが完全に共通することは期待で
きるものではない。北村ら（2016）はこの点に着目して，「ネットワーク化され
た個人主義（networked individualism）」（Rainie & Wellman, 2012）の当ては
まる「解放されたオンライン・コミュニティ」として SNS を捉えている。

［2］SNS 利用に対する社会心理学的研究の知見

　1）利用と満足研究　　メディア研究では利用者の能動性を強調し，利用者
の期待効用，充足という心理的側面からメディアを捉える「利用と満足（uses
and gratifications）研究」がある。利用と満足研究は 1940 年代に始まった古典
的アプローチであるが，能動的な受け手＝利用者に着目するものとして CMC
やインターネット研究でも応用されてきた。それは SNS 研究でも例外ではな
い。

　SNS 研究でも利用と満足アプローチが世界中で用いられ，SNS の効用・
ニーズあるいは利用動機が見出されてきた。例えば，MySpace または Facebook
利用者に対する利用と満足研究（Raacke & Bonds-Raacke, 2008）では「以前の
友人と連絡を取るため」「現在の友人と連絡を取るため」「昔の友人を探すため」
という既知のネットワークに関する効用や「新しい友人を作るため」という新
たなネットワーキングに関する効用が主要な効用であることが示された。また，
Facebook グループの利用と満足研究（Park et al., 2009）では，Facebook 内の
グループへの参加に「社交」「娯楽」「自己ステータスの追求」「情報」の 4 つの
ニーズが主に関わっていることが示された。

　日本の SNS 研究でも，利用と満足アプローチが用いられてきた。小寺
（2009）は mixi を利用する大学生の利用と満足を調査し，mixi から得られる効
用には「既存の関係の強化」「知識・情報獲得」「新たな出会い」の 3 つがあり，
特に「既存の関係の強化」が mixi の基盤となっていると論じた。Twitter に関
しては柏原（2011）が調査を行い，「交流／自己表現動機」「既存関係維持動機」
「実況／情報探索動機」「自己呈示動機」「気晴らし動機」という 5 つの利用動機
を見出している。

　これらの利用と満足研究の知見について，北村ら（2016）は Twitter 利用を
論じる中で，情報ニーズと対人交流ニーズの 2 つに分けて整理している。そし

て SNS に対する情報ニーズは環境監視や情報獲得を含む「道具性の情報ニー
ズ」と気晴らしや娯楽を含む「コンサマトリー性の情報ニーズ」に大別できる
と述べている。一方で，SNS に対する対人交流ニーズは既存の人間関係に関す
るオフライン由来のものと，新たな人間関係に関するオンライン中心のものに
分類できると論じている。

　2）SNS と社会的比較　　CMC 研究の主要モデルの一つである「ハイパー
パーソナル・モデル（hyper-personal model）」では，送り手による選択的自己
呈示が強調されており，CMC がオフラインの場合よりも相対的に高い望まし
さと親密さを伴う関係をサポートしうることを説明する（Walther et al., 2015；
第 1 章第 3 節，p. 49 参照）。非同期のコミュニケーションツールを用いる場合，
対面状況よりも慎重に計画して自己表現ができ，投稿前に編集可能であるため
に，より魅力的に書き換えたり，修正することも可能である。SNS 利用者の投
稿では自己の良い面，あるいは理想的な自己が強調されうる。例えば複数の写
真があるときに一番きれいに見える写真を投稿したり，自分の生活の中でのポ
ジティブな部分だけを SNS には投稿したりするなどといったことである。
　こうしたポジティブな部分が強調された他者が SNS 上に集まることに着目
してきたのが，SNS の「社会的比較（social comparison）」の研究である。社
会的比較理論は自己評価のための客観的基準が存在しない状況で，自分の意見
や能力を評価するために周囲の他者との比較をする人間行動に着目する理論で
ある。SNS 利用者の社会的比較では，比較対象となる SNS 上の他者はポジティ
ブ部分が強調された存在であるために，多くの場合，上方比較，つまり自分
よりも良い状況にある人との比較になりがちであると考えられている（Liu et
al., 2017）。
　SNS での社会的比較がもたらす心理的効果について，様々な実証研究が行わ
れてきた。例えば，米国の大学生に対する調査研究では，Facebook の利用度
合いの高さと Facebook 上での社会的比較頻度の間には正の関係があり，その
社会的比較頻度と比較によるネガティブな感情をもつ頻度との間にも正の関係
があることが示されている（Lee, 2014）。また，韓国の大学生に対する調査で
は，SNS における社会的比較と羨望感情，恥の感情の間には正の関係があるこ

とが示されている（Lim & Yang, 2015）。

　一方では社会的比較による羨望感情のポジティブな側面に着目する研究もある。ドイツ語圏の Instagram 利用者に対する調査研究では，Instagram での社会的比較が他の利用者の自己表現に対してポジティブな羨望につながり，行動を触発するインスピレーションをもたらしうることが示されている（Meier & Schäfer, 2018）。さらに，これらの研究のように相関関係に着目するものだけでなく，主観的幸福感や自尊心などの調整効果[1]に着目する研究なども進められている。

　3）SNS と社会関係資本　　SNS は社会的ネットワークに関わるサービスであることから，「社会関係資本（ソーシャルキャピタル，social capital）」の観点からの研究も多く行われてきた。社会関係資本とは社会的ネットワークに埋め込まれた資源，それと連動する信頼や互酬性規範を扱う概念である。社会関係資本に着目したエリソンら（Ellison et al., 2007）の Facebook 研究は，SNS 研究の中でも非常によく引用・参照される著名な研究である。

　エリソンらは Facebook を利用する大学生を対象に調査を行い，Facebook の利用度合いと社会関係資本の関係を分析した。エリソンらは社会関係資本を「結束型（bonding）」（同質的で緊密性の高いつながりを反映したもので，感情的な支援などが得られる関係），「橋渡し型（bridging）」（外部に開かれた弱い紐帯を反映したもので，有益な情報や新たな視点などが得られる関係），「維持型（maintained）」（以前に属していた社会集団や共同体から支援を得られるよう維持している関係）の 3 種類に分けたが，Facebook の利用度合いは 3 種類の社会関係資本のいずれとも有意な正の関係にあることが示されている。また，エリソンらは自尊心や生活満足感の低い学生において，Facebook 利用が橋渡し型社会関係資本を高める効果が大きくなることを示した。この橋渡し型社会関係資本に対する自尊心と Facebook 利用の交互作用効果はパネル調査によっても検証されている（Steinfield et al., 2008）。

　このエリソンらの研究グループが示した知見は，自尊心の低い者が Facebook

---

[1]　相関関係では 2 つの変数の関係を見るが，調整効果は第三の変数がその相関関係の強弱を変えることを言う。

を利用することで橋渡し型社会関係資本に関する格差を縮小させているという点で，「社会的補償仮説（social compensation hypothesis）」を支持するものと言える。社会的補償仮説とはオフラインの社会的ネットワークが充分ではない人がオンラインで社会的ネットワークを広げることで不足を補うという仮説であり，「窮するものが富む（poor get richer）仮説」と言える。この社会的補償仮説と対峙する仮説は「社会的拡張仮説（social enhancement hypothesis）」と呼ばれる。社会的拡張仮説はオフラインの社会的ネットワークが充実している人がオンラインでの社会的ネットワークも充実させるという仮説であり，「富めるものがますます富む（Rich get richer）仮説」と呼べる。

　この社会的補償仮説と社会的拡張仮説は内容的に競合するが，両立可能な仮説という見方もある。ズウィッカとダノウスキ（Zywica & Danowski, 2008）は外向的で自尊心の高いFacebook利用者はオフラインでもFacebookでも人気が高いという点で社会的拡張仮説が支持される一方で，オフラインでの人気の低い人は内向的で自尊心は低いが，Facebookで人気を得ることで社会的補償仮説を支持できることを見出した。自由回答の分析によると，これら2つの回答者グループではどちらも人気は友人の数で示されると考えていることは一致しているが，前者のグループではFacebookでの人気をあまり気にしていなかった。一方で，後者のグループはFacebook上での人気を気にしており，人気があることを自分のウォールにたくさんの投稿があることだと述べていた（第1章第3節，pp. 57-58も参照）。

　オンラインの社会的ネットワークは拡大しやすいが，オフラインに基礎を置くオンライン上の社会的ネットワークは拡大しすぎても益がないという議論もある。例えば，エリソンら（Ellison et al., 2011）はFacebookでの現実の友人数が社会関係資本と逆U字の関係にあり，友人数が多すぎれば社会関係資本はむしろ減少することを示した。また，北村ら（Kitamura et al., 2019）はTwitter利用に関して既存（オフライン）の友人との社交動機はTwitterでの相互フォロー数の下限を高めうる一方で，上限を抑制する可能性があることを示している。

［3］SNS 利用にまつわる社会的課題

1）SNS におけるエコーチェンバーとフィルターバブル　　SNS を通じた
情報接触で偏りが生じる可能性に対する懸念に関して，「フィルターバブル
(filter bubble)」と「エコーチェンバー（echo chamber)」がある。フィルター
バブルは過去のクリック情報や検索履歴，位置情報などの利用者情報に基づい
てアルゴリズムが利用者の嗜好する情報を自動的に推測・提示することで，利
用者が自身の視点や関心に合わない情報から切り離されることを表す造語であ
る（Pariser, 2011)。一方，エコーチェンバーとは賛同できるメッセージが反
復・増幅されるとともに反対意見から隔離される可能性のある閉じられた情報
環境を表す言葉である（Jamieson & Cappella, 2008)。SNS がそうした情報環
境であると，SNS 上では既に同意している意見・メッセージにしか遭遇しない
し，SNS を使い続けることでそうした情報がすべてと信じることになりかねな
い。どちらも SNS での情報接触における偏りの問題であるが，フィルターバ
ブルは機械処理による自動的個人化の影響を強調する点でエコーチェンバーと
異なる。

　自動的個人化は SNS の収益の中心である広告事業と深く関わる重要な機能
である。フィルターバブルは SNS の機能の一部としての自動的個人化を問題
視する点で，SNS の運営企業に対する批判を含んでいる。この問題についての
検証として，Facebook 社の研究グループ（Bakshy et al., 2015）は米国の
Facebook ユーザー 1,010 万人のデータを用いて，保守とリベラルという 2 つ
のイデオロギーの対比によって Facebook でのニュース接触を分析した。この
分析の知見は，①保守的な人は保守的な人と，リベラルな人はリベラルな人と
のつながりをもともと多く有しており，社会的ネットワークの偏りが大きい
（ホモフィリー現象（homophily）と呼ぶ），②ホモフィリー現象のために自
分と相対立する他方のニュースに接触する確率は大きく下がるが，そのうち
Facebook の自動的フィルタリングによって下がる分はわずかである，③本人
のクリックの選択によって他方のニュースに対する最終的な接触確率はさらに
下がる，ということである。つまり，フィルターバブル効果は存在するものの
ごくわずかなものであり，それよりも社会的ネットワークのホモフィリー現象
と本人の選択行動によって生じる偏りの方がずっと大きかったのである。

　この分析結果はフィルターバブル効果の小ささを示した一方で，エコーチェンバーの存在を支持していると言える。このように SNS におけるエコーチェンバーを示す研究は他にもある。コレオーニら（Colleoni et al., 2014）は米国での民主党支持と共和党支持に着目し，Twitter 上のネットワークにおける政治的ホモフィリーの分析を行った。その結果，①民主党支持アカウントのネットワークは政治的ホモフィリー度が高い，②共和党支持アカウントのネットワークは政治的ホモフィリー度が低い，③共和党公式アカウントをフォローするアカウントの政治的ホモフィリー度は高い，ということが示された。また，チネリら（Cinelli et al., 2021）は Facebook，Twitter，Gab，Reddit をネットワークにおけるホモフィリー，考えの似た仲間に対する情報拡散の偏りという2つの点から分析した。その結果，Facebook や Twitter では，ホモフィリー・クラスターでの集まりがオンラインでの相互作用を支配していることが示されている。

　だが，エコーチェンバーは強調されすぎであるという見方も存在する。英国の調査研究では政治関心の高い人や多様なメディア利用習慣をもつ人はエコーチェンバーを避ける傾向があることが示されている（Dubois & Blank, 2018）。つまり，単一のメディアだけを扱った分析ではエコーチェンバーが確認できるかもしれないが，人は多様なメディアを用いることでエコーチェンバーを回避している可能性が示唆されている。あるメディアをそのメディアに向いた特定の情報収集のために使っていたとしても，多様なメディア利用習慣があれば他のメディアから別の情報を得ることができるため，全体としてはエコーチェンバーを避けられるからである（第2章第2節，pp. 98-99 参照）。

　2）SNS とフェイクニュース　　「フェイクニュース（fake news）」という言葉は 2016 年の米国大統領選挙をきっかけに一般に知られるようになった。英語辞書であるコリンズ辞書の「2017 年の言葉」として「フェイクニュース」が挙げられたことも話題となった。だが，フェイクニュースという言葉が一般に知られるようになり，政治家を中心に自らに都合の悪い報道に対して「フェイクニュース」というレッテル貼りが行われるようになった（藤代，2021；Tandoc Jr. et al., 2018）。こうした使われ方もすることがあり，「フェイク

ニュースという言葉は役に立たない」という認識が専門家の間では共有されている（笹原，2021）。

　フェイクニュースの定義に決定的なものはないが，藤代（2021）は「ニュース記事の体裁を取っているものの，情報の正確さや信頼性を担保するための編集理念に基づいていない情報」（p. 24）とまとめている[2]。また，フェイクニュースに関連する研究の中でよく扱われる言葉に「ミスインフォメーション（誤情報：misinformation）」と「ディスインフォメーション（偽情報：disinformation）」がある。ミスインフォメーションは間違った情報，誤報を指す一方で，ディスインフォメーションは意図的に人を欺くために作られたガセ，デマを指す。

　インターネット上の真偽不明な情報を信じてしまう人間の心の仕組みとしてしばしば指摘されるのが認知的バイアスである（笹原，2021）。特によく指摘されるのは自分の信念や仮説に合致する情報を高く評価し，そういった情報だけを探す傾向を指す「確証バイアス（confirmation bias）」である。また，判断に際して他者の反応を参照することを含めた「社会的影響（social influence）」も SNS の仕組み上，よく取り上げられる。例えば Facebook での欺瞞検出の正確性に関する実験研究（Luo et al., 2020）では，「いいね！」が多いと本物のニュースを「正しい」と判断できる確率があがる一方で，偽物のニュースを「正しい」と誤認してしまう確率もあがることが示されている。

　「フェイクニュース」のレッテル貼りには「敵対的メディア認知（hostile media perception）」が関わると考えられている。これはメディア報道を自分の意見に敵対的であると認知することを指す。ポピュリスト的態度の強い人ほど，世論が自分の意見と合致していると認識し，敵対的メディア認知が強いことが示されている（Schulz et al., 2020）。こうした傾向は報道を説得力のあるものと捉えず，「フェイクニュース」のレッテル貼りにつながりうる。

　また，自身の信念・態度はフェイクニュースに関する第三者効果を生じさせうる。「第三者効果（third-person effect）」とは，マスメディア，報道の影響に対して，自分よりも他者が脆弱であると認識する認知的ギャップと，その結果として生じる態度・行動的な帰結を論じるものである。フェイクニュースに関

2）　ただし，藤代（2021）はフェイクニュースの定義を統一することは情報汚染への対応として重要ではないとしている。

しては党派性が強いほど認知的ギャップが大きいことが示されている（Jang & Kim, 2018）。つまり，党派性が強いほど「自分はフェイクニュースの影響を受けないが，世の中の人たちはフェイクニュースの影響を受けてしまう」と認知する傾向がある，これが第三者効果ということである。

　フェイクニュースの問題は個人ではなく生態系の問題として捉える必要がある（藤代，2021；笹原，2021）。特に SNS は暇つぶしの手段として用いられることも少なくなく，スマートフォンを用いて隙間時間に利用されることも多い。SNS 上の情報を一つ一つ事実確認することは，認知的・時間的コストを考えると，個人に対して期待することは難しいだろう。

　欺瞞に関しては第2章第4節，フェイクニュースやデマに関しては第3章第1節（特に pp. 141-142）も参照されたい。

　　3）SNS と炎上　　インターネット上での「炎上」と呼ばれる現象は，ネット炎上，ブログ炎上など，SNS 普及以前より話題になってきた。英語圏では「online firestorm」などの言葉が使われている。定義は様々あり，「ある人物や企業が発信した内容や行った行為について，ソーシャルメディアに批判的なコメントが殺到する現象」（田中・山口，2016：p. 5）という定義が日本では知られている。マーケティング分野では「ソーシャルメディア上で個人や企業，集団に対するネガティブな口コミや苦情行動を含む大量のメッセージが急速に排出されること」（Pfeffer et al., 2014: p. 118）という定義が示されている。

　炎上はインターネット上，SNS の現象とみなされることが多いが，インターネット上，SNS 内で完結しているわけではない。オンラインでの炎上が生じたあと，伝統的メディアが取り上げることによってそれが再度 SNS で話題になって拡大するというプロセスをたどることが多い（Pfeffer et al., 2014）。SNS での炎上も SNS に閉じたものではなく，複合的メディア環境の中で生じるものだと言えるだろう。

　炎上参加者の割合は非常に低いと言われている。田中・山口（2016）は炎上で書き込みを行う参加者は約 1.5% であったことを示しており，調査データの偏りを補正して約 1.1%，過去 1 年間の参加者の割合の推定値としては 0.5% としている。また，吉野（2021）が行ったウェブモニタ調査では投稿だけで見

るならば批判以外を含めて5.0％であった。このように直接的な炎上参加者の割合は非常に低いが，炎上参加者がSNSで書き込みを行う場合，複数回にわたる可能性があり，さらにSNSの利用者数も踏まえれば，投稿の絶対数としては「目立つ」規模になる可能性は十分にある。ただし，直接的な炎上参加者の割合が田中・山口（2016）の推計する程度である場合，その参加動機などについて調査研究で一般化可能性の高い知見を得ることはかなり難しいと考えられる。

　炎上研究では調査法以外に実験法が用いられることがあり，炎上参加者数を操作する事例がある。例えば企業の看板広告に関するFacebook利用者の批判投稿を刺激とする実験研究によって，批判投稿に対するコメント数・「いいね！」数の多さは社会的証明として，広告への批判的世論や否定的感情を高めることが示されている（Lim, 2017）。別の実験研究では，炎上に加わっている人が多いほど，それを見た人の炎上への参加意欲は低下するが，参加した場合の意見への準拠度やコメントに含まれる攻撃的トーンが促進されることが示された（Johnen et al., 2018）。SNSでは反応の数が明確に示されるために，その絶対数の多さが閲覧者の認知や反応に影響を与えることが分かる。

　炎上への参加は攻撃的な投稿も少なくなく，インターネットの匿名性によって生じる脱抑制的行動とみなされることも少なくない。だが，匿名でない人は匿名の人に比べてより攻撃的であるという知見もある（Rost et al., 2016）。炎上への参加は脱抑制的行動というよりはむしろ，他の人たちの多くがやっていることが行動の標準となるという社会・集団規範に準拠した行動であるとも考えられるだろう。

■ 引用文献

Bakshy, E., Messing, S., & Adamic, L. A. (2015). Exposure to ideologically diverse news and opinion on Facebook. *Science, 348*(6239), 1130-1132.

boyd, d. m. & Ellison, N. B. (2007). Social network sites: Definition, history, and scholarship. *Journal of Computer-Mediated Communication, 13*(1), 210-230.

ByteDance (2017). Tik Tok, a Global Music Video Platform and Social Network, Launches in Indonesia. Retrieved from https://en.prnasia.com/releases/apac/Tik_Tok_a_Global_Music_Video_Platform_and_Social_Network_Launches_in_Indonesia-187963.shtml

Cinelli, M., Morales, G. D. F., Galeazzi, A., Quattrociocchi, W., & Starnini, M. (2021). The echo chamber effect on social media. *Proceedings of the National Academy of Sciences, 118*(9). e2023301118

Colleoni, E., Rozza, A., & Arvidsson, A. (2014). Echo chamber or public sphere? Predicting political orientation and measuring political homophily in Twitter using big data. *Journal of Communication,*

64(2), 317-332.

Dubois, E., & Blank, G. (2018). The echo chamber is overstated: The moderating effect of political interest and diverse media. *Information, Communication & Society, 21*(5), 729-745.

Ellison, N. B., & boyd, d. m. (2013). Sociality through social network sites. In W. H. Dutton (Ed.), *The Oxford handbook of internet studies* (pp. 151-172). Oxford: Oxford University Press.

Ellison, N. B., Steinfield, C., & Lampe, C. (2007). The benefits of Facebook "friends": Social capital and college students' use of online social network sites. *Journal of Computer-Mediated Communication, 12* (4), 1143-1168.

Ellison, N. B., Steinfield, C., & Lampe, C. (2011). Connection strategies: Social capital implications of Facebook-enabled communication practices. *New Media & Society, 13* (6), 873-892.

藤代裕之（編）（2021）．フェイクニュースの生態系　青弓社

Jamieson, K. H., & Cappella, J. N. (2008). *Echo chamber: Rush Limbaugh and the conservative media establishment.* New York: Oxford University Press.

Jang, S. M., & Kim, J. K. (2018). Third person effects of fake news: Fake news regulation and media literacy interventions. *Computers in Human Behavior, 80*, 295-302.

Johnen, M., Jungblut, M., & Ziegele, M. (2018). The digital outcry: What incites participation behavior in an online firestorm? *New Media & Society, 20*(9), 3140-3160.

Kaplan, A. M., & Haenlein, M. (2010). Users of the world, unite! The challenges and opportunities of Social Media. *Business Horizons, 53*(1), 59-68.

柏原　勤（2011）．Twitter の利用動機と利用頻度の関連性：「利用と満足」研究アプローチからの検討　慶応義塾大学大学院社会学研究科紀要：社会学心理学教育学：人間と社会の探究，*72*, 89-107.

川上善郎・川浦康至・池田謙一・古川良治（1993）．電子ネットワーキングの社会心理　誠信書房

Kitamura, S., Kawai, D., & Sasaki, Y. (2019). How social network site users' motives predict their online network sizes: A quantile regression approach to Japanese Twitter usage. *International Journal of Human-Computer Interaction, 35*(7), 548-558.

北村　智・佐々木裕一・河井大介（2016）．ツイッターの心理学—情報環境と利用者行動　誠信書房

小寺敦之（2009）．若者のコミュニケーション空間の展開：SNS『mixi』の利用と満足，および携帯メール利用との関連性　情報通信学会誌，*27*(2), 55-66.

Lee, S. Y. (2014). How do people compare themselves with others on social network sites?: The case of Facebook. *Computers in Human Behavior, 32*, 253-260.

Lim, J. S. (2017). How a paracrisis situation is instigated by an online firestorm and visual mockery: Testing a paracrisis development model. *Computers in Human Behavior, 67*, 252-263.

Lim, M., & Yang, Y. (2015). Effects of users' envy and shame on social comparison that occurs on social network services. *Computers in Human Behavior, 51*, 300-311.

Liu, Q. Q., Zhou, Z. K., Yang, X. J., Niu, G. F., Tian, Y., & Fan, C. Y. (2017). Upward social comparison on social network sites and depressive symptoms: A moderated mediation model of self-esteem and optimism. *Personality and Individual Differences, 113*, 223-228.

Luo, M., Hancock, J. T., & Markowitz, D. M. (2020). Credibility perceptions and detection accuracy of fake news headlines on social media: Effects of truth-bias and endorsement cues. *Communication Research, 49*(2), 171-195.

Meier, A., & Schäfer, S. (2018). The positive side of social comparison on social network sites: How envy can drive inspiration on Instagram. *Cyberpsychology, Behavior, and Social Networking, 21*(7), 411-417.

大向一輝（2015）．SNS の歴史　電子情報通信学会　通信ソサイエティマガジン，*9*(2), 70-75.

Pariser, E. (2011). *The filter bubble: How the new personalized web is changing what we read and how we think.* New York: Penguin Books.

Park, N., Kee, K. F., & Valenzuela, S. (2009). Being immersed in social networking environment: Facebook groups, uses and gratifications, and social outcomes. *Cyberpsychology & Behavior, 12*(6), 729-733.

Pfeffer, J., Zorbach, T., & Carley, K. M. (2014). Understanding online firestorms: Negative word-of-mouth dynamics in social media networks. *Journal of Marketing Communications, 20*(1-2), 117-128.

Raacke, J., & Bonds-Raacke, J. (2008). MySpace and Facebook: Applying the uses and gratifications theory to exploring friend-networking sites. *Cyberpsychology & Behavior, 11*(2), 169-174.

Rainie, L., & Wellman, B. (2012). *Networked: The new social operating system.* Cambridge, MA: MIT Press.

Rost, K., Stahel, L., & Frey, B. S. (2016). Digital social norm enforcement: Online firestorms in social media. *PLoS One, 11*(6), e0155923.

笹原和俊（2021）．フェイクニュースを科学する─拡散するデマ，陰謀論，プロパガンダのしくみ　化学同人

佐々木裕一（2018）．ソーシャルメディア四半世紀─情報資本主義に飲み込まれる時間とコンテンツ　日本経済新聞出版社

Schafer, J. B., Konstan, J. A., & Riedl, J. (2001). E-commerce recommendation applications. *Data Mining and Knowledge Discovery, 5*(1), 115-153.

Schulz, A., Wirth, W., & Müller, P. (2020). We are the people and you are fake news: A social identity approach to populist citizens' false consensus and hostile media perceptions. *Communication Research, 47*(2), 201-226.

Siegler, M. G. (2010). Instagram Launches With The Hope Of Igniting Communication Through Images. Retrieved from https://techcrunch.com/2010/10/06/instagram-launch/

総務省（2017）．平成29年版情報通信白書　日経印刷

総務省情報通信政策研究所（2022）．令和3年度　情報通信メディアの利用時間と情報行動に関する調査報告書　Retrieved from https://www.soumu.go.jp/main_content/000831290.pdf

Steinfield, C., Ellison, N. B., & Lampe, C. (2008). Social capital, self-esteem, and use of online social network sites: A longitudinal analysis. *Journal of Applied Developmental Psychology, 29*(6), 434-445.

Takahashi, T. (2010). MySpace or Mixi? Japanese engagement with SNS (social networking sites) in the global age. *New Media & Society, 12*(3), 453-475.

田中辰雄・山口真一（2016）．ネット炎上の研究─誰があおり，どう対処するのか　勁草書房

Tandoc Jr, E. C., Lim, Z. W., & Ling, R. (2018). Defining "fake news": A typology of scholarly definitions. *Digital Journalism, 6*(2), 137-153.

Walther, J. B., Van Der Heide, B., Ramirez, A., Burgoon, J. K., & Peña, J. (2015). Interpersonal and hyperpersonal dimensions of computer-mediated communication. In S. S. Sundar (Ed.), *The handbook of the psychology of communication technology* (pp. 3-22). Chichester: Wiley-Blackwell.

吉野ヒロ子（2021）．炎上する社会─企業広報，SNS公式アカウント運営者が知っておきたいネットリンチの構造　弘文堂

Zhang, Y., & Leung, L. (2015). A review of social networking service (SNS) research in communication journals from 2006 to 2011. *New Media & Society, 17*(7), 1007-1024.

Zywica, J., & Danowski, J. (2008). The faces of Facebookers: Investigating social enhancement and social compensation hypotheses; predicting Facebook™ and offline popularity from sociability and self-esteem, and mapping the meanings of popularity with semantic networks. *Journal of Computer-Mediated Communication, 14*(1), 1-34.

事項索引

人名索引

【著者一覧】 (執筆順，＊は編者)

岡本真一郎（おかもと・しんいちろう）＊
元愛知学院大学心理学部教授
担当：序章，第1章第1節，コラム

木村昌紀（きむら・まさのり）
神戸女学院大学心理学部教授
担当：第1章第2節

山下玲子（やました・れいこ）
東京経済大学コミュニケーション学部教授
担当：第1章第3節

菅　さやか（すが・さやか）
慶應義塾大学文学部准教授
担当：第2章第1節

今井芳昭（いまい・よしあき）
慶應義塾大学名誉教授
担当：第2章第2節

相馬敏彦（そうま・としひこ）
広島大学大学院人間社会科学研究科教授
担当：第2章第3節

太幡直也（たばた・なおや）
愛知学院大学総合政策学部准教授
担当：第2章第4節

竹中一平（たけなか・いっぺい）
武庫川女子大学文学部准教授
担当：第3章第1節

花尾由香里（はなお・ゆかり）
東京富士大学経営学部教授
担当：第3章第2節

中尾　元（なかお・げん）
追手門学院大学経営学部講師
担当：第3章第3節（共著）

内田由紀子（うちだ・ゆきこ）
京都大学人と社会の未来研究院教授
担当：第3章第3節（共著）

北村　智（きたむら・さとし）
東京経済大学コミュニケーション学部教授
担当：第3章第4節

コミュニケーションの社会心理学
伝える・関わる・動かす

2023 年 3 月 30 日　初版第 1 刷発行 　　（定価はカヴァーに）
2024 年 12 月 20 日　初版第 2 刷発行 　　　表示してあります

編　者　岡本真一郎
発行者　中西　良
発行所　株式会社ナカニシヤ出版
〒606-8161　京都市左京区一乗寺木ノ本町 15 番地
Telephone 075-723-0111
Facsimile 075-723-0095
Website http://www.nakanishiya.co.jp/
Email iihon-ippai@nakanishiya.co.jp
郵便振替 01030-0-13128

装幀＝白沢　正／印刷・製本＝創栄図書印刷株式会社
Printed in Japan
Copyright © 2023 by S. Okamoto
ISBN978-4-7795-1714-3